Roland Mittendorfer

Praxishandbuch Akquisitionsfinanzierung

Roland Mittendorfer

Praxishandbuch Akquisitionsfinanzierung

Erfolgsfaktoren fremdfinanzierter
Unternehmensübernahmen

GABLER

Bibliografische Information Der Deutschen Nationalbibliothek
Die Deutsche Nationalbibliothek verzeichnet diese Publikation in der
Deutschen Nationalbibliografie; detaillierte bibliografische Daten sind im Internet über
<http://dnb.d-nb.de> abrufbar.

Dieses Buch entstand unter Mitwirkung von Dipl.-Phys. Thomas Fotteler.

1. Auflage Januar 2007

Alle Rechte vorbehalten
© Betriebswirtschaftlicher Verlag Dr. Th. Gabler | GWV Fachverlage GmbH, Wiesbaden 2007

Lektorat: Sascha Niemann

Der Gabler Verlag ist ein Unternehmen von Springer Science+Business Media.
www.gabler.de

Umschlaggestaltung: Nina Faber de.sign, Wiesbaden
Druck und buchbinderische Verarbeitung: Wilhelm & Adam, Heusenstamm
Gedruckt auf säurefreiem und chlorfrei gebleichtem Papier
Printed in Germany

ISBN 978-3-8349-0198-9

Vorwort

Dieses Handbuch will dem Leser ein Grundverständnis für alle wesentlichen Aspekte der Akquisitionsfinanzierung vermitteln. Wegen der Bedeutung der Finanzierung für den Erfolg oder Misserfolg einer Akquisition kommt diesem Grundverständnis eine überaus hohe praktische Bedeutung zu, die vielfach bei konkreten Transaktionen unterschätzt wird. Umso erstaunlicher ist es, dass bislang kaum praxisorientierte Arbeiten zur Finanzierung von Unternehmensübernahmen existieren. Zumeist wird dieses Thema in der Literatur nicht von den arrangierenden Bankern bearbeitet. Die wenigen Arbeiten der Praktiker der Akquisitionsfinanzierung sind eher kurz gehalten und geben nur einen groben Überblick.

Insofern wird hier erstmalig versucht, durch eine umfassende, sehr praxis-relevante Arbeit eine Lücke in der M&A-Literatur zu schließen. Dabei wird allerdings keineswegs der Anspruch erhoben, endgültige Antworten auf alle Fragen der Akquisitionsfinanzierung zu geben, da es – wie Vince O'Brien richtigerweise schreibt[1] – „no little black book of rules" gibt und nicht geben kann. Die Akquisitionsfinanzierung ist wie der gesamte Themenbereich M&A „more an art than a science".

Dennoch können die Prinzipien und ein Basisverständnis für die Strukturierung einer Akquisitionsfinanzierung und ihre Implikationen in der Kreditvertragspraxis vermittelt werden. Dies ist das Ziel dieser Arbeit, die sich an den an der Praxis interessierten Theoretiker wie an den an den Hintergründen von Theorie und Praxis interessierten Praktiker wendet. Dieses Werk sollte daher für Unternehmenseigentümer und Manager (insbesondere CEOs und CFOs) ebenso relevant sein wie für M&A-Consultants, Corporate Finance Berater, Banker, mit M&A-Vorgängen befassten Rechtsanwälte und Wirtschaftsprüfer, an M&A-Finanzierungen interessierte Wissenschaftler sowie aktuelle und potenzielle Käufer von Unternehmen, d.h. für jede Art von Finanz- und strategischen Investoren.

Die Arbeit stützt sich zum Teil auf Vorarbeiten des Autors, die er allein oder gemeinsam mit Dipl.-Phys. Thomas Fotteler durchgeführt hat. Letzteres bezieht sich vor allem auf eine gemeinsame Publikation (Lektion 9) im Rahmen eines schriftlichen M&A-Management-lehrgangs, den der EUROFORUM Verlag im ersten Halbjahr 2006 bereits zum fünften Mal durchführte. Diese Lektion wurde in der vorliegenden Monografie als Ausgangsbasis genommen, allerdings umfänglich und inhaltlich sehr deutlich erweitert und überarbeitet. Auch an diesem neuen Buch hat Thomas Fotteler, Leiter des Private-Equity Arrangement Teams der Investkredit Bank AG Niederlassung Frankfurt a. M., an einigen Stellen mitgewirkt – für

---

[1] Vince O'Brien (1995): Buy-outs, Euromoney Books, S. 29.

beides sei ihm an dieser Stelle herzlich gedankt. Mein Dank richtet sich auch an Dajana Morak und Jacqueline Stengel, zwei unserer Assistentinnen, die mich bei der Erstellung einzelner Grafiken unterstützten. Für wichtige Verbesserungsvorschläge und das Korrekturlesen von Teilen oder dem gesamten im Juli 2006 abgeschlossenen Manuskript dankt der Autor RA Markus Strelow von Mayer, Brown, Rowe & Maw, Gerd Bieding von Close Brothers sowie meinen Kollegen Thomas Fotteler, Martin Conrad und Thiemo Bischoff.

Schließlich und allen voran danke ich meiner Frau Maria del Rocio und meinen Kindern Alexander Santiago und Emilio für die großartige Unterstützung und soweit schon möglich das Verständnis für die erheblichen Einschränkungen der gemeinsamen Freizeit in den letzten Monaten. Ihnen ist dieses Buch gewidmet.

Bad Homburg/Frankfurt a.M., im Dezember 2006   Roland Mittendorfer

Inhaltsverzeichnis

1. Einleitung

1.1 Definition der Akquisitionsfinanzierung, thematische Eingrenzung und Zielsetzung

Ganz allgemein kann der Kaufpreis für eine Akquisition eines Unternehmens über drei verschiedene Quellen finanziert werden:

- Aus freier Liquidität der erwerbenden Gesellschaft

- Durch neues Eigen- und/oder Fremdkapital der erwerbenden Gesellschaft

- Über eine Akquisitionsgesellschaft die durch Zugriff auf die freien Cashflows der Zielgesellschaft das zum Unternehmenskauf aufgenommene Fremdkapital bedient

Selbstverständlich sind verschiedenste Kombinationen dieser drei Grundmodelle denkbar und in der Praxis auch immer wieder anzutreffen.

Betrachtet man die Verteilung der Kaufpreisfinanzierungsformen nach ihrer Geldmittel- bzw. Cash-Intensität, so zeigt sich z.B. für die USA bezüglich der dortigen M&A-Transaktionen ein Bild wie in Abbildung 1 dargestellt.

Drei Viertel bis vier Fünftel der Volumina sind keine reinen „Papiertransaktionen", bei denen lediglich Gesellschaftsanteile (Stock Swaps) getauscht werden, vielmehr spielen liquide Mittel (Cash) für die Kaufpreisdarstellung eine entscheidende Rolle. In Europa dürfte dieser Anteil aufgrund der deutlich geringeren Bedeutung der Börsennotierung von Unternehmen noch höher sein; Gleiches gilt in den USA wie in Europa, wenn man nicht auf das Volumen, sondern auf die Anzahl der Transaktionen abstellt und zudem die hohe Dunkelziffer nicht erfasster Transaktionen im Mittelstand bedenkt.

Nur für die Fälle der (auch) mit Cash finanzierten Übernahmen von Unternehmen stellt sich das Thema der Finanzierung von eben diesen (und damit auch das der Akquisitionsfinanzierung), *während bei reinem Tausch von Gesellschaftsanteilen letztlich nur Unternehmensbewertungsfragen eine Rolle* spielen. Trotz der quantitativ geringeren Bedeutung und einer geringeren Erfolgswahrscheinlichkeit der realisierten Akquisitionen der „Papiertransaktionen" finden diese in den Lehrbüchern und weiten Teilen der Literatur einen größeren und qualitativ besseren Niederschlag als die in der Praxis – mit Ausnahme der Zeit der Aktienmarktblase um die Jahrtausendwende – viel wichtigere Akquisitionsfinanzierung. Zudem ist der Tausch von Gesellschaftsanteilen genau genommen *zugleich ein Kauf und Verkauf* – nämlich von Anteilen am eigenen Unternehmen – und damit diese Finanzierungsart von vorneherein keine reine Akquisitionsfinanzierung.

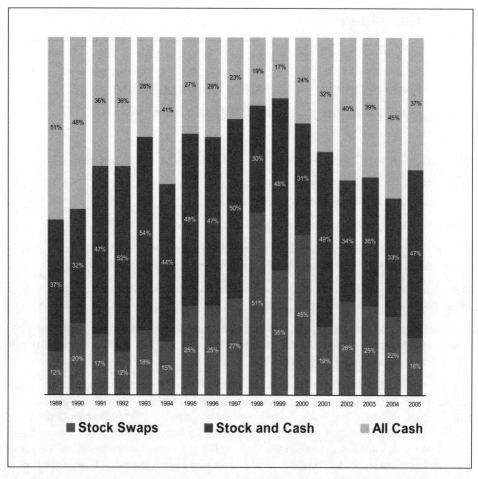

Quelle: Thomson Financial Securities Data Company Inc. bzw. Oglesby/Popowitz/Bowen
　　(2006)
Abbildung 1: *Grundformen der Kaufpreisfinanzierung in den USA*

Der *Begriff der Akquisitionsfinanzierung* wird *überwiegend für die Fremdfinanzierung einer Akquisition* verwendet. Diese kommt nur bei der zweiten und der dritten aufgezeigten Grundvariante in Betracht, häufig in Kombination mit mehr oder weniger Eigenkapital. In der Praxis wird der Begriff häufig für besonders hoch fremdfinanzierte Akquisitionen auf Stand-alone- – über eine eigene Kauf- bzw. Erwerbergesellschaft, eine so genannte New Company oder NewCo – und Non-Recourse-Basis, d.h. ohne haftungsmäßigen Rückgriff auf den Eigentümer, angewandt. In diesem Fall sind auch die Begriffe Leveraged Acquisition Finance bzw. Leveraged Buy-out (LBO) gebräuchlich. Es handelt sich dabei im Allgemeinen um die dritte aufgezeigte Grundvariante eines Unternehmenskaufs, bei der das Akquisitionsdarlehen aus den freien Cashflows des erworbenen Unternehmens bedient wird.

Die in der Theorie übliche statische und rein bilanztechnische Definition eines LBOs, die auf einen Anteil des Fremdkapitals von mehr als 50 Prozent an der gesamten Kaufpreissumme (inklusive Transaktionskosten) abstellt, ist allerdings aus Sicht des Autors und der Praxis unzureichend. In der Praxis überwiegt eine Betrachtungsweise, die insbesondere auf den dynamischen Verschuldungsgrad abstellt[2]: Demnach liegt typischerweise ein *LBO* nur dann vor, wenn das *Verhältnis Nettoverschuldung zu EBITDA (bzw. der Leverage) größer ist als 3,0–3,5 und der Zinsdeckungsgrad bzw. Interest Coverage Ratio (definiert als Verhältnis EBITDA zu Zinsaufwand) geringer ist als 3,5–4,0.*[3]

Ohne diese Einschränkung würden auch Käufe von Unternehmen als LBOs firmieren, die aufgrund des günstigen Kaufpreises erlauben, eine mehr als fünfzigprozentige Fremdkapital-quote in ein bis drei Jahren weitestgehend abzubauen und so schon bald nach der Akquisition eine konservative Kapitalstruktur aufweisen.

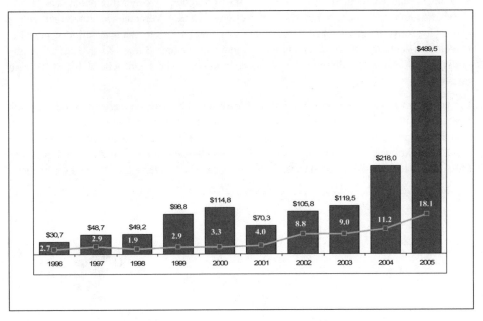

Quelle: Oglesby/Popowitz/Bowen (2006)
Abbildung 2: *Weltweites LBO-Volumen in Mrd. US-Dollar und prozentualem Anteil an allen M&A-Transaktionen*

Bei dieser Grundart von Akquisitionsfinanzierungen, den LBOs, auf die wir uns hier im Wesentlichen konzentrieren wollen, treten als Eigenkapitalsponsoren in der Regel Finanz-

---

[2] Siehe dazu auch Mittendorfer (2000), S. 141.

[3] Von Leveraged Loans spricht man dann, wenn entweder der Kreditnehmer eine Bonität im spekulativen Bereich (BB+ oder schlechter) aufweist oder das Verhältnis Nettoverschuldung/EBITDA > 3,0 oder aber die Zinsmarge > 150 Basispunkte (mitunter auch 125 Basispunkte), also 1,5 Prozent (bzw. 1,25 Prozent) p.a. ist.

investoren auf, die diese Beteiligung in einem Zeitraum von typischerweise drei bis fünf Jahren gewinnbringend wieder veräußern wollen. Ferner beteiligt sich regelmäßig auch das Management am Eigenkapital.

In den letzten zehn Jahren hat sich die weltweite Bedeutung der Private-Equity gesponserten LBOs dramatisch gesteigert. So versechzehnfachte sich zwischen 1996 und 2005 das Volumen von 31 Mrd. US-Dollar auf rund 490 Mrd. US-Dollar, wie Abbildung 2 verdeutlicht.

Es kommt daher nicht von ungefähr, wenn der *Economist* die *Private-Equity-Häuser* in einer Titelstory als die *„New Kings of Capitalism"* bezeichnet. Das durchschnittliche jährliche Wachstum der weltweiten LBO-Volumina belief sich auf ca. 36 Prozent. Der Anteil der mit Private-Equity gesponserten LBOs am weltweiten M&A-Geschäft stieg in diesem Zeitraum von knapp 3 auf 18 Prozent (Gesamtvolumen 2005: ca. 3 Billionen US-Dollar).

Von einer Randerscheinung ist das LBO-Geschäft folglich in den Mittelpunkt des M&A-Geschäfts gerückt. Beinahe ein Fünftel des weltweiten M&A-Volumens ist zurzeit auf Käufe durch Finanzinvestoren zurückzuführen. Viele sehr bekannte Unternehmen befinden oder befanden sich mehrheitlich im Eigentum von Finanzinvestoren: Burger King, Hertz, Tommy Hilfiger, Gardena, ATU, Premiere, Rodenstock, Maredo – die Liste ließe sich fast beliebig fortsetzen.

Der europäische LBO-Markt übertraf 2005 auf Basis der Unternehmenswerte mit rund 125 Mrd. Euro das Mutterland der LBOs, die USA, nachdem er zuvor zwei Jahrzehnte lang eher ein Schattendasein geführt hatte (siehe Abbildung 3). Bereits in 2004 konnten erstmals mehr LBO-Transaktionen in Europa als in den USA abgeschlossen werden. Ihr Anteil am gesamten M&A-Markt hat sich dabei in den letzten Jahren von ca. 5 auf derzeit ca. 15 Prozent verdreifacht.

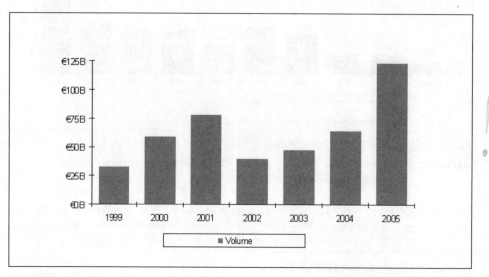

Quelle: S&P LCD
Abbildung 3: *Europäisches LBO-Volumen in Mrd. Euro*

Seit 1999 hat sich das LBO-Volumen in Europa fast verfünffacht, von 2004 auf 2005 mehr oder weniger verdoppelt. In Europa hat sich diese Zunahme selbstverständlich parallel in der Entwicklung der LBO-Kreditvolumina der letzten Jahre niedergeschlagen. Von Ende 1999 bis Ende 2005 hat sich das LBO-Kreditvolumen ca. verachtfacht, von 2004 auf 2005 mehr als verdoppelt.

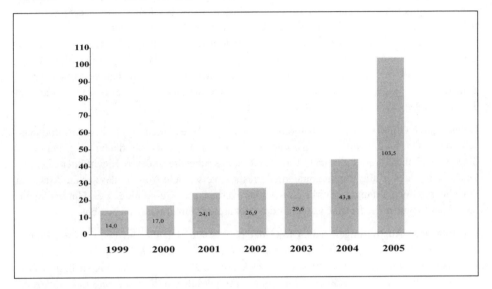

Quelle: S&P LCD

Abbildung 4: *LBO-Kreditvolumen in Europa in Mrd. Euro*

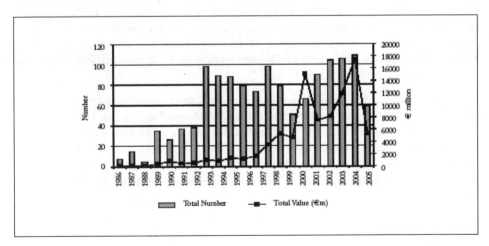

Quelle: CMBOR/Barclays Private-Equity/Deloitte bzw. Ashurst/Private-Equity Intelligence (2006a), S. 16

Abbildung 5: *Deutsches LBO-Volumen in Mio. Euro*

Auch in Deutschland steigt der Anteil der LBOs am gesamten M&A-Markt. Nachdem er nach Schätzungen von UBS 2001 noch bei rund 7 Prozent und in 2002 bei rund 11 Prozent lag, beläuft er sich nach aktuellen Schätzungen von KPMG 2005[4] auf ca. 25 Prozent.

Während bei Buy-outs bis zu einem Unternehmenswert von 15 Mio. Euro das Management meist ohne Finanzinvestor auskommt und daher im eigentlichen Sinne des Wortes Management-Buy-outs bzw. Management-Buy-ins vorliegen, ist es bei LBOs über dieser Schwelle für den Unternehmenswert fast immer ein Finanzinvestor, von dem in den meisten Fällen die Initiative ausgeht und der die Mehrheit der Anteile erwirbt. Man spricht dann auch vom so genannten Institutional bzw. Investor-driven Buy-out oder IBO. Wir werden uns in der Folge auf diesen Fall beschränken, da bei den „reinen" MBOs ohne Finanzinvestorbeteiligung zumeist keine Akquisitionsfinanzierung nach den internationalen Standards erfolgt und zum Teil andere Aspekte eine zentrale Rolle spielen.

Neben dieser Grundart der Akquisitionsfinanzierung gibt es einen atypischen Anwendungsfall von LBOs: Es handelt sich um so genannte Owner Buy-outs, bei denen ein Eigentümer über einen hohen Fremdmittelanteil an der Finanzierung die anderen Eigentümer „herauskauft", d.h., dass er alle Eigenkapitalanteile respektive so viele Anteile, dass er die Mehrheit am Unternehmen erlangt, erwirbt. Auch hier werden die Fremdmittel des Unternehmens ausschließlich über die freien Cashflows des „gekauften" Unternehmens bedient.

Die folgenden Ausführungen haben trotz der ober erläuterten thematischen Einschränkung *auch für die in der Praxis häufiger vorkommenden strategischen Käufe* insbesondere durch Unternehmen und Industrieholdings *auf Non-Recourse-Basis* – ohne haftungsmäßige Rückgriffsmöglichkeit auf den Käufer – mit hohem Fremdmittelanteil eine *sehr große Relevanz*. Verändert zudem die Akquisition und ihre Finanzierung die Gesamtgruppenbonität aus konsolidierter Sicht wesentlich in Richtung Non-Investment-Grade-Bereich müssen auch bei formaler Non-Recourse-Finanzierung *auf konsolidierter Basis* ähnliche Gestaltungsüberlegungen für die Gesamtfinanzierungsstruktur angestellt werden wie für hoch geleveragte Non-Recourse-Finanzierungen bei LBOs, MBOs oder Owner Buy-outs. Dies gilt für die meisten ausschließlich oder mehrheitlich über Fremdkapital finanzierten Übernahmen von Unternehmen durch mittelständische Käufer.

Ähnliche Überlegungen gelten für den Fall, dass ein *LBO-Unternehmen eine so genannte Add-on-Akquisition* vornimmt. Dabei kauft das LBO-Unternehmen A das Unternehmen B unter maximaler Heranziehung des Leverageeffektes bzw. unter Auslotung der Grenzen der Verschuldungsfähigkeit. Hierbei sollte stets der freie Cashflow der gesamten Gruppe (also von kaufenden und gekauften Unternehmen) unter Berücksichtigung der Synergien und der Integrationskosten als Ausgangspunkt für die Strukturierungsüberlegungen herangezogen werden.

---

[4] Vgl. Ecker/Schenck zu Schweinsberg/Fresl (2006) als Autoren der KPMG´s Leveraged Finance Study 2005.

Der für die Akquisitionsfinanzierung entscheidende Maßstab des freien Cashflows[5] lässt sich vereinfacht und unter Ausklammerung von außerordentlichen Effekten folgendermaßen definieren:

	EBITDA
+/–	Rückstellungszunahmen / -abnahmen
–	Steuern
+/–	Desinvestitionen des/ Investitionen in das Anlagevermögen
+/–	Abnahme / Zunahme des Working Capitals[6]
=	**freier Cashflow**

Quelle: Eigene Darstellung
Tabelle 1: Vereinfachte Bestimmung des freien Cashflows

1.2 Die Bedeutung der Akquisitionsfinanzierung

Bei M&A-Transaktionen können aus Sicht des Käufers vier wesentliche Risiken identifiziert werden:

- Irrtum über den objektiven Wert des Zielunternehmens
- Irrtum über den subjektiven Wert des Zielunternehmens
- Irrtum über den angemessenen Kaufpreis
- Irrtum über die angemessene Akquisitionsstruktur

Während die ersten drei Gefahrenbereiche eindeutig im Mittelpunkt des Interesses und der M&A-Prozesse (inklusive der Due Diligence) stehen, widmen Theorie und Praxis der Finanzierung des Kaufpreises zumeist weniger Aufmerksamkeit. Häufig wird der Finanzierungsaspekt erst relativ spät im Prozess näher betrachtet, auch wenn sich dieser gelegentlich als „deal breaker" herausstellt. Die relativ untergeordnete Bedeutung der Finanzierungsstruktur im Kaufprozess, die bei strategischen Käufern weit verbreitet ist, steht in krassem Gegensatz zur Bedeutung der Akquisitionsstruktur als Erfolgsfaktor für M&A-Transaktionen. Bereits vor

---

[5] Der freie Cashflow ist jener Cashflow, den ein schuldenfreies Unternehmen nach Abzug der notwendigen Ausgaben für (profitable) Investitionen und Betriebsmittel (Working Capital) erwirtschaftet. Es handelt sich also um den Cashflow, der für den Schuldendienst (Zinsen + Tilgungen) eines Unternehmens zur Verfügung stehen würde.

[6] Die Betriebsmittel bzw. das Working Capital werden vereinfacht folgendermaßen ermittelt: Forderungen aus Lieferungen und Leistungen + Vorräte + Halb- und Fertigerzeugnisse – Verbindlichkeiten aus Lieferungen und Leistungen.

zwölf Jahren drückte Wujtowicz[7] in einem Beitrag über Strukturierung von Akquisitionsfinanzierungen diese nach wie vor gültige empirische Tatsache folgendermaßen aus: „Instead
of receiving primary attention, financing is often left as a final detail in structuring an acquisition. *Yet many business failures are attributable to inappropriate capitalization rather than
operational problems.*"

Spätestens seit den spektakulären Unternehmenszusammenbrüchen im Technology-Media-
Telecom-Sektor in der Post-Bubble-Zeit ab dem Frühjahr 2000, die häufig auf völlig unge-
eignete Finanzierungsstrukturen zurückzuführen waren, sollte die große Bedeutung geeigne-
ter Akquisitionsstrukturen für erfolgreiche M&A-Prozesse bzw. Unternehmensentwicklungen
deutlich geworden sein. Auch viele Probleme oder Insolvenzen mittelständischer oder großer
Unternehmen aus traditionelleren Sektoren gehen nicht zuletzt auf eine verfehlte, aggressive
und zu stark auf Fremdmittelfinanzierung aufgebaute Einkaufspolitik zurück.

Beispiele für fehlgeschlagene Einkaufspolitiken sind gerade bei Familienunternehmen nicht
schwer zu finden, zumal diese anders als Konzerne oder Finanzinvestoren akquirieren: So
nennt Raffel den Industriebödenhersteller Rinol und die Klöckner-Moeller-Gruppe, die
Elektro-Komponenten für die Industrie- und Gebäudeautomation anbietet, als Beispiele.[8] Die
börsennotierte Rinol schlitterte Anfang 2006 in die Insolvenz; die Moeller-Gruppe wurde von
der Eigentümerfamilie zu einem Bruchteil des ursprünglichen Unternehmenswertes an den
Finanzinvestor Advent verkauft – Advent restrukturierte gemeinsam mit dem Management
die Unternehmensgruppe in Rekordtempo und veräußerte sie zwischenzeitlich mit einer
hohen Rendite im Rahmen eines Secondary Buy-outs an den Finanzinvestor Doughty Hanson.

Trotz einer Unzahl von Beispielen für eine verfehlte Einkaufspolitik gibt es Familienunternehmen, die durch eine gelungene Einkaufspolitik ihre Marktstellung deutlich verbessern
konnten. Raffel erwähnt in demselben Artikel u.a. die Beispiele Würth (über 50 Akquisitionen),
Vaillant, das mit Hepworth einen realtiv großen Wettbewerber übernahm und erfolgreich
integrierte, sowie Knorr-Bremse, das seine Branche auch durch internationale Unternehmensakquisitionen konsolidierte. Ein besonders bekanntes und aktuelles Beispiel für durch
Beteiligungskapital eines Finanzinvestors unterstützte erfolgreiche Akquisitionsstrategien zur
Branchenkonsolidierung ist die Ersatzteile- und Werkstättenkette ATU.

Während der objektive Wert eines Unternehmens – unterstützt durch den Due-Diligence-
Prozess – noch einigermaßen klar und relativ objektiv mit den gängigen Methoden der Un-
ternehmensbewertung (z.B. die DCF-Methode)[9] festzustellen ist, hängt die Kaufbereitschaft
letztlich von dem subjektiven Wert ab, den der Interessent dem Zielunternehmen beimisst.
Über dem objektiven Wert liegende subjektive Werte sind zum einen in der so genannten
Control Premium begründet, also in der Wertsteigerung durch bessere Unternehmensführung

---

7 Wujtowicz (1994), S. 81.

8 Vgl. Raffel (2006).

9 Einen guten Überblick bieten z.B. Coenenberg/Schultze (2006), Copland/Koller/Murrin (2005) sowie umfassend Damodaran (2001a) und (2001b), Part Five; allerdings sind gerade die Bewertungen von Unternehmen
  im Zuge eines LBOs, die in dieser Arbeit im Mittelpunkt stehen, methodisch besonders schwierig und erfor-
  dern daher eine erhöhte methodologische Genauigkeit. Vgl. dazu Bruner (2004), S. 400 bzw. Chapter 13,
  sowie umfassend Arzac (2005).

des neuen Eigentümers, zum anderen in etwaigen Synergien. Schließlich kommen für einen höheren subjektiven Wert diverse andere geschäftspolitische Ziele (Marktführerschaft, Schutz vor feindlichen Übernahmen durch Größe und Marktkapitalisierung, usw.) in Betracht, auch wenn diese mitunter von eher zweifelhaftem Wert sein mögen.

Unterschiede zwischen Unternehmenswert und Kaufpreis ergeben sich in der Regel aus der konkreten Angebots- und Nachfragesituation im Rahmen der Verhandlungen, möglichen Fehlern oder irrigen Annahmen bei der Anwendung von Bewertungsverfahren und mehr oder weniger „außerökonomischen" Motiven des Käufers („Ego", Eigeninteressen seines Managements, Prestigeüberlegungen usw.). Der nicht selten unprofessionellen Heranziehung von Bewertungs-Multiples[10] kommt dabei eine große Bedeutung für die Überzahlungsproblematik zu. Die US-Investmentbank Grace Matthews formulierte im Sommer 2003 diese Gefahr besonders treffend: „Transaction multiples are the most dangerous tool in the dealmaker's toolkit."[11] Aufgrund der Tücken ihrer Anwendung gehen die Autoren der Studie noch einen Schritt weiter: „All this leads to one of investment banking's great unspoken truths: purchase price multiples, without an accurate understanding of how they are calculated or a thorough analysis of how a transaction is structured, say nothing about the value of the deal."

Der Kaufpreis und dessen Finanzierungsstrukturen ergeben sich aus den unterschiedlichen Interessen der Hauptbeteiligten am Kaufprozess. In Abbildung 6 vereinfacht dargestellt:

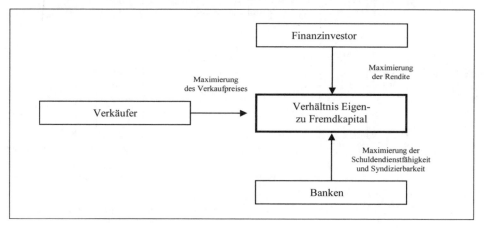

Quelle: Eigene Darstellung
Abbildung 6: *Schematische Grundstruktur der Interessen der LBO-Beteiligten*

---

10 So weisen u.a. Coenenberg/Schultze (2006), S. 479 f., darauf hin, dass die in der Praxis oft angewandeten Enterprise-Value- und Equity-Value-Multiplikatormethoden (z.B. EBIT-Multiple, EBITDA-Multiple, Umsatzmultiple, Price-Earnings-Multiple usw.) – unabhängig davon, ob sie als Transaction oder Tradable Multiple eingesetzt werden – methodisch unzureichend sind und nur im Falle unzureichender Informationslage für die Anwendung der methodisch besseren Zukunftserfolgsmethoden (wie DCF), sonst aber nur als Plausibilitätscheck für die Ergebnisse aus der Anwendung dieser Zukunftserfolgsmethoden eingesetzt werden sollten. Zu den Anwendungsvoraussetzungen für Multiplikatorverfahren in der Unternehmensbewertung vgl. zuletzt umfassend Krolle/Schmitt/Schwetzler (2005).

11 Grace Matthews (2003), S. 1.

In der Praxis versucht der Käufer meist, die maximal darstellbare Fremdmittelfinanzierung zu erzielen, kann doch bei entsprechender Rentabilität des Zielunternehmens (Gesamtkapitalrentabilität höher als Fremdkapitalzinsen nach Steuern) mithilfe des Leverageeffektes die Eigenkapitalrentabilität maximiert werden. Ob die maximale Bedienungsgrenze für Akquisitionsfinanzierungen der optimale Verschuldungsgrad ist, lässt sich nur im Einzelfall feststellen. Wie in der allgemeinen Diskussion um den optimalen Verschuldungsgrad ist hierbei zwischen dem Nutzen der Eigenkapitalmaximierung und den Kosten einer erhöhten Insolvenzgefahr und eines strategisch verringerten Handlungsspielraums durch geringere finanzielle Flexibilität abzuwägen. Der zuletzt genannte Aspekt ist infolge der üblichen engmaschigen Verhaltensauflagen in der Akquisitionsfinanzierung besonders wichtig. Der maximal zu zahlende Kaufpreis ergibt sich aus der Summe der Schuldendienstfähigkeit und dem, mit den Renditevorstellungen des Finanzinvestors abdiskontierten, Gegenwartswert des Eigenkapitals zum Exit-Zeitpunkt.[12]

Abbildung 7 veranschaulicht idealtypisch die den Kaufpreis und die Finanzierungsstruktur bestimmenden Elemente und damit auch die diesbezüglich möglichen Fehlerquellen.

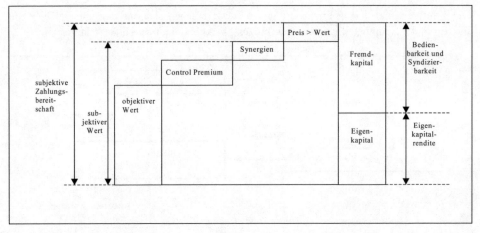

Quelle: Eigene Darstellung
Abbildung 7: *Schematische Grundelemente der Kaufpreisbestimmung und der Finanzierungsstruktur*

In der Praxis sind diese potenziellen Fehlerquellen bei der Kaufpreis- und Finanzierungsstruktur häufig parallel anzutreffen. Überzahlung und zu hohe Verschuldung treten oft simultan auf, nicht zuletzt wegen zu optimistischer Annahmen bezüglich der zukünftigen freien Cashflows. Gehäuft treten diese Fehler bei strategischen Käufern auf, die auf eine Due Diligence völlig oder weitgehend verzichten. Zudem werden Synergien, die zunächst einmal nur Wertsteigerungspotenziale sind, überschätzt, die Integrationskosten und Integrationsprobleme (bis hin zu Cultural Clashes) dagegen unterschätzt.

---

[12] Vgl. dazu näher z.B. Arzac (2005), S. 227 ff.

Deshalb sollten die Käufer unseres Erachtens die Risiken im operativen Bereich und die Gefahr der Überzahlung nicht durch übermäßige finanzielle Risiken potenzieren. Die maximal darstellbare Fremdfinanzierung ist daher zumeist nicht die optimale Verschuldung, zumal sie oft erst nach der Akquisition erkennbare Handlungs- und Wertsteigerungsoptionen sehr stark begrenzt. Sind die Anfangsrisiken des Kaufs und der Integration überwunden, kann immer noch über Rekapitalisierungen der Verschuldungsgrad erhöht und einem geringeren operativen Risiko zwecks Eigenkapitalmaximierung ein höheres finanzielles Risiko entgegengesetzt werden.

1.3 Die Attraktivität der Akquisitionsfinanzierung für Banken und institutionelle Investoren

Im Allgemeinen bewegt man sich in der Akquisitionsfinanzierung im Bereich des Subinvestment-Grade, d.h. bei Risiken von BB+ und schlechter und damit im Bereich von spekulativen Risiken. Von daher erscheint es verwunderlich, dass auch konservative Banken in der Akquisitionsfinanzierung ein besonders attraktives Geschäftsfeld sehen. Gleiches gilt für die verschiedenen institutionellen Anleger wie Versicherungen, Pensions- und Investmentfonds, die – meist indirekt – in die Risikoklasse Akquisitionsfinanzierungen investieren und über enorme Mengen an Kapital verfügen. So verwalten die Investmentfonds weltweit über 1 Billion US-Dollar. Die indirekten Investments erfolgen zumeist über Collateralised Debt bzw. Loan Obligations (CDO, CLO), seltener über Credit Funds oder Hedgefonds und ähnliche Einrichtungen.

Dieser vermeintliche Widerspruch zwischen hohem Risikogehalt und hoher Attraktivität der Assetklasse kann selbstverständlich nur durch attraktive Renditen erklärt werden. Diese gewinnen gerade in Zeiten langanhaltender Niedrigzinsen an Bedeutung. Doch das Risiko von Kreditausfällen ist vor allem für bevorrechtete Kreditgeber wie Banken und institutionellen Investoren de facto geringer, als es auf den ersten Blick erscheint. In Summe ergibt sich für Banken bei der professionell durchgeführten Akquisitionsfinanzierung ein Ertrags-Risiko-Mix, der gegenüber anderen Geschäftsbereichen wie der klassischen Unternehmensfinanzierung für den Mittelstand sehr attraktiv ist.

In der mittelständischen Unternehmensfinanzierung hat man es häufig – vom Risikogehalt gesehen – mit ähnlichen Risiken wie bei LBO zu tun, Zinsmargen, Gebühren und Sicherheiten sind aber in der Akquisitionsfinanzierung ungleich attraktiver bzw. höher.

Im Einzelnen erklären folgende Argumente die besondere Attraktivität der Akquisitionsfinanzierung für bevorrechtete Kreditgeber:

1. Aufgrund der Untersuchungen des Zielunternehmens im Rahmen von Due Diligence-Untersuchungen besteht eine im Vergleich zur allgemeinen Unternehmensfinanzierung deutlich geringer Informationsasymmetrie zwischen Kreditnehmer und Kreditgeber. Einen derart detaillierten Einblick in ein Unternehmen, wie er durch Due Diligence ermöglicht wird, ist selbst langjährigen Hausbanken in der allgemeinen Unternehmensfinanzierung regelmäßig verwehrt.

2. (Finanz-)Investoren konzentrieren sich mit Vorliebe auf besonders gute Unternehmen in stabilen Märkten, bei denen eine hohe Vorhersehbarkeit der (im Schnitt hohen) freien Cashflows gegeben sein sollte. Die relativ schlechte Bonität der Unternehmen, bei denen eine Akquisitionsfinanzierung durchgeführt wird, ist folglich nicht vor, sondern erst nach der Transaktion gegeben und resultiert meist überwiegend nur aus der hohen Verschuldung zur Finanzierung des Kaufpreises. Sie ist ein Resultat der Stärke und keineswegs das Ergebnis einer inhärenten Schwäche des Unternehmens. Daher sind Buy-out-Unternehmen zumeist gut in der Lage, die hohe Schuldenlasst zu schultern, während inhärent schwache Unternehmen derselben Ratingstufe dies häufig nicht oder nicht ohne weiteres schaffen. Aus diesen Voraussetzungen resultieren besonders gute Bedingungen dafür, die Vorteile einer hohen Verschuldung (Eigenkapitalrenditemaximierung durch den Leverageeffekt) zur Geltung zu bringen, ohne dass die typischen Nachteile einer hohen Verschuldung (insbesondere das höhere Insolvenzrisiko und die geringere finanzielle Flexibilität) besonders ins Gewicht fielen.

3. Die Erwerbergesellschaften sind mit einer ordentlichen Eigenmittelquote von zumeist über 30 Prozent ausgestattet, die einen relativ verlässlichen und aussagekräftigen Risikopuffer darstellt. Gleiches kann von den meist niedrigeren und rein buchmäßigen Eigenkapitalquoten nicht bzw. nur eingeschränkt behauptet werden. Dem steht auch der häufig sehr hohe Goodwill-Anteil in den Aktiva der Erwerbergesellschaften nicht entgegen, da dieser im Zeitpunkt des Kaufs Ergebnis einer aktuellen Marktbewertung des Unternehmens durch professionelle und (insbesondere über die Due Diligence) gut informierte Käufer ist.

4. Bei Finanzinvestoren handelt es sich meist um routinierte und professionelle Käufer, häufig mit einem guten Track Record, die über hohe finanzielle Mittel in Gestalt der von ihnen verwalteten Fonds verfügen. Ferner haben Finanzinvestoren einen Ruf zu verteidigen und im Sinne einer Opportunitätskostenrechnung zu berücksichtigen, dass sie auch künftig attraktive Kaufpreisfinanzierungen mit guten Konditionen und hohen Verschuldungsgraden aufstellen möchten. Daher sind sie auch bei ihren Portfoliounternehmen, die nicht ihren Vorstellungen entsprechen und nicht die erwünschte Rendite erwarten lassen, häufig besonders engagiert. Dies gilt auch für das meist an LBO-Unternehmen beteiligte Management.

5. Akquisitionsfinanzierern stehen umfangreiche Sicherheitenpakete zur Verfügung, die im Allgemeinen alle wesentlichen Vermögensgegenstände der betroffenen (Ziel-)Unternehmensgruppe umfassen. Besonders erwähnenswert ist in diesem Zusammenhang die Verpfändung der Gesellschaftanteile am gekauften Unternehmen, da die Verwertung auf Basis eines Going Concern (Fortbestand des Unternehmens) zumeist zu den besten Ergebnissen für Banken führt. Die relativ engen Auflagen und im Besonderen die Financial Covenants[13] gewährleisten, dass die Kreditgeber die Chance erhalten, ein überlebensfähiges Unternehmen zu verwerten. Von diesen Überlegungen gehen im Übrigen auch S&P und Moody's aus, wenn sie Akquisitionsfinanzierungskredite bonitätsmäßig einschätzen.

---

[13] Vgl. dazu genauer Abschnitt 10., insbesondere Kapitel 10.2.

6. Aufgrund der dataillierten Kredit- und Sicherheitenverträge sind die Spielregeln für den Krisenfall genau definiert, was das Zusammenwirken von Kreditgeber und Unternehmen im Vergleich zur klassischen Unternehmensfinanzierung deutlich erleichtert. So sind insbesondere die Interessen der Kreditgeber durch das regelmäßig vorliegende Bankensyndikat vorteilhaft gebündelt. So kann wertvolle Zeit und Energie für konstruktive Lösungsansätze gewonnen werden.

7. Bei mittelgroßen oder großen LBOs besteht ein mehr oder weniger liquider Sekundärmarkt für Akquisitionsfinanzierungen, der es Banken erlaubt, u.U. zu relativ günstigen Konditionen durch eine Übertragung von notleidenden oder auch nur underperformenden Krediten sich – falls dies Teil der jeweiligen Bankenkultur ist – eines Kredits oder eines Problemfalls zu entledigen. Dabei hilft der mittlerweile sehr professionelle und etablierte NPL-Markt, der sich für Problemkredite in Europa entwickelt hat und primär von London aus gesteuert wird.

Die angeführten Argumente gelten ceteris paribus für Mezzaninefinanzierungen. Nach Statistiken von S&P werden ca. 90 Prozent der Mezzaninefinanzierungen in Europa für LBOs zur Verfügung gestellt.

Aus den genannten Gründen ist es nicht überraschend, dass die Zahlungsstörungen und Ausfälle überschaubar sind. Auf dies deutet auch Abbildung 8 hin.

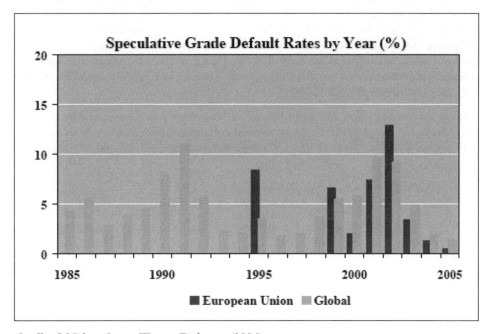

Quelle: S&P bzw. Legge/Watters/Pedersen (2006)
Abbildung 8: *Events of Defaults im Subinvestment-Grade-Bereich in Prozent*

Laut S&P erreichte der globale Anteil an Zahlungsstörungen bei Bankdarlehen und High Yield Bonds im Subinvestment-Grade-Bereich[14] im März 2006 auf LTM-Basis[15] mit nur 1,3 Prozent den niedrigsten Wert seit acht Jahren. Während in den USA dieser Anteil bei steigender Tendenz bei 1,9 Prozent lag, wurden in Europa keine Zahlungsstörungen und in den Emerging Markets nur 0,2 Prozent verzeichnet. Vor diesem Hintergrund und angesichts der Überliquidität im Kapitalangebot ist weder der anhaltende Anstieg der Verschuldung, noch der Rückgang bei Zinsmargen und Dokumentationsstandards überraschend. Zudem sind auch bei Zahlungsstörungen die Ausfallsraten relativ gering. So ergab eine Studie in Großbritannien, dass Banken bei 42 untersuchten MBOs nur 38 Prozent der aushaftenden Kredite verloren.[16]

S&P erwartet allerdings einen Anstieg des Anteils an Zahlungsstörungen im Subinvestment-Grade-Bereich von den derzeit global 1,3 auf 3 Prozent Ende 2006 und 4,3 Prozent Ende 2007 und damit fast wieder auf das historische Durchschnittsniveau von 4,65 Prozent (für den Zeitraum von 1981 bis 2005). Die in den letzten zwei Jahren festzustellende Zunahme aggressiverer Finanzierungen dürfte die derzeit guten Statistiken folglich wieder relativieren.

Das in jüngster Zeit festzustellende Anziehen der Zahlungsstörungen in den USA (insbesondere in den Sektoren Automobil, Transport und Telekom mit so prominenten Beispielen wie Delta, Northwest, Delphi, Collins & Aikman und Dana) sind dafür Vorboten. Auch die Insolvenz des französischen Automobilzulieferers GAL (der sich in einem Chapter 11 vergleichbaren Verfahren, dem „Procedure de Sauvegarde", befindet) – laut S&P dem ersten Event of Default bei gerateten Bankdarlehen und High Yield Debt seit 15 Monaten in Europa – ist ein warnender Fingerzeig. Weitere deutliche Anzeichen sind die von S&P für 2005 festgestellte starke Zunahme von immer frühzeitiger einsetzenden Covenant-Verletzungen und Zahlungsstörungen bei Mezzaninedarlehen von LBOs sowie der merkbare Anstieg von Problemkrediten Ende 2005/Anfang 2006 in Europa.

Folglich dürften sich die Zinsmargen parallel zu steigenden Ausfallsraten wieder erhöhen: Laut Unterschungen von BNP Paribas besteht eine starke Korrelation (85 Prozent) zwischen der globalen Ausfallrate und den iBoxx non-financial credit spreads, wie aus Abbildung 9 zu erkennen ist:

---

[14] Dieser wird in Europa von den LBO-Finanzierungen dominiert.
[15] LTM steht für Last Twelve Months.
[16] Vgl. dazu Citron/Wright/Ball/Rippington (2003).

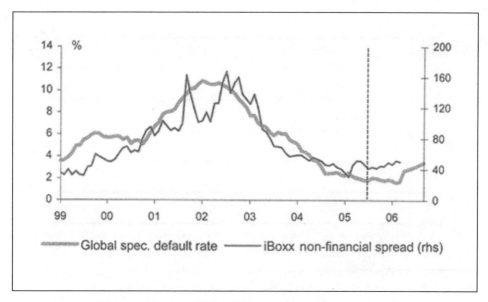

Quelle: Tawadey/Engineer/Lorenzen/Shah/Hardy (2006), S. 35
Abbildung 9: *iBoxx non-financials spreads & global specific default rate*

Aus all den angeführten Argumenten wird – trotz der zunehmenden Gefahren – klar, warum viele Banken in der Akquisitionsfinanzierung nach wie vor einen der attraktivsten Bereiche des Kreditgeschäfts sehen. Stellvertretend für zahlreiche Banken und Banker sei der Vorstandsvorsitzende der Landesbank Rheinland-Pfalz Dr. Friedhelm Plogmann zitiert: Die Akquisitionsfinanzierung sei für die LRP zum lukrativsten Bereich des Kreditgeschäfts geworden. Während im kreditlastigen Firmenkundengeschäft die Eigenkapitalrendite für die Landesbank bei 8–10 Prozent liege, und die in der Immobilienfinanzierung bei 15 Prozent, liege die Rendite bei Akquisitionsfinanzierungen bei 22 Prozent und damit bei dem zweieinhalbfachen des klassischen Firmenkundengeschäfts.[17] In der hohen Rendite spiegeln sich einerseits der hohe Anteil an Gebühren, andererseits die auch risikobereinigt relativ hohen Zinsmargen wider.

Eine Studie der Investmentbank CSFB verdeutlicht die hohe Attraktivität der Akquisitionsfinanzierung ebenfalls: Auf der Basis der Sharpe Ratio (d.h. eines Maßstabs, der eine Ertragseinheit auf Basis einer Risikoeinheit misst) wiesen die Leveraged Loans im Zeitraum von 1992 bis 2002 die vergleichsweise höchsten Werte auf (siehe hierzu die Abbildungen 10 und 11).

---

[17] Interview im Handelsblatt vom 19. Dezember 2005, S. 21.

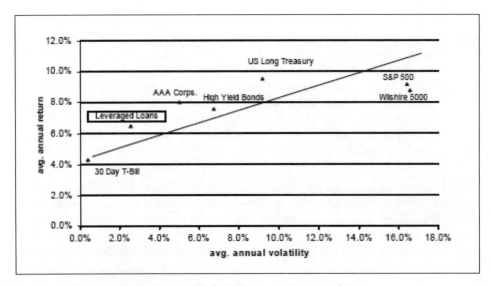

Quelle: CSFB bzw. NewAmsterdam Capital, European Leveraged Loans,
        www.nacfinance.com/Euro_Leveraged_Loans_Introduction.pdf
Abbildung 10: Risk/Return-Zusammenhang 1992 bis 2002

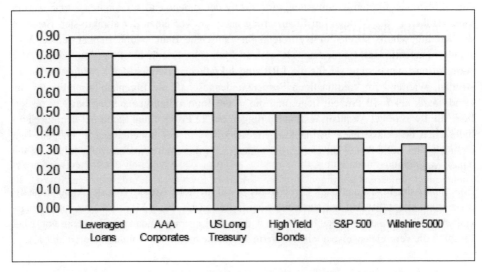

Quelle: CSFB bzw. NewAmsterdam Capital, European Leveraged Loans,
        www.nacfinance.com/Euro_Leveraged_Loans_Introduction.pdf
Abbildung 11: Sharpe Ratio 1992 bis 2002

Wie hoch das Potenzial an Gebühreneinkommen ist, mag man daraus erahnen, dass der Finanzinvestor Goldman Sachs Capital Partners 2005 130 Mio. US-Dollar an Fees für Finanzierungsstrukturierungen und M&A-Beratungen an Investmentbanken zahlte, der sehr bekannte Finanzinvestor KKR in demselben Jahr 118 Mio. US-Dollar. Im Schnitt erhält der Arrangeur eine Arrangierungsfee von ca. 2 Prozent der zur Verfügung gestellten Kredite. Davon wird oft nur ein Bruchteil im Rahmen von Syndizierungen weitergegeben (bei den institutionellen Investoren verblieben 2005 laut S&P nur 4–5 Basispunkte, d.h. 0,04–0,05 Prozent an Upfront Fees). JP Morgan erwirtschaftete als Marktführer 2005 ein Gebühreneinkommen von den Private-Equity-Investoren von 262 Mio. US-Dollar und erzielte damit einen Marktanteil von 10,5 Prozent.[18]

Ein Zusatzvorteil der Leveraged Loans ist, das diese Assetklasse nicht oder nur relativ wenig mit anderen Assetklassen korreliert. Auch dies trägt zur Attraktivität der Akquisitionsfinanzierung für Banken wie für direkte oder indirekte institutionelle Investoren (CDOs, Credit Funds, Hedgefonds usw.) bei. Diese Assetklasse ist mittlerweile von einem starken Überangebot an Kapital (und den damit verbundenen negativen Konsequenzen für die eigene Attraktivität) gekennzeichnet.

Die (auch risikobereinigt) möglichen hohen Eigenkapitalrenditen aus der Akquisitionsfinanzierung setzen natürlich voraus, dass die Akquisitionsfinanzierung professionell betrieben wird und insbesondere in rezessiven Zeiten zu keinen überproportionalen Risikokosten durch Einzelwertberichtigungen führt. Mithin ist auch die Akquisitionsfinanzierung keineswegs eine Panacea für die Lösung der Probleme von ertragsschwachen Banken.

1.4 Die Akquisitionsfinanzierung in der bisherigen Literatur

Soweit ersichtlich, gibt es derzeit keine umfassende Darstellung in der Literatur zum Thema Akquisitionsfinanzierung. Dies gilt sowohl für die deutschsprachige als auch für die englisch-, französisch-, spanisch- oder italienischsprachige Literatur. Neben einigen nützlichen Arbeiten zu LBOs selbst gibt es nur sehr kurze Abhandlungen von Praktikern über wesentliche Aspekte der Akquisitionsfinanzierung, die allesamt aufgrund der Knappheit der Darstellungen das Thema nicht umfassend würdigen können.[19] Mitunter zeichnen sich umfassendere Arbeiten zu LBOs gar durch Praxisferne aus – vgl. zuletzt z.B. Caselli/Gatti (2005) oder Mascarenas (2005) –, die guten und praxisrelevanten Arbeiten zu LBOs[20] streifen die Akquisitionsfinanzierung nur und stellen meist die Perspektive des Private-Equity-Investors in den Mittelpunkt.[21]

---

[18] Vgl. zu alledem Financial News vom 17. April 2006, Issue 502, S. 1.

[19] Vgl. in der deutschsprachigen Literatur z.B. Mittendorfer/Fotteler (2004), Georgieff/Biagosch (2005), Rensinghoff/Böhmert (2001), Mayer (2001) und Rodde (2002).

[20] Vgl. z.B. zuletzt die „LBO Manuals" für Großbritannien, Deutschland und Frankreich von Ashurst oder das französische Buch „Le LBO" von Thoumieux (1996).

[21] Dies gilt z.B. für die gute und mit zahlreichen Praxisfällen sehr lebendige Darstellung im Buch „Buy-out" von Rick Rickertsen (2001), der selbst ein Private-Equity-Investor ist.

Zudem sind es immer wieder Nicht-Financiers, die über juristische wie ökonomische Aspekte der Akquisitionsfinanzierung schreiben. Nur in juristischer Hinsicht liegt eine umfassende, praxisnahe und sehr gute deutschsprachige Abhandlung zum Thema Akquisitionsfinanzierung vor.[22] Eine umfassende und zugleich praxisrelevante Arbeit zu ökonomischen Aspekten fehlt bislang.

Eine relativ umfassende Abhandlung zum Thema Akquisitionsfinanzierung von Mittendor-fer/Fotteler (2006) wurde im Rahmen eines schriftlichen M&A-Lehrgangs im EUROFO-RUM Verlag publiziert und ist nur einer sehr eingeschränkten Öffentlichkeit zugänglich. Zudem ist sie auf die wesentlichsten Aspekte der Akquisitionsfinanzierung beschränkt und daher nicht umfassend.[23] Aus diesem Grund entschloss sich der Autor eine deutlich erweiterte, umfassende Abhandlung zu veröffentlichen, um diese Lücke in der Literatur zu Mergers & Acquistions und Investmentbanking (hoffentlich einigermaßen) zu schließen.

---

[22] Vgl. Diem (2005).

[23] Zudem gibt es noch eine relativ umfassende, im Internet veröffentlichte, und gute Power Point-Darstellung vom Amsterdam Institute for Finance/ABN Amro (2000), die allerdings für Nicht-Praktiker in weiten Teilen nur schwer nachvollziehbar ist.

2. Anlässe und Funktionsweise von Leveraged Buy-outs, Management-Buy-outs und Corporate Buy-outs

2.1 Anlässe

Für LBOs gibt es eine Reihe von typischen Anlässen:

■ Unternehmensnachfolge

■ Verkauf von Randbereichen insbesondere im Zuge von Sell-offs bzw. Divestitures, d.h. den Verkäufen von Tochterunternehmen, seltener bei Spin-offs, Split-offs oder Carve-outs[24]

■ Secondary Buy-outs

■ Public-to-Private-Transaktionen (Kauf börsennotierter, unterbewerteter Unternehmen)

■ feindliche Übernahmen börsennotierter Unternehmen

■ Turnaround-Situationen

■ Notverkäufe der „Unternehmensperlen"

Ausgangspunkt für den Finanzinvestor bei LBOs ist zumeist ein Missverhältnis zwischen operativem und finanziellem Risiko des Unternehmens. Im Allgemeinen sollte für die Maximierung der Eigenkapitalrentabilität ein reziprokes Verhältnis zwischen beiden Risiken bestehen. Je geringer das operative Risiko, desto größer kann und soll das finanzielle Risiko sein und umgekehrt.

Etablierte Unternehmen mit einem hohen Marktanteil und stabilen positiven freien Cashflows mit relativ geringem Wachstumspotenzial und Investitionsbedarf weisen für die Eigenkapitalmaximierung meist einen zu niedrigen Verschuldungsgrad auf. Das ist primär auf die hohe innere Ertragskraft in Verbindung mit beschränkten Wachstumsmöglichkeiten zurückzuführen.

LBO- bzw. MBO-fähige Unternehmen sind folglich häufig Marktführer mit starken Markennamen in stabilen, reifen und attraktiven Märkten mit hohen Eintrittsbarrieren. Vereinfachend und schematisierend können LBO-Kandidaten wie in Abbildung 12 charakterisiert werden.

---

[24] Vgl. zu diesen verschiedenen – in der Praxis und teilweise auch in der Theorie (vgl. z.B. Betsch/Groh/Lohmann (2000), S. 327) immer wieder verwechselten und oft zu Unrecht mit dem Sammelbegriff Spin-off gleichgesetzten – Instrumenten von Verkäufen von Unternehmensteilen die klaren Darstellungen in Achleitner (2001), S. 358 ff sowie Hunt (2003), S. 371 ff.

	Hoher finanzieller Leverage	Geringer finanzieller Leverage
Hohes operatives Risiko	Turnaround-Kandidat	Optimale Rendite-Risiko- Kombination
Geringes operatives Risiko	Optimale Rendite-Risiko- Kombination	LBO-Kandidat

Quelle: Eigene Darstellung
Abbildung 12: *Charakterisierung von LBO-Kandidaten*

LBO-Kandidaten bieten typischerweise vielfältige Ansätze zur Wertsteigerung, die insbesondere Finanzinvestoren nutzen und beim späteren Verkauf (dem so genannten Exit) realisieren wollen.

2.2   Funktionsweise von Leverage Buy-outs

Im Einzelnen können die folgenden drei Hauptquellen für Wertsteigerungen durch LBOs unterschieden werden:

■ Leverageeffekt

■ Ergebnis- bzw. freie Cashflow-Verbesserungen

■ Kaufpreis-Multiple-Verbesserungen

2.2.1   Leverageeffekt

Gemäß dem Leverageeffekt lassen sich Verbesserungen der Eigenkapitalrendite (Return on Equity) durch eine Erhöhung des Verschuldungsgrades (Gearing) so lange und insoweit erreichen, wie die Gesamtkapitalrentabilität (Return on Assets) höher ist als die Fremdkapitalzinsen nach Steuern. Je höher die Steuerquote und je geringer das Zinsniveau, desto eher wirkt der Leverageeffekt.

Indem Kapital zu niedrigeren Kosten aufgenommen und in höher rentable Anlagen (in diesem Fall ein Unternehmen) investiert wird, lässt sich die Eigenkapitalrendite verbessern. Im umgekehrten Fall sinkt allerdings auch die Eigenkapitalrendite, so dass der Hebel (Leverage) in beide Richtungen wirken kann.

2.2.2   Ergebnis- bzw. freie Cashflow-Verbesserungen

Im Zuge eines LBOs wird – wie generell bei Unternehmensakquisitionen – durch verschiedene Maßnahmen versucht, eine Ergebnisverbesserung zu erzielen, die über das im Kaufpreis bereits reflektierte Ausmaß hinausgeht. Denkbar sind neben einem verstärkten Unternehmenswachstum und Produktivitäts- bzw. Effizienzsteigerungen insbesondere die Umstellung von einer ergebnisorientierten zu einer cashflow- bzw. wertsteigerungsorientierten Unternehmensführung (u.a. durch ein verbessertes Betriebsmittel- und Investitionsausgabenmanagement), erhöhte Anreize für das Management und mehr Professionalisierung in der Unternehmensführung insbesondere in Bezug auf Managementinformationssysteme. Zudem hilft der Vorteil der „deep pockets" bei Eigenmitteln, u.U. auch sehr kapitalintensive Wertsteigerungsmaßnahmen wie Firmenkäufe bzw. Add-on-Akquisitionen oder verstärkte Investitionen in F&E durchzuführen. Finanzinvestoren verstärken, ausser der Managementbeteiligung an sich, das Management durch ihre Netzwerke, Manager-Datenbanken und auch ihrer Reputation; daher gelingt es ihnen oft, Topmanager auch von Großunternehmen für Mittelständler abzuwerben.

Die *Beteiligung des Managements* am Eigenkapital, die im Schnitt für das Managementteam zwischen 5 und 20 Prozent und für einzelne Manager zwischen 0,3–5,0 Prozent beträgt[25], führt über die damit verbundenen *Anreizeffekte,* die durch Sweet Equity und Sweat Equity noch verstärkt werden, häufig zu Effizienzsteigerungen im Unternehmen.

Unter *Sweet Equity* versteht man die – im Verhältnis zur Kapitalaufbringung – überproportionale Beteiligung des Managements am Eigenkapital des LBO-Unternehmens beim Abschluss der Transaktion. Dieses disproportionale Verhältnis zwischen Kapitalaufbringung und Beteiligung am Eigenkapital (das auch als Envy Ratio bezeichnet wird) bewegt sich meist zwischen 4 und 6.[26] Es ergibt sich im Allgemeinen primär oder ausschließlich aus der Tatsache, dass die Eigenmittel in Form der üblichen Gesellschafterdarlehen nur vom Finanzinvestor zur Verfügung gestellt werden. Wenn z.B. wirtschaftliche Eigenmittel von 100 Mio. Euro zu 80 Prozent durch Gesellschafterdarlehen und zu 20 Prozent durch „reines" Equity aufgebracht werden, kann das Management mit 2 Mio. Euro oder 10 Prozent am Kapital beteiligt werden, obwohl es nur 2 Prozent der wirtschaftlichen Eigenmittel zur Verfügung gestellt hat. Die Envy Ratio beliefe sich in diesem Fall auf 5.

---

[25] Vgl. z.B. Oberbracht/Engelstädter (2006), S. 71; die einzelnen Manager investieren üblicherweise Summen von ein bis zwei Jahresnettogehältern.
[26] Vgl. dazu Eisinger/Bühler (2005), S. 537.

Um das Problem eines lohnsteuerpflichtigen geldwerten Vorteils bzw. der Annahme einer Zuwendung von vorneherein zu vermeiden, erbringt der Finanzinvestor oftmals den von ihm disquotal geleisteten Eigenkapitalbetrag entweder als Gesellschafterdarlehens oder als bevorzugte Kapitalrücklage:[27] Diese wird an den einlegenden Gesellschafter im Fall der Liquidation, Veräußerung oder des Börsengangs der Erwerbergesellschaft (NewCo) sowie bei einer Auflösung der Rücklagen und ihrer Auskehrung an die Anteilseigner bevorzugt rückzahlbar gestaltet. Des Weiteren ist diese Kapitalrücklage gegebenenfalls mit einer marktgerechten Vorzugsdividende ausgestattet. Im Ergebnis hat sie im Innenverhältnis der Gesellschafter einen darlehensähnlichen Charakter (und wirkt damit wie Sweat Equity, dazu gleich mehr), entsprechend eines Kapitalkontos II bei Personengesellschaften. Folglich sollte bei einer derartigen Ausgestaltung kein geldwerter Vorteil für Manager vorliegen, auch wenn eine höchstrichterliche Beurteilung dieser Frage noch aussteht.

Sweat Equity bezeichnet die im Verhältnis zu den Eigenkapitalanteilen überproportionale Beteiligung des Managements am Veräußerungserlös. Technisch erfolgt dies zumeist über Options- bzw. Bezugsrechte auf Erwerb von Anteilen zu einem bestimmten Anteilspreis (optionstechnisch gesprochen zu einem „strike price") bei Erreichen vorgegebener Erfolgsziele (zumeist einer bestimmten internen Rendite bzw. Internal Rate of Return (IRR) des Investors). Diese Bevorzugung muss folglich verdient (mit Schweiß erarbeitet) werden und wird zumeist in Gestalt von Ratchets, das sind nachträgliche Anteilsverschiebungen zwischen bestehenden Gesellschaftern, umgesetzt. Zudem wirkt die Verzinsung des Gesellschafterdarlehens schweißtreibend, weil sie es dem Management erschwert, beim Exit Erlöse zu erzielen.

Im Beteiligungsvertrag werden üblicherweise eine Reihe weiterer wichtiger Klauseln verankert, die den Gleichklang der Interessen zwischen Investor und Management stärken und den Exit der betreffenden Parteien absichern sollen. Letzteres betrifft insbesondere Mitverkaufsverpflichtungen (Drag-Along-Rechte für den Investor) des Managements zwecks Sicherung der Verkaufbarkeit von 100 Prozent der Gesellschaftsanteile und Mitverkaufsrechte (Tag-Along-Rechte) des Managements zwecks Sicherung der (guten) Verkaufbarkeit der Minderheitsanteile des Managements. Ferner werden standardgemäß insb. auch – in der Praxis oft sehr kontrovers diskutierte und sehr unterschiedlich ausgestaltete – Good-Leaver und Bad-Leaver-Klauseln vereinbart, die das freiwillige und unfreiwillige Ausscheiden eines Managers regeln: In beiden Fällen ist regelmäßig vorgesehen, dass der ausscheidende Manager seine Anteile rückübertragen muss, der Bad-Leaver zum Wert in Höhe der Anschaffungskosten oder – falls geringer – des Verkehrswerts der Anteile, bei Good-Leavern ergibt sich der Wert meist aus einer Kombination von aktuellem Verkehrswert und den Anschaffungskosten (inklusive Verzinsung).[28]

---

[27] Vgl. u.a. Thomas (2006), S. 60 f.

[28] Vgl. dazu genauer zuletzt Oberbracht/Engelstädter (2006), und Rock (2006) sowie z.B. Weitnauer (2003), S. 176 ff.

2.2.3 Kaufpreis-Multiple-Verbesserungen

Auch Verbesserungen beim Exit-Verkaufspreis-Multiple (zumeist EBITDA- bzw. EBIT-Multiple) gegenüber dem beim Abschluss des LBOs gezahlten Kaufpreis-Multiple können zu Wertsteigerungen für den Investor führen.

Verbesserte Zukunftsaussichten oder eine verbesserte strategische Positionierung von Unternehmen, die bei einem gut strukturierten LBO aufgrund verschiedener Ansätze zu Ertrags- bzw. Cashflow-Verbesserungen führen können, sind eine mögliche Gewinnquelle für Buy-out-Investoren und das Management. Auch durch ein verbessertes Rating lassen sich höhere Bewertungen beim Exit erzielen.

Eine weitere Quelle für Kaufpreis-Multiple-Verbesserungen kann die Größe des Unternehmens sein: Je größer, desto höher ist in der Regel das Rating bzw. der Multiple.

Die Chance auf Bewertungsverbesserungen durch ein größenbedingt höheres Multiple ist ein wesentlicher Grund dafür, dass in letzter Zeit immer häufiger der Aufbau von größeren Unternehmensgruppierungen durch so genannte Leveraged-Build-up-Strategien verfolgt wird, um die Marktführerschaft und eine kritische Größe für einen späteren Börsengang oder den Verkauf an ein Unternehmen oder an einen Finanzinvestor (Secondary Buy-out) zu erlangen.

Ähnliches gilt für Börseneinführungen, da börsennotierte Unternehmen wegen der Fungibilität der Anteile, der geringeren Informationsasymmetrien, des leichteren Eigenmittelzugangs und besserer Investor Relations meist höher berwertet werden als nicht börsennotierte Unternehmen. Diese müssen daher meist einen „privat company discount" – auch marketability discount genannt – von 25 bis 50 Prozent hinnehmen.[29]

Seltener lässt sich eine reine Multiple-Arbitrage realisieren. Sie zielt darauf ab, in Zeiten niedriger Unternehmensbewertungen zu kaufen und in Zeiten hoher Bewertungen zu verkaufen. Dies kann in Einzelfällen gelingen, ist aber oft kein systematisch nutzbarer Ansatz für Wertsteigerungen, da es in der Regel sehr schwer ist, rechtzeitig gute Kauf- oder Verkaufszeiten zu erkennen.

Zusammenfassend kann die Funktionsweise von klassischen LBOs wie in Abbildung 13 veranschaulicht werden.

---

[29] Vgl. dazu umfassend z.B. Koeplin/Sarin/Shapiro (2000).

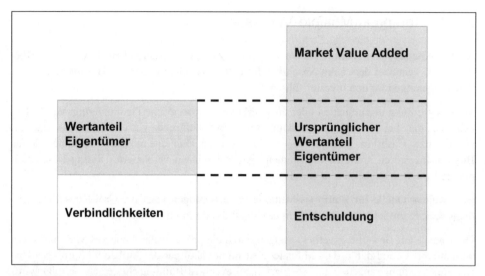

Quelle: Eigene Darstellung
Abbildung 13: *Funktionsweise eines LBOs*

Wird z.B. ein Unternehmen für 250 Mio. Euro zu 60 Prozent mit Fremdmitteln erworben und nach vier Jahren für 350 Mio. Euro schuldenfrei verkauft, hat der Finanzinvestor seine investierten 100 Mio. Euro verdreieinhalbfacht: Die Wertsteigerung des Shareholder Value um 250 Prozent entfällt zu 60 Prozent auf den Entschuldungseffekt (150 Mio. Euro) und zu 40 Prozent (100 Mio. Euro) auf die Ergebnis- und/oder Multiple-Verbesserung. Der Finanzinvestor erzielt dadurch eine interne Rendite von rund 37 Prozent.

Ein aktuelles Beispiel ist die britische Einzelhandelskette Debenhams. Sie wurde in 2003 von den drei Finanzinvestoren CVC Capital Partners, Merrill Lynch Private-Equity und Texas Pacific Group im Rahmen einer Public-to-Private-Transaktion erworben; nach nur drei Jahren ging Debenhams im Mai 2006 wieder an die Börse. Die Investoren dürften laut Medienberichten eine Verdreifachung des eingesetzten Kapitals erzielt haben. Dabei wurden alle klassischen Instrumente der Wertsteigerung bei LBOs angewandt: Übernahme einer börsennotierten Gesellschaft zu einer günstigen Bewertung, die Incentivierung des erfahrenen und guten Managements unter der Leitung von John Lovering, Beteiligung am Unternehmen, die Ausstattung der Kaufgesellschaft mit hohem Leverage, die steuerlich optimale Ausgestaltung der Übernahmestruktur, die Optimierung der freien Cashflow-Generierungskraft durch deutliche Verbesserung des Working Capital auf „best in class" 9 Prozent in Bezug auf den Umsatz, Reduzierung der Investitionsausgaben (u.a. durch ein Sale-Leaseback der Immobilien von Debenhams, und die Verbesserung der Ertragskraft (u.a. durch verbessertes Beschaffungsmanagement) sowie der Verkauf zu einer hohen Bewertung.[30]

---

[30] Vgl. dazu den Artikel von William Wright, Debenhams: the rough guide to a successful buy-out, in Financial News vom 17. April, Issue 502, S. 32 mit Verweis auf eine diesbezügliche Untersuchung von Neil Dark, einem Analysten von Collins Stewart Tullett.

Dass die aufgezeigten Mechanismen zur Wertsteigerung bei LBOs im Durchschnitt gut funk-tionieren, zeigen empirische Studien genauso wie die Statistiken über die Entwicklung der internen Rendite von Private-Equity-Gesellschaften. Laut Statistik der European Private-Equity & Venture Capital Association, kurz EVCA, liegt deren Bruttodurchschnitt für alle Private-Equity-Gesellschaften bei LBOs über einen Investmenthorizont von zehn Jahren bei 11,4 Prozent bzw. für den Zeitraum von 1980 bis 2004 bei 12,3 Prozent. Die der Top-Performer lag über diesen Zeitraum gar bei 28,7 Prozent. Loos (2005) gelang eine besonders aktuelle und tief gehende Untersuchung über die wesentlichen Gründe und Ausgangssituatio-nen, die zu den empirisch festgestellten Ergebnissen von deutlichen Wertsteigerungen durch LBOs führen und die in einem auffallenden und zum Teil krassen Gegensatz zu den meisten empirischen Ergebnissen über die Erfolgsraten von Übernahmen durch strategische Investo-ren (insbesondere Unternehmen) stehen. Vor allem sind eindeutig festgestellte Produktivitäts-steigerungen bei MBOs hervorzuheben (vgl. zuletzt z.B. Amess (2003) und Harris/Siegel/ Wright (2005) für britische MBOs). Auch zahlreiche bekannte Beispiele aus der deutschen Praxis (ATU, Wincor Nixdorf, Moeller-Gruppe, MTU Aero Engines, Celanese, Rodenstock, Flender, weniger bekannt sind Erfolgsbeispiele von Mittelständlern wie z.B. Etimex[31]) sind ein Beleg für Private-Equity-Erfolge, die durch einzelne Misserfolge (z.B. Bundesdruckerei; Fairchild Dornier) nicht geschmälert werden.

Wie wichtig dabei die Zeitkomponente für den Erfolg eines Private-Equity Investors gemes-sen an der internen Rendite ist, zeigt Tabelle 2 über die Zusammenhänge des Cash-Multiples zwischen Investition und Veräußerung bzw. Desinvestition, dem Jahr des Exits und der IRR.

Vervielfachung des Ursprungsinvestments	Jahre zum Exit		
	3	4	5
1,5 x	14,5 %	10,7 %	8,4 %
2,0 x	**26.0 %**	18,9 %	14,9 %
3,0 x	44,2 %	31,6 %	**24,6 %**
4,0 x	58,7 %	41,4 %	32,0 %
5,0 x	71,0 %	49,5 %	38,0 %

Quelle: Eigene Darstellung
Tabelle 2: *Internal Rate of Return-Tabelle*

Wie man aus Tabelle 2 erkennen kann, benötigt der Investor für die Erzielung einer typischen Private-Equity-Rendite von ca. 25 Prozent IRR bei einem Exit nach drei Jahren ca. eine Verdoppelung des Ursprungsinvestments, bei einem Exit nach fünf Jahren bereits eine Verdreifachung!

---

[31] Zu dieser Erfolgsstory eines mittelständischen Kunststoffverarbeitungs-Unternehmens aus der Verpackungs-, Automobilzulieferer- und Solarfolienerzeugungsindustrie, das von Barclays Private-Equity vom BP-Konzern gekauft wurde, vgl. den Artikel im VentureCapital Magazin 3/2006 „Nach MBO auf Wachstums-kurs" von Bernd Luxa.

2.3   Management-Buy-outs

Im Gegensatz zu den hier im Mittelpunkt stehenden Institutionellen Buy-outs (IBOs), die von
Finanzinvestoren initiiert werden und bei denen der Finanzinvestor Mehrheitseigentümer
wird, ist bei den Management-Buy-outs das bestehende Management Initiator des Kaufs und
wird zum Mehrheitseigentümer. Bei IBOs bzw. – hier aus Vereinfachungsgründen gleichgesetzten – LBOs wird das Management nur zwecks Anreizfunktion mit Minderheitsanteilen
von i.d.R. maximal 20 Prozent beteiligt, bei MBOs ist das Management selbst der Investor
und als Mehrheitseigentümer neuer „Herr im Hause". Handelt es sich beim Management um
ein neues, dann spricht man von Management-Buy-in (MBI). Liegt eine Kombination von
altem und neuem Management vor, so spricht man auch von BIMBOs.

Aufgrund der begrenzten Eigenmittel der Manager sind üblicherweise die reinen MBOs und
MBIs die kleineren Buy-outs mit Unternehmenswerten von bis zu 15 Mio. Euro bis maximal
20 Mio. Euro.[32] Über Minderheitsbeteiligungsgesellschaften bzw. Finanzinverstoren, die
(auch oder nur) Minderheitsbeteiligungen akzeptieren, kann über so genannte Minority Buy-
outs[33] das Volumen allerdings auch über diese faktischen Grenzwerte gehoben werden, insbesondere wenn das Sweet Equity einen besonders hohen Anteil ausmacht. Gleiches gilt oft für
MBOs und MBIs mit besonders hohem Mezzanineanteil.

Ein aktuelles Beispiel ist der Secondary Buy-out der Konrad Hornschuch AG (Veräußerer
war Halder), bei dem das Management mit 51 Prozent die Mehrheit erhielt und der Finanzinvestor DZ Equity Partner einen Minderheitsanteil von 49 Prozent erwarb. Das Unternehmen,
ein Spezialist für Oberflächenbearbeitung mit knapp 800 Mitarbeitern (bekannt insbesondere
durch das Kunstleder Skai sowie durch Designfolien und Tischbeläge der Marke d-c-fix)
erzielte in 2005 einen Umsatz von 138 Mio. Euro, und der Verkaufspreis lag deutlich über
den oben angegebenen Grenzen für MBOs mit Mehrheitsbeteiligung des Mangagements.[34]

Diese MBOs und MBIs stellen oft einen wesentlichen Beitrag zur Unternehmsnachfolge dar,
zumal bei Familienunternehmen in 95 Prozent der Fälle der Sprung in die vierte Generation
nicht geschafft wird: So planen nach einer Untersuchung des Bonner Instituts für Mit-
telstandsforschung (IfM) aus dem Jahre 2000 immerhin rd. 28 Prozent der befragten mittelständischen Unternehmen eine Unternehmensnachfolge durch einen MBO oder MBI. In der
Praxis spielt diese Form der Unternehmensnachfolge allerdings entgegen diesen Ankündi-
gungen noch eine eher untergeordnete Bedeutung, wenn auch in den letzten Jahren eine deutlich positive Tendenz hin zu MBOs und MBOs festzustellen ist. Ferner besteht eine große
Kluft zwischen öffentlicher Wahrnehmung dieser Transaktionen und deren tatsächlicher Anzahl, da die meisten nicht oder nur eingeschränkt veröffentlicht werden und daher eine *hohe
Dunkelziffer* besteht.

---

[32] Zu MBOs vgl. die recht umfassende, von Weitnauer herausgegebene Arbeit Weitnauer (2003).

[33] Bei diesen hält der Finanzinvestor auch nach dem Übergang der Mehrheit der Anteile an dem Unternehmen
eine Minderheitsposition.

[34] Vgl. dazu den Artikel von Lars Radau, Case Study: MBO einmal anders, in: Unternehmeredition „Mit-
telstandsfinanzierung 2006", S. 124.

Aus Sicht der Akquisitionsfinanzierung ist bei Buy-outs mit Unternehmenswerten von 1 Mio. bis 15 Mio. Euro festzustellen, dass die MBOs fast immer über die Hausbankbeziehungen durchgeführt werden. Die Hausbanken vor Ort sind zwar professionell, regelmäßig aber keine spezialisierten Akquisitionsfinanciers. Es darf daher nicht verwundern, dass die im Bereich der MBO/MBI-Finanzierung anzufindenden Akquisitionsfinanzierungsstrukturen bis hin zu Mezzaninekapital nicht immer den Standards der Spezialisten entsprechen. Folglich wird auf diesen Teil der Akquisitionsfinanzierung der Praxis hier nicht näher eingegangen.

An dieser Stelle sei nur festgehalten, dass die Erfolgsfaktoren der Akquisitionsfinanzierung nicht selten vernachlässigt werden – dies beginnt beim Erfordernis einer angemessenen Eigenmittelausstattung, einem sinnvollen Risikoausgleich zwischen operationellem und finanziellem Risiko und erstreckt sich über das zuweilen nicht risikoangemessene Pricing der Finanzierung bis hin zur Ausgestaltung der Kredite (oft fehlen die Standard-Covenants der Akquisitionsfinanzierung zur Gänze oder zu wesentlichen Teilen usw.). Nicht zuletzt ist der Prozess eines MBOs häufig im Vergleich zu den IBOs/LBOs ein ganz unterschiedlicher, was sich oft im Fehlen von umfassenden Due Diligence-Berichten durch hochspezialisierte Due Diligence-Häuser bemerkbar macht.

Den Buy-out- bzw. Buy-in-Managern kann daher nur angeraten werden, sich mit spezialisierten Akquisitionsfinanciers einzulassen. In der Praxis besteht allerdings ein Hindernis darin, dass die Akquisitionsfinanzierungsprofis i.d.R. erst ab ca. 10 Mio. Euro, mitunter erst ab 20 bis 30 Mio. Euro Finanzierungsvolumen ihre Strukturierungsarbeit darstellen können. Folglich beschränken sich die meisten spezialisierten Anbieter auf die ertragreicheren und tendenziell risikoärmeren (dies gilt besonders im Vergleich zu MBIs) Akquisitionsfinanzierungen von IBOs bzw. LBOs.

2.4   Funktionsweise von Corporate Buy-outs

Grundsätzlich sind *zwei Arten* der Übernahmefinanzierung von Unternehmen durch Unternehmen (Corporate Buy-outs, CBOs) zu unterscheiden:

1. *Der Kauf erfolgt über eine selbständige Erwerbergesellschaft (NewCo) ohne Haftungsrückgriff auf das kaufende Unternehmen.* Die Eigenmittel stammen dabei zumeist direkt vom kaufenden Unternehmen, seltener aus der Gesellschaftersphäre des Käufers. Dies ist die Kauftechnik, die auch die Finanzinvestoren anwenden und die im Mittelpunkt dieses Buches steht.

2. *Das kaufende Unternehmen zieht für die Kaufpreisfinanzierung die eigene, unausgenützte Verschuldungsfähigkeit heran,* indem zwar die Mittel zur Kaufpreiszahlung von dritter Seite kommen, die Mittelgeber aber auf die kaufende Unternehmung zur Abdeckung ihrer Ansprüche als Haftungsmasse zurückgreifen können.

Im ersten Fall liegt die typische LBO-Struktur vor. Einzig wird der Finanzinvestor durch einen strategischen Investor (d.h. ein Unternehmen) ersetzt. Die erforderlichen Eigenmittel werden zumeist aus vorhandener Liquidität des Käufers (im Idealfall aus der „Portokasse") oder durch neu aufgenommene Eigen- und/oder (zumeist) Fremdmittel zur Verfügung gestellt. Alternativ (wenn auch in der Praxis deutlich seltener) kommt die Mittelbereitstellung aus Eigenmitteln der Gesellschaftersphäre des Käufers ohne Zwischenschaltung der kaufenden Gesellschaft in Betracht.

Meist wird bei dieser Variante der CBOs die Nettoverschuldung des kaufenden Unternehmens erhöht. Folglich stellt diese Finanzierung letztlich – wenn auch indirekt – auf das unausgenutzte Verschuldungspotenzial des kaufenden Unternehmens ab. Allerdings ist durch den Ausschluss des Haftungsrückgriffs auf den Käufer ein Zurückschlagen von Problemen der Kreditbedienung beim gekauften Unternehmen im Gegensatz zur Variante 2 grundsätzlich – zumindest rechtlich – ausgeschlossen. Soll folglich unter keinen Umständen ein Fehlschlag beim Unternehmenskauf auf den Käufer zurückschlagen, so ist stets die Variante 1 ohne Haftungsrückgriff auf den Käufer zu wählen.

Bei dieser Art von Unternehmenskauf durch strategische Investoren auf Basis von Non-Recourse-Konstruktionen (über eine eigene Kaufgesellschaft ohne Rückgriff auf den Käufer) ergeben sich wesentliche Vorteile für den Käufer:

■ Haftungsbegrenzung auf die eingesetzen Eigenmittel der Kaufgesellschaft

■ Maximierung der Eigenkapitalrentabilität

■ Gestaltbarkeit der Bilanzkennzahlen

■ Höhere Flexiblität für Partnerschaften und bei den Konditionen

■ Freihaltung von Finanzierungsspielräumen auf Investorenebene

Diese Vorteile überwiegen die üblichen Hauptnachteile der höheren Finanzierungskosten und engerer Handlungsspielräume (insbesondere durch Covenants) oft deutlich.

Allerdings sind die Rückwirkungen auf den Investor (das kaufende Unternehmen) – im Unterschied zum LBO – genau zu analysieren. Diese Analyse erstreckt sich von der Frage nach der Herkunft der Eigenmittel für den Kauf (d.h. freie Liquidität oder Aufnahme neuer Eigen- und/oder Fremdmittel durch den Käufer) über die damit verbundenen Implikationen auf die Käuferbonität und die Umsetzung des Integrationsprozesses (und der dabei zu realisierenden Synergien) bis hin zum Aspekt der künftigen Ausrichtung der Gesamtgruppe. Soll insbesondere ein Abrutschen des Käufers in den Bonitätsbereich spekulativer Risiken (Subinvestment-Grade: Rating von BB+ oder schlechter) in jedem Falle verhindert werden, so ist die gesamte Strukturierung des Kaufs diesem Ziel unterzuordnen bzw. an diesem Ziel auszurichten. Dies kann u.U. bedeuten, dass ein höherer Anteil an Eigenmitteln zur Kaufpreisfinanzierung herangezogen werden muss, als dies für das Ziel der Eigenkapitalmaximierung nötig gewesen wäre (siehe hierzu auch Abbildung 14).

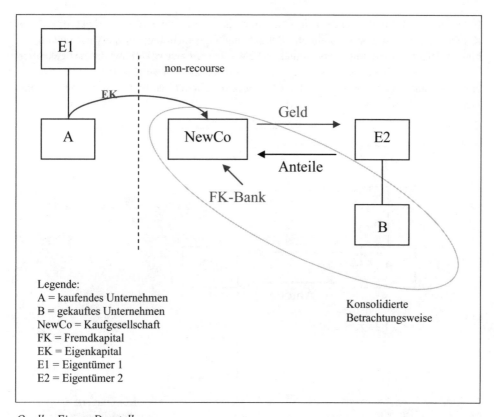

E1

non-recourse

EK

A

NewCo

Geld

E2

Anteile

FK-Bank

B

Legende:
A = kaufendes Unternehmen
B = gekauftes Unternehmen
NewCo = Kaufgesellschaft
FK = Fremdkapital
EK = Eigenkapital
E1 = Eigentümer 1
E2 = Eigentümer 2

Konsolidierte
Betrachtungsweise

Quelle: Eigene Darstellung

Abbildung 14: *Firmenübernahme ohne Haftungsrückgriff (non-recourse) auf das kaufende Unternehmen*

Im zweiten Fall – ein Unternehmen wird durch ein anderes unter Haftungsrückgriff auf den Käufer gekauft – ist eine konsolidierte Betrachtung angebracht und auf die Verschuldungsfähigkeit der neuen Gesamtgruppe – und nicht wie bei im ersten Fall auf die des gekauften Unternehmens – abzustellen. Typologisch und grafisch kann diese Konstellation, von der es einige Varianten gibt, wie in Abbildung 15 bei reiner Fremdfinanzierung des Kaufs, vereinfacht dargestellt werden.

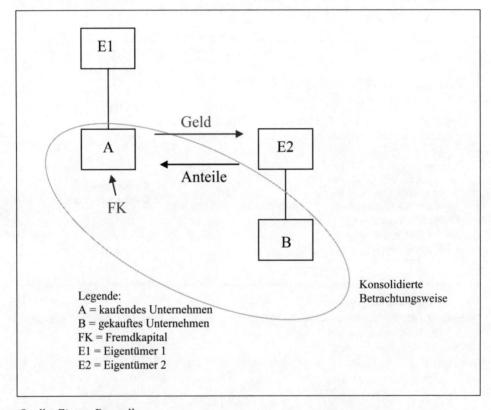

Quelle: Eigene Darstellung
Abbildung 15: *Firmenübernahme mit Rückgriff auf das kaufende Unternehmen*

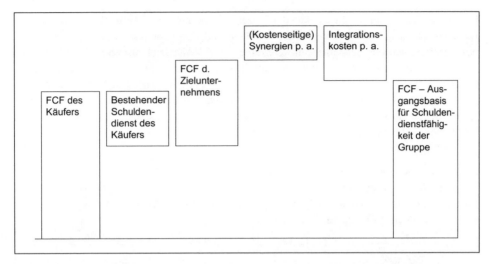

Quelle: Eigene Darstellung
Abbildung 16: *Ausgangssituation für die Schuldendienstfähigkeit in dieser Grundvariante*

Im Regelfall weist das kaufende Unternehmen Bankschulden und andere zinstragende Finanzverbindlichkeiten (z.B. subordinierte Darlehen) auf. Wenn diese nicht im Zuge der Akquisition refinanziert werden (sollen), so ist der nach Abzug des bestehenden Schuldendiensts verbleibende Free Cashflow (FCF) des kaufenden Unternehmens – neben dem FCF des gekauften Unternehmens – zur Strukturierung bzw. zur Bestimmung der noch vorhandenen Schuldentragfähigkeit heranzuziehen. Vernünftigerweise empfiehlt es sich, bei marktmäßigen Synergien äußerst konservativ und vorsichtig zu sein und diese möglichst nicht anzusetzen. Nur die kostenseitigen Synergien kann die neue Unternehmensgruppe verläßlich im Griff haben, der Markt reagiert unvorhergesehen und unvorhersehbar und nicht selten zum Nachteil der neuen Gruppe. Zudem muss bei dieser Art der Strukturierung der finanzierenden Bank der Käufer bereits sehr gut bekannt sein, andernfalls ist eine – zumindest eingeschränkte – Due Diligence des kaufenden Unternehmens unumgänglich.

Diese Art der Strukturierung unter Heranziehung der Verschuldungsfähigkeit der Gesamtgruppe bietet sich insbesondere dann an, wenn ein echter Zusammenschluss angedacht ist, bei dem das Heben von wesentlichen Synergien durch Zusammenlegung von wichtigen Bereichen und eine Neuordnung der Aufgabenverteilung zwischen den Unternehmensbereichen des Käufers und des gekauften Unternehmens beabsichtigt sind. In diesem Falle scheidet genau genommen die Variante 1 aus, da das alleinige Abstellen auf die Verschuldungsfähigkeit des gekauften Unternehmens unter Ausschluss eines Rückgriffs auf den Käufer nicht mehr möglich ist. Zu sehr wird bei einem Merger bzw. Zusammenschluss im obigen Sinne die bisherige Unternehmensstruktur und damit Ertrags- und Cash-Generierungskraft verändert. Dies ist übrigens auch der Grund dafür, weshalb bei Mergern kein Earn-out[35] sinnvoll ist.

---

[35] Vgl. zu dieser bedingten, vom künftigen Ergebnissen abhängigen Teilkaufpreisgestaltung Kapitel 7.3.

Für die Strukturierung ist entscheidend, ob nach der Akquisition eine *bestimmte Bonität der Gesamtgruppe* gegeben sein muss oder nicht. Ist dies der Fall, dann muss sich die Strukturierung (inkl. der anzustrebenden Finanzkennzahlen) am Bonitätsziel ausrichten (z.B. Beibehaltung eines Investment-Grade-Status). Je nach Branche sind für die Erzielung einer bestimmten Bonität recht unterschiedliche Finanzkennzahlen kennzeichnend. Darin spiegelt sich das recht unterschiedliche operative Risiko der verschiedenen Branchen wider. All dies gilt in ganz besonderem Ausmaß für bereits extern (durch S&P oder Moody´s bzw. Fitch) geratete Unternehmen, für die die Ratingimplikationen der Akquisition von zentraler Bedeutung sind bzw. sein müssen.[36]

Diese Zusammenhänge zeigen sich auch an den aktuellen Debt/EBITDA-Mutiples für Leveraged Loans bzw. LBO-Akquisitionsfinanzierungen, dargestellt in Abbildung 17, bei vergleichbaren Ratings und folglich ähnlichen Margen bzw. Spreads (ausgedrückt in Basispunkten über Euribor) auf die institutionellen Tranchen[37].

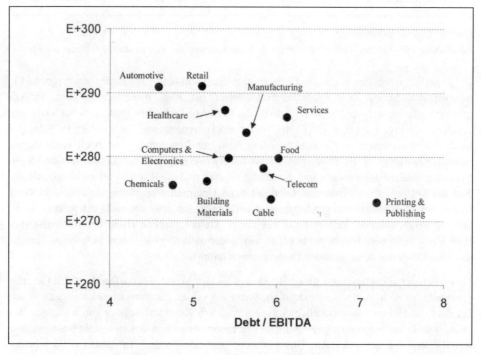

Quelle: S&P LTM 31/03/06 European Leverage Loan & LBO Industry Analysis, April 2006
Abbildung 17: *Gewichtete Durchschnittsmargen von institutionellen Tranchen bei LBOs in Basispunkten über Euribor (E)*

---

[36] Vgl. dazu Kapitel 9.
[37] Zu diesen so genannten institutionellen Tranchen vgl. Abschnitt 7.4.

So sind bei praktisch fast gleich hohen Spreads in einer Bandbreite von 270 bis 280 Basispunkten über Refinanzierungskosten bei Leveraged Loans bzw. LBO-Akquisitionskrediten für Chemieunternehmen Debt/EBITDA-Mutiples von unter 5, hingegen bei Unternehmen aus den Branchen Printing & Publishing (mit so stabilen Unternehmen wie die verschiedenen Yellow Pages bzw. Gelbe-Seiten-Anbieter oder marktführende Wissenschaftsverlage wie Wolters Kluwer/Springer) immerhin über 7 darstellbar.

Auch die oft äußerst unterschiedlichen Finanzkennzahlen der Ratingagenturen für bestimmte Bonitätsniveaus zeigen, dass nur unterschiedliche Finanzkennzahlen die unterschiedlichen operativen Risiken, von Unternehmen verschiedener Branchen und Sektoren, ausgleichen und so ein und dasselbe Gesamtrisiko bzw. Rating begründen können. So weisen z.B. laut Moody´s[38] Unternehmen der Stahlindustrie mit einem Ba-Rating (entspricht einem BB-Rating bei S&P) FCF-Debt-Relationen von im Schnitt 2 bis 5 Prozent, die der Bergbauindustrie typischerweise Werte von 3 bis 6 Prozent, die der Automobilzulieferindustrie Werte von 5 bis 8 Prozent und Unternehmen der Verpackungsindustrie Werte von 9 bis 12 Prozent auf. Folglich ist die durchschnittliche dynamische Verschuldung bei Ba gerateten Stahlindustrieunternehmen im Schnitt zweieinhalb bis viereinhalbmal so hoch wie in der Verpackungsindustrie.

Ohne den Primat des Erreichens bzw. Erhaltens eines (externen) Ratings kann das Ziel der Kapitalkostenoptimierung in den Mittelpunkt rücken und durchaus ein Subinvestment-Grade-Rating für die neue Gruppe optimal sein. Dies gilt aber, wie dargelegt, nur für Unternehmen, die den strengen Anforderungen guter LBO-Kandidaten genügen, was auf die überragende Mehrheit der mittelständischen Industrieunternehmen nicht zutrifft.

Dessen ungeachtet ist die Mehrzahl der mittelständischen Unternehmen vor bzw. spätestens nach größeren Akquisitionen von der Bonität gesehen im Subinvestment-Grade-Bereich anzusiedeln. Dies ist nicht nur aus Sicht der Kapitalkosten oft suboptimal, sondern immer wieder auch existenzgefährdend. Letzteres gilt besonders für den Fall, dass ein durchschnittlich (unterer Investment-Grade-Bereich bzw. oberer Bereich des Subinvestment-Grade) bonitäres Industrieunternehmen auf reiner Schuldenbasis ein anderes, etwas kleineres oder gar ähnlich großes Unternehmen kauft und sich dieser Kauf als ein Fehlkauf erweist. Nicht selten sind solche Sachverhalte der Anfang vom Ende von bis dahin erfolgreichen mittelständischen Unternehmen. Der richtigen Akquisitionsstruktur kommt daher im Mittelstand nicht selten eine existenzielle Bedeutung zu. Dies wird allzu häufig unterschätzt oder nicht gesehen.

---

38 Siehe die einschlägigen Moody´s Investors Service Global Credit Research „Rating Methodology"-Analysen zu diesen Branchen bzw. Sektoren aus 2005.

2.5 Gemeinsamkeiten und Unterschiede zwischen Akquisitionsfinanzierungen bei LBOs und CBOs und Schlussfolgerungen

LBOs machen nur einen Bruchteil aller M&A-Transaktionen aus (weltweit, im Zeitraum von 1989 bis 2003 im Schnitt laut Statistiken von Goldman Sachs, rund vier Prozent und im deutschsprachigen Raum in den letzten Jahren zwischen ca. fünf bis 25 Prozent der Gesamtvolumina – mit steigender Tendenz). Dem entgegen sind die Strukturelemente eines LBOs bei der Mehrzahl von CBOs relevant.

Folglich sind die Erkenntnisse über sachgerechte Akquisitionsfinanzierungen (bei LBOs) aus diesem Buch für die Vorstände bzw. Geschäftsführer und Finanzverantwortlichen der meisten kaufenden Unternehmen höchst relevant.

■ Private-Equity-Investoren sind professionelle Käufer, die im Gegensatz zu den meisten strategischen Käufern regelmäßig Unternehmen kaufen und – möglichst nach erfolgter Wertsteigerung – wieder verkaufen. In der Branche hat sich ein Marktstandard herausgebildet, der im Vergleich zum Standard bei strategischen Käufern (mit Ausnahme von häufig Unternehmen kaufenden Großkonzernen und großen industriellen Mittelständlern) eine deutliche Verbesserung und Perfektionierung darstellt.[39]

Diese Professionalisierung beschränkt sich nicht auf Übernahmetechniken, sondern erstreckt sich auf den gesamten Kaufprozess und die gesamte Kaufstrukturierung. In diesem Zusammenhang ist die Bedeutung einer tief gehenden und umfassenden Due Diligence hinzuweisen, die bei strategischen „Gelegenheits"-Käufern häufig falsch verstandenen Kosteneinsparbemühungen ganz oder teilweise zum Opfer fällt. Besonders fatal kann dies bei einer unterbliebenen Financial Due Diligence sein, bei umweltrelevanten oder besonderen rechtlichen Themenstellungen gilt dies aber auch für unterbliebene oder mangelhafte Umwelt- oder Legal Due Diligences.

■ Die Übertragbarkeit der Erkenntnisse von Akquisitionsfinanzierungen für LBOs auf CBOs wird dadurch erhöht, dass häufig Unternehmen von anderen Unternehmen über eine eigene Kaufgesellschaft und ohne Rückgriff auf den Käufer erworben werden. Bei diesen Non-Recourse-Finanzierungen handelt es sich technisch gesehen um dieselbe Struktur wie bei LBOs. Darüber hinaus ergeben sich offenkundige Parallelen im Falle von Add-on-Akquisitionen durch LBO-Unternehmen, wenn also das vom Finanzinvestor erworbene Beteiligungsunternehmen seinerseits – bei aufrechterhaltener Beteiligung – ein anderes Unternehmen dazu erwirbt. Gleiches gilt für den Auskauf von Gesellschaftern durch andere Gesellschafter im Rahmen von Owner Buy-outs oder für die Finanzierung von Akquisitionen mittels LBO-Technik durch Industrieholdings oder Family Offices.

---

[39] Ähnlich zuletzt u.a. Holzapfel/Pöllath (2005), S. 267.

Aber selbst wenn – meist infolge einer zu geringen oder de facto nicht vorhandenen Eigenmittelausstattung – ein Rückgriff auf die kaufende Gesellschaft vorgesehen ist, sind aus der dann anzuwendenden konsolidierten Sicht auf die Unternehmensgruppe für die Akquisitionsfinanzierungen häufig ähnliche Überlegungen anzustellen wie bei LBOs. Dies gilt immer dann, wenn die Unternehmensgruppe auf konsolidierter Basis in den Bereich des spekulativen Risikos bzw. Subinvestment Grade kommt, ein Sachverhalt, der bei vielen mittelständischen Unternehmen im Falle des fremdfinanzierten Kaufs von Wettbewerbern oder Lieferanten bzw. Kunden (vertikaler Integration) in der Praxis häufig vorkommt.

■ Da Akquisitionsfinanzierungen für LBOs ein wesentlicher Anwendungsfall für die Suche nach optimalen Kapitalstrukturen darstellen, sind für die Unternehmenspraxis auch diesbezüglich Schlussfolgerungen und Erkenntnisse abzuleiten:

Eine optimale Kapitalstruktur ist jene, die zur Wertsteigerung des Unternehmens führt. Genau dies versuchen Private-Equity Investoren, wenn sie bei Unternehmenskäufen deren Kapitalstruktur neu aufsetzen. Gleiches gilt für Dividend Recaps (siehe Kapitel 6.5), bei denen die Parallelen zur allgemeinen Unternehmensfinanzierung besonders zutage treten.

Daher können sowohl für Akquisitionsfinanzierungen als auch für die allgemeine Unternehmensfinanzierung Schlüsse für die Gestaltung optimaler Kapitalstrukturen abgeleitet werden, die weit über das optimale Verhältnis von Fremd- und Eigenkapital hinausgehen. Wendet man diese Erkenntnisse auf die allgemeine Unternehmensfinanzierung an, so zeigt sich, dass der deutsche – wie auch der österreichische – Mittelstand eindeutig nicht durch optimale Kapitalstrukturen gekennzeichnet sind (laut diversen Statistiken weisen mehr als die Hälfte der Unternehmen im Mittelstand Ratings im Subinvestment-Grade-Bereich auf) – ein Sachverhalt, der in Rezessionen besonders bitter für Unternehmen wie Banken spürbar wird.

■ Schließlich können die Ansätze zur Wertsteigerung bei Unternehmen, die Finanzinvestoren regelmäßig anwenden, für Unternehmen und Unternehmer bzw. Manager von besonderem Interesse sein. Dies beginnt bei Anreizsystemen für das Management und zieht sich über die Professionalisierung des Rechnungswesens und der Managementinformationssysteme, die verstärkte Ausrichtung der Unternehmensführung nach den Cashflows und nicht primär nach den Betriebsergebnissen und reicht bis hin zu umfassenden Maßnahmen der Optimierung der Gesamtkapitalrendite (z.B. durch liquiditätschöpfende Einzelmaßnahmen wie z.B. das Asset Stripping, vgl. dazu Kapitel 7.11).

Wie wichtig die Beteiligung des Managements ist, zeigt sich bei manch böser Überraschung. So verlor die dänische ISS – der größte europäische Anbieter von Facilitiy Services und mit über 300.000 Mitarbeitern einer der zehn größten Arbeitgeber Europas – nach Aussage von Andreas Weber, Sprecher der Geschäftsführung von ISS Deutschland, bei einigen Übernahmen bis zur Hälfte des Umsatzes, da dieser mit den ausscheidenden Managern abwanderte.[40]

Der Vorteil von Lernkurveneffekten durch ein Engagement von Finanzinvestoren wird selbst von sehr erfahrenen und erfolgreichen Unternehmern wie Randolf Rodenstock, Aufsichtsratschef und – gemeinsam mit dem Mehrheitseigentümer Permira, einem großen britischen Finanzinvestor – seit 2003 nur noch Minderheitseigentümer des Familienunternehmens Rodenstock sowie Präsident der bayerischen Wirtschaft eingeräumt.[41]

Zusammenfassend kann festgehalten werden, dass Erkenntnisse aus diesem Buch für die Akquisitionsfinanzierung wie für die allgemeine Unternehmensfinanzierung für die Mehrzahl der Unternehmen von Relevanz sein können. Schließlich sollte sich jeder für ein Unternehmen Verantwortliche stets die Frage stellen, ob und inwieweit sein Unternehmen eine optimale Kapitalstruktur und die richtigen Ansätze zur Unternehmenswertsteigerung aufweist. Für die Beantwortung dieser für den Finanzinvestor wie den strategischen Investor zentralen Frage sind stets dieselben Aspekte relevant, wenn auch mit unterschiedlichen Gewichtungen Während für den Finanzinvestor – wie für die meisten börsennotierten Unternehmen – die Eigenkapitalrentabilität im Zentrum steht, stehen für inhabergeführte Unternehmen daneben der Going Concern und die Sicherung der Unabhängigkeit sowie Stakeholder-Value-Aspekte stärker im Fokus. Insbesondere auch deshalb gilt vielfach für derartige Unternehmen zu Recht einem Rating im Bereich Investment Grade oberste Priorität.

All diese Überlegungen führen allerdings dazu, dass Familienunternehmen anders akquirieren als Konzerngesellschaften oder als Private-Equity gesponserte Unternehmen.[42] Die Übertragung der Erkenntnisse aus der Akquisitionsfinanzierung von LBOs auf Familienunternehmen kann stets nur mutatis mutandis erfolgen. Gleiches gilt aufgrund der unterschiedlichen zeitlichen Perspektive (Exit-Orientierung versus Going-Concern-Betrachtung) und den typischerweise unterschiedlichen Präferenzen (Sicherung des Fortbestands und der Unabhängigkeit versus Maximierung der Eigenkapitalrenditen) für die Instrumente der Akquisitionsfinanzierung (vgl. dazu näher die Einleitung von Kapitel 7)

---

[40] Vgl. dazu den Artikel von Sabine Strick, Schlüssel zum Erfolg, in: FINANCE, Mai 2006, S. 87 mit den entsprechenden Zitaten.

[41] Interview im Handelsblatt vom 9. Januar 2006, S. 2.

[42] Vgl. dazu näher und umfassend zuletzt Raffel (2006).

3.   Markt und Bedeutung von LBOs und CBOs

3.1   Der LBO-Markt in Europa und im deutschsprachigen Raum

Der europäische Buy-out-Markt erlebte in den letzten eineinhalb Jahrzehnten einen sagenhaften Aufstieg von einem Randphänomen zu einem zentralen Element des europäischen M&A-Marktes (vgl. hierzu Abbildung 18 und Kapitel 1.1).

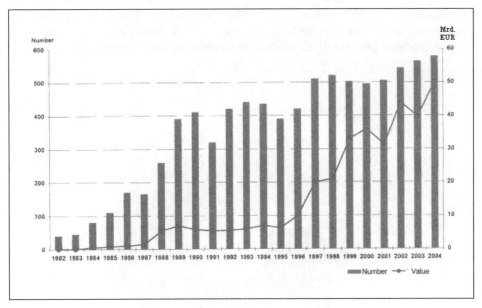

Quelle: CMBOR/Barclays Private-Equity/Deloitte
Abbildung 18: *Volumenentwicklung von europäischen LBOs in Mrd. Euro*

Mittlerweile übersteigt der LBO-Markt in Europa die Schwelle von 100 Mrd. Euro, dasselbe gilt für den Markt für Akquisitionsfinanzierungen. Dies zeigte sich – wie in Abschnitt 1 bereits ausgeführt – in 2005 ganz deutlich, in dem das Volumen an LBO-Loans (inklusive Recaps) laut S&P von 43,8 Mrd. Euro auf 103,5 Mrd. Euro anstieg und sich damit mehr als verdoppelte (das Volumen an neuen LBO-Krediten betrug dabei 59 Mrd. Euro). Von 2003 bis 2005 vervierfachte sich das LBO-Kreditvolumen, gegenüber 1999 versiebenfachte es sich gar.

Für 2006 erwarten viele Marktteilnehmer ein weiteres Wachstum, zumal das weltweite Fundraising der Investoren in 2005 laut Private-Equity-Analyst mit 151,8 Mrd. US-Dollar den zweithöchsten Wert in der Geschichte erreichte (der Rekordwert von 177,9 Mrd. US-Dollar stammt aus dem Jahre 2000). In Europa erzielten die Mitglieder der EVCA in 2005 mit rund 60 Mrd. Euro einen Fundraising-Rekord, der das Niveau von 2004 (27,5 Mrd. Euro) weit übertraf und deutlich über den Investments in 2005 in Höhe von rund 43 Mrd. Euro lag.

Angesichts dieser Volumina erregt – trotz eines extrem starken ersten Quartals in 2006 – der derzeitige (Frühjahr 2006) relative Mangel an großen neuen LBOs in Europa mancherorts leichte Besorgnis, können doch diese Riesenvolumina nur dann sinnvoll untergebracht werden, wenn auch der Largecap-LBO-Markt in Europa weiterhin wie in den letzten zwei Jahren boomt. Auch vor diesem Hintergrund ist die Zunahme von Public-to-Private-Transaktionen in Milliardenhöhe zu erwarten, können doch dadurch die PE-Häuser den Deal-Flow bis zu einem gewissen Grade selbst gestalten. Angesichts der enormen Fondsvolumina und der Möglichkeit von Konsortialtransaktionen werden von Seiten der Investoren noch für 2006 Übernahmen von Unternehmen im Werte von über 25 bis 30 Mrd. Euro erwartet; der bisher größte europäische LBO von TDC erreichte ein Volumen von rund 12 Mrd. Euro.

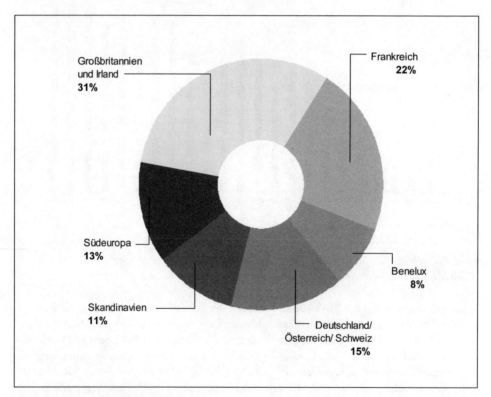

Quelle: European Buy-out Review 2005
Abbildung 19: *Regionale Verteilung des europäischen LBO-Marktes*

Auf den deutschsprachigen Raum entfiel knapp ein Siebtel des europäischen LBO-Markts. Der traditionelle Schwerpunkt ist aber Großbritannien, mit in der Vergangenheit gut der Hälfte des europäischen Buy-out-Marktes, das trotz des starken Wachstums der Buy-outs in Kontinentaleuropa immer noch knapp ein Drittel des Gesamtmarktes auf sich vereint (siehe Abbildung 19).

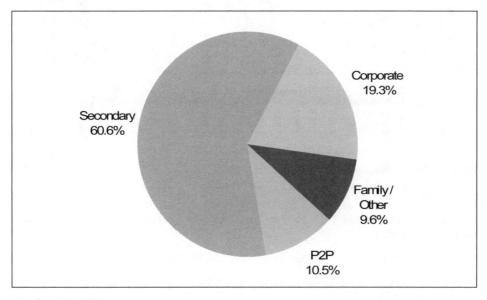

Quelle: S&P LCD

Abbildung 20: *Verteilung des europäischen LBO-Marktes nach Quellen der Transaktionen 2005*

Rund 61 Prozent der Transaktionen in 2005 waren Secondary Buy-outs, also Verkäufe von Finanzinvestoren an Finanzinvestoren. Nur 19 Prozent waren Verkäufe von Corporates (und hier insb. Tochterunternehmen von Unternehmensgruppen), rd. 10 Prozent sind auf Veräußerungen von Familienunternehmen[43] zurückzuführen, knapp 11 Prozent entfielen auf die Übernahme börsennotierter Unternehmen. Diese Statistik zeigt deutlich, dass ein Großteil des LBO-Wachstums aus der LBO-Industrie selbst gespeist wird und daher netto nicht so stark ist, wie es die Gesamtvolumenentwicklung vermuten ließe. Dies wird noch deutlicher, wenn man sich den Zuwachs der Secondary Buy-outs im letzten Jahrzehnt vergegenwärtigt (siehe hierzu Abbildung 21).

---

[43] Tatsächlich dürfte der Anteil an Familienunternehmen größer sein, da hier aufgrund der typischen, diskreten Informationspolitik sowie größenordnungsbedingt die Dunkelziffer hoch ist.

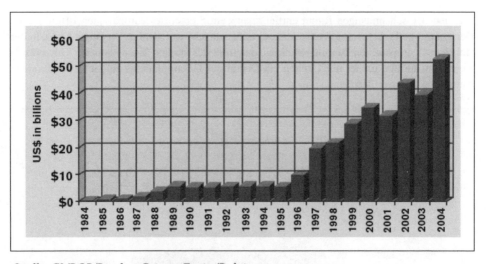

Quelle: CMBOR/Barclays Private-Equity/Deloitte
Abbildung 21: *Secondary Buy-outs in Europa (1984-2004)*

Innerhalb des europäischen LBO-Marktes kann man nach Größenordnungen drei Hauptsegmente unterscheiden:

- Largecap-Markt mit Unternehmenswerten über 250 Mio. Euro

- Der Midcap-Markt mit Unternehmenswerten zwischen 15 und 250 Mio. Euro

- Der Smallcap-Markt mit Unternehmenswerten unter 15 Mio. Euro

Largecap-Markt

Der Largecap-Markt, volumensmäßig (nicht aber bezogen auf die Zahl der Transaktionen) das mit Abstand größte Teilsegment, wird weitgehend von London aus gesteuert: Von dort aus investieren die großen PE-Häuser (wie KKR, Permira, CVC, Candover, Blackstone, BC Partners, Apax usw.) die von ihnen gemanagten Fondsmittel (zumeist in Mrd. Euro) in ganz Europa. Den paneuropäisch, zum Teil global ausgerichteten PE-Häusern stehen ebenso (zumindest) paneuropäisch aufgestellte (Investment-) Banken wie RBS, Goldman Sachs, Merrill Lynch, JP Morgan, Citigroup, BNP Paribas, Société Générale, Calyon, Deutsche Bank, HBOS oder Barclays gegenüber, die diese Firmenkäufe strukturieren. Die Syndizierung erfolgt ebenfalls aus dem Londoner Markt heraus. Neben einem riesigen Primärmarkt hat sich dabei ein mittlerweile sehr liquider Sekundärmarkt entwickelt, an dem die syndizierten Senior- und Mezzanine-Kredite beinahe ebenso wie die High Yield Bonds gehandelt werden.

Während der europäische Largecap-LBO-Markt bisher von den Banken dominiert wurde, sind in den letzten Jahren die sogenannten Institutionellen Investoren (insb. CLOs/CDOs und zunehmend auch Credit Funds und Hedgefonds) zunehmend bedeutsamer geworden. Von einer nahezu bedeutungslosen Stellung haben sie sich mittlerweile zu einem zentralen Bestandteil des Largecap-Loan-Marktes entwickelt und nehmen mittlerweile einen Marktanteil von über 40 Prozent ein. Damit hat sich der europäische Markt dem US LBO-Markt stark angenähert, in dem die Institutionellen Investoren mit einem Marktanteil von 70-80 Prozent eindeutig gegenüber den Banken dominieren.

Die Überliquidität an institutionellem Kapital auf der Suche nach hochverzinslichen Anlagen führte zu deutlichen Veränderungen in der Strukturierung von Largecap-LBOs. Um die stark gestiegene Nachfrage nach endfälligen, hochverzinsten Senior und Subordinated Loans/Notes zu befriedigen, strukturieren die Investmentbanken zusehens endfälligere LBOs. Auch bestimmte Produktinnovationen wie Second Lien Loans sind auf die Nachfrage nach institutionellem Kapital zurückzuführen. Weiters wurde die mittelerweile als Überhitzung zu bezeichnende Entwicklung der Verschuldungsmultiples insb. durch die „asset hungrigen" Institutionellen Investoren wesentlich mitermöglicht. Dabei ist allerdings auch festzuhalten, dass die Banken im Syndizierungsmarkt in 2004 und 2005/Anfang 2006 zumeist ein ähnlich unkritisches Entscheidungsverhalten an den Tag legten und erst im Laufe des Jahres 2005 mit dem erstmalig seit Jahren wieder vermehrten Auftreten von Problemkrediten ansatzweise ein etwas kritischeres Entscheidungsverhalten zeigten. Für eine diesbezügliche Marktkorrektur, die letzlich angesichts der Verschuldungsmultiple-Entwicklung über kurz oder lang unvermeidlich ist, wird es wohl angesichts der Überliquidität und der zuletzt geringen Ausfallsraten einige größere Problemkredite mit entsprechenden Kreditausfällen iVm größeren Problemen im Syndizierungsprozess bei großen LBOs bedürfen. Viele Marktteilnehmer erwarten eine derartige Korrektur in 2007/2008, zumal nach einer Umfrage von Financial News im vierten Quartal 2005 95 Prozent der Marktteilnehmer bereits bei einigen LBOs nicht dauerhaft tragbare Leverages feststellen; ein Drittel der Marktteilnehmer sieht diese Situation bereits zurzeit (Ende 2005/Anfang 2006) für den Gesamtmarkt gegeben.

Auch die Eigenkapital-Seite des Marktes war und ist durch eine Überliquidität gekennzeichnet. Ein Rekordvolumen beim Fundraising löste in 2005 das nächste ab, ein Ende dieser Tendenz ist erst in Ansätzen zu erkennen. So gelang es beispielsweise Permira in 2006 mit ca. 11 Mrd. Euro den bisher größten europäischen LBO-Fonds aufzustellen. U.a. Blackstone, KKR und Texas Pacific schafften es, Mittel für ihre Fonds klar jenseits der 10 Mrd. US-Dollar aufzubringen; KKR hat dabei (u.U. wegweisend) sogar teilweise auch auf den Kapitalmarkt zurückgegriffen und für das Investment-Vehikel KKR Private-Equity Investors 5 Mrd. US-Dollar über einen IPO an der Amsterdamer Börse aufgebracht. Die höheren Fondsvolumina in Verbindung mit der Zunahme von Co-Investments unter den PE-Häusern ermöglichen den Finanzinvestoren, immer größere Unternehmen zu erwerben. So waren in 2005 28 Transaktionen mit einem Transaktionsvolumen von jenseits einer Mrd. Euro (Jumbos) zu verzeichnen. Der bisher größte europäische LBO und kurzzeitig zweitgrößte LBO der Geschichte (hinter dem 30 Mrd. US-Dollar LBO von RJR Nabisco in 1989), der Erwerb des dänischen Telekomunternehmens TDC mit 12 Mrd. Euro, verdeutlicht diese Tendenz nachdrücklich. 5 der 10 größten LBOs in 2005 waren auf durch Bieterkonsortien zustandegekommene Buy-outs zurückzuführen.

Folglich sind zurzeit auch börsennotierte Unternehmen mit einem Enterprise Value von jedenfalls bis zu ca. 25 bis 30 Mrd. Euro (und damit fast zwei Drittel der Dax-Unternehmen) auch vor (ggf. feindlichen) Übernahmen durch Finanzinvestoren nicht mehr sicher (so wurde mit dem Kauf des größten US-amerikanischen Krankenhausbetreibers HCA durch ein Private-Equity-Konsortium von KKR, Bain Capital und Merrill Lynch Global Private-Equity noch kurz vor Beginn der Drucklegung dieses Buches der bisher betragsmäßig[44] größte LBO der Geschichte mit einem Wert von 33 Mrd. US-Dollar bzw. ca. 28 Mrd. Euro verkündet). Dies gilt – im Gegensatz zu manchen Medienberichten und Marktreaktionen – sicherlich derzeit nicht für Unternehmen wie Daimler Crysler: DCX weist aktuell einen Unternehmenswert (Marktkapitalisierung + Übernahmeprämie + verzinsliche Finanzverbindlichkeiten) von deutlich mehr als dem Zehnfachen des für Finanzinvestoren bisher maximal dargestellten Volumens bei einem europäischen LBO (beim dänischen Telekommunikationsunternehmen TDC: Unternehmenswert von rund 12 Mrd. Euro) auf (selbst der HCA LBO belief sich auf einen Unternehmenswert, der nur ca. einem Fünftel des aktuellen Unternehmenswerts von DCX entspricht). Dabei ist auch zu bedenken, dass nach dem deutschen Übernahmerecht der Bieter grundsätzlich nicht von einer erwarteten Annahmequote, sondern von einer hundertprozentigen Annahmequote und deren Finanzierung ausgehen muss.

Midcap-Markt

Unternehmenserwerbe mittelständischer Unternehmen durch Finanzinvestoren sind kein paneuropäisches, sondern ein regionales Marktsegment mit mehreren Teilmärkten.

So gibt es einen deutschsprachigen Teilmarkt in den so genannten DACH-Ländern, einen französischsprachigen Markt (Frankreich, weite Teile des Benelux und der Westschweiz), einen iberischen Teilmarkt, einen italienischen Teilmarkt, einen britischen Teilmarkt usw. Länder- bzw. stärker noch sprachliche und kulturelle Grenzen sind für dieses Marktsegment entscheidend, da die Teilmärkte von einheimischen Finanzinvestoren und Banken dominiert werden. Auch die Syndizierungen spielen sich weitgehend in demselben Segment ab. Zwar orientieren sich die Marktteilnehmer in punkto Professionalität an den Standards im Largecap-Markt, gleichwohl spielen regionale und nationale Gepflogenheiten eine wichtige Rolle. So gilt in den Kreditverträgen meist nicht britisches Recht, sondern das nationale Recht, zudem erfolgt die Dokumentation zumeist in der Landessprache, auch wenn Englisch tendenziell wichtiger wird. Gleiches gilt auch für die Syndizierung, die meist nicht über London erfolgt.

Betrachtet man die quantitative Entwicklung des europäischen LBO Midcap-Markts (einschließlich des – statistisch kaum oder sehr unzureichend erfassten – Smallcap-Markts) im letzten Jahrzehnt, so zeigt sich folgendes Bild (die Volumina sind in Mrd. Euro angegeben):

---

[44] Der bisher weltgrößte LBO von RJR Nabisco von 30,2 Mrd. US-Dollar würde heutzutage laut Thomson Financial einem Wert von mehr als 60 Mrd. US-Dollar entsprechen.

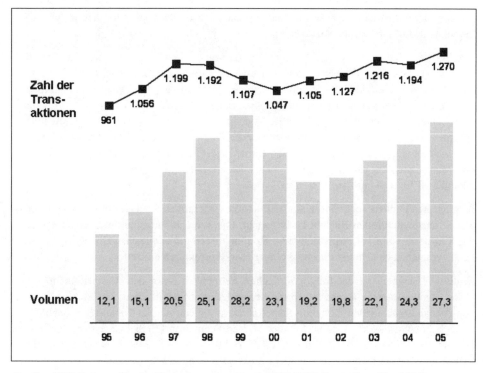

Quelle: FHP Private-Equity Consultants gestützt auf CMBOR Statistiken (für 2005 nur vorläufige Werte); zitiert nach Renz (2006), S. 34
Abbildung 22: *Entwicklung des europäischen LBO-Midcap-Marktes in Mrd. Euro*

Das europäische Marktvolumen wuchs im letzten Jahrzehnt um 9 Prozent p.a., die Zahl der Transaktionen um immerhin 3 Prozent p.a.

Im deutschsprachigen Midcap-Markt dominieren in Frankfurt und München ansässige Finanzinvestoren, flankiert von Investoren aus Hamburg, Düsseldorf, Zürich und Wien. Bei den Banken überwiegen Banken aus dem deutschsprachigen Raum (wie HVB, Deutsche Bank, Dresdner Bank, LBBW, HSH Nordbank, IKB und Investkredit Bank sowie in der Schweiz die UBS und CSFB neben diversen Kantonalbanken). Die Auslandsbanken konzentrieren sich – wie die meisten deutschen privaten Großbanken – auf das Larger Midcap-Marktsegment (Unternehmenswerte > 125 Mio. Euro) und den Largecap-Markt. Erwähnenswert ist hier die Stellung der Royal Bank of Scotland, die seit Jahren im Larger Midcap-Markt und im Largecap-Markt neben der HVB eine marktführende Stellung einnimmt.

Im Larger Midcap-Segment ist der Einfluss des paneuropäischen LBO-Markts relativ deutlich zu spüren, folglich ist dieses Segment auch stärker von dessen Zyklizität betroffen. Dieser Einfluss schlägt sich besonders in relativ stark schwankenden Verschuldungsmultiples und -strukturen nieder, die sich vom paneuropäischen Markt aus zeitversetzt auch in den Larger

Midcap-Markt ausbreiten. Diese Entwicklung kann zurzeit auch auf dem deutschsprachigen Larger Midcap-Markt beobachtet werden.

Der Smaller Midcap-Markt (Unternehmenswerte von 15 bis 125 Mio. Euro) ist zumindest bisher von diesen Marktübertreibungen weitgehend immun. Dies muss wohl auch sein, handelt es sich hier doch um deutlich kleinere Unternehmen, bei denen sehr häufig eine geringere Stabilität gegeben ist als bei Großunternehmen wie ATU, Wincor Nixdorf, Cognis oder Celanese. Unternehmen im Smaller Midcap-Markt sind meist von wenigen Schlüssel-personen abhängig, oft auch von einzelnen Kunden oder Lieferanten; die Markteintrittsbarrieren sind vielfach geringer als bei Großunternehmen, die Professionalität des Managements und der Managementinformationssysteme bzw. der gesamten Unternehmensführung ist fast naturgemäß zumeist eine geringere usw.

Folglich ist es angebracht, den tendenziell höheren operativen Risiken mit geringeren finan-ziellen und strukturellen Risiken zu begegnen. Die Verschuldungsmultiples und somit auch die Kaufpreise sind daher im Zeit- und Konjunkturverlauf vergleichsweise wenig schwan-kend, weshalb auch seltener Phasen größerer Marktkorrekturen auftreten.

In diesem Segment ist der (oligopolistische) Wettbewerb unter den Akquisitionsfinanciers etwas weniger intensiv als im fragementierteren Larger Midcap-Markt, in dem eine Vielzahl von Auslandsbanken den einheimischen Anbietern äußerst starke Konkurrenz macht. Dies ermöglicht es Anbietern, auch im Smaller Midcap-Segment profitabel zu sein, entfallen doch auf die fünf bis sechs Marktführer (HSH Nordbank, Investkredit, IKB, Deutsche Bank, LBBW und Dresdner Bank) genügend Transaktionen, um die erforderlichen Teams vorzuhal-ten und dennoch auskömmliche Gewinne zu erzielen.

Dieses Segment ist im deutschsprachigen Raum relativ stabil und gewann in den letzten zwei Jahren deutlich an Dynamik, wie Abbildung 23 verdeutlicht.

Die Anzahl der Transaktionen, die in den letzten zwei Jahren um mehr als 100 Prozent wuchs, ist vor allem auf die schon lange erwartete Zunahme von Käufen von Familienunternehmen durch Finanzinvestoren im Zuge der Unternehmensnachfolge zurückzuführen. Auf diese waren in 2005 laut Statistik des Finanzinvestors Halder 45 Prozent der Transaktionen zurück-zuführen, in 2004 belief sich ihr Anteil am Gesamtmarkt nur auf 15 Prozent. Bislang war dieses Segment von Verkäufen von Tochterunternehmen oder Unternehmensbereichen von Konzernen geprägt, die noch in 2004 beinahe zwei Drittel (64 Prozent) aller Transaktionen in diesem Segment auf sich vereinten.[45]

---

[45] Vgl. zu dieser Entwicklung im deutschsprachigen Smaller Midcap-Markt Oertel (2006), S. 22.

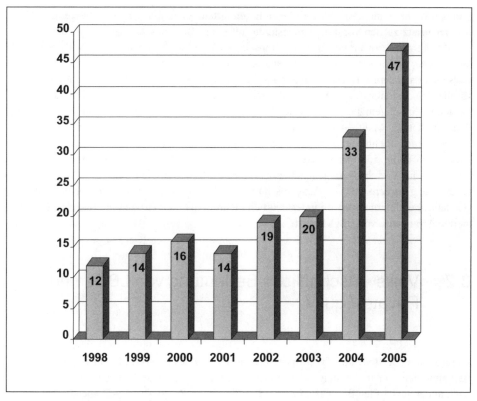

Quelle: Oertel (2006)
Abbildung 23: *Gemeldete Mid-Cap-Buy-outs 1998-2005 (Transaktionsvolumen: 20 bis 125 Mio. Euro)*

Smallcap-Markt

Im Smallcap-Markt handelt es sich meist um MBOs. Teilweise werden die LBOs auch durch auf dieses Segment spezialisierte Finanzinvestoren durchgeführt. Es ist insgesamt durch einen niedrigeren Grad an Professionalität gekennzeichnet. Dies gilt vor allem für typische MBOs, bei denen in der Regel Buy-out-unerfahrene Manager versuchen, ein Unternehmen zu kaufen. Selbst bei den Finanzinvestoren ist gelegentlich ein Qualitäts-Gap zu den Finanzinvestoren im Midcap- und im Largecap-Markt festzustellen. Auch auf der Seite der Fremdkapitalanbieter stehen selten spezialisierte Arrangeure für Buy-outs zur Verfügung, da sie die Ertrags-Risiko-Zusammenhänge unattraktiv finden: Für die gleiche oder gar mehr Arbeit stehen geringere Fees und Zinseinnahmen bei größeren Risiken in Aussicht. Die größeren Risiken resultieren aus der Unternehmensgröße mit allen Implikationen, der geringeren Qualität der Due Diligence-Prozesse und der nicht selten geringeren Qualität der Investoren und häufig (bei reinen MBOs) geringeren Eigenmittelquoten. Zudem fehlen bei reinen MBOs im Gegensatz zu den von Finanzinvestoren initiierten Buy-outs häufig „Deep Pockets" und der Zwang zur Rufwahrung für neue Transaktionen und neues Fundraising. Auf der Fremd-kapitalseite stellen daher oft die Hausbanken, die Akquisitionsfinanzierung zur Verfügung. Diese sind aus dem Firmenkundengeschäft andere Margen-, Fee- sowie Informationsniveaus für die Entscheidungsfindung gewohnt. Freilich sind es nicht selten gerade diese Banken, die bei nicht wunschgemäßem Verlauf des Buy-outs schneller nervös werden und manchmal mit überschießenden Maßnahmen wie der Fälligstellung der Kredite bei den ersten Verletzungen der Verhaltenspflichten (insbesondere der so genannte Financial Covenants) überreagieren; dies hängt auch damit zusammen, dass bei den Hausbanken meist – und aus unserer Sicht zu Unrecht – die Asset basierte gegenüber der Cashflow basierten Sichtweise einer Akquisitions-finanzierung vorherrscht (vgl. dazu Abschnitt 5.5). Ein Hausbankkredit ist daher im Endeffekt für derartige Unternehmen mitunter deutlich „teurer" als die vermeintlich teureren, speziali-sierten Arrangeure von LBO-Krediten.

3.2 Volkswirtschaftliche Bedeutung von LBOs und Private-Equity

Die zunehmende Bedeutung von Finanzinvestoren und des LBO-Markts in Europa manifes-tiert sich nicht nur in der steigenden Aufmerksamkeit in den einschlägigen Medien, sondern auch in der verstärkten Beschäftigung der Politik mit der Private-Equity-Branche.

Vorläufiger Höhepunkt dieser Entwicklung waren die Aussagen einiger führender Politiker (wie des jetzigen Vizekanzlers Müntefering), wonach die Wachstumsschwäche und die hohe Arbeitslosigkeit in Deutschland auch auf die kurzfristige Gewinnorientierung von (angel-sächsischen) Private-Equity- und Hedgefonds-Gesellschaften (den viel zitierten „Heuschre-cken") zurückzuführen sei.

Diese politische Einschätzung, an der sich eine heftige und grundsätzlich nützliche Debatte über die Vor- und Nachteile von Private-Equity (und auch Hedgefonds) entfachte, ist insbe-sondere aus drei Gründen verfehlt und abwegig.

Zunächst einmal ist die Bedeutung von Private-Equity und Venture Capital (sowie Hedge-fonds) in Deutschland viel zu gering, um eine derartige Bedeutung überhaupt begründen zu können. Die Private-Equity-Gesellschaften könnten das Wachstum gar nicht begrenzen, selbst wenn sie dies – was bereits angesichts ihres Geschäftsmodells völlig abwegig ist – wollten.

Dies zeigt bereits ein kurzer Blick auf den Anteil von Private-Equity und Venture Capital am BIP in Deutschland im internationalen Vergleich wie in Abbildung 24 dargestellt.

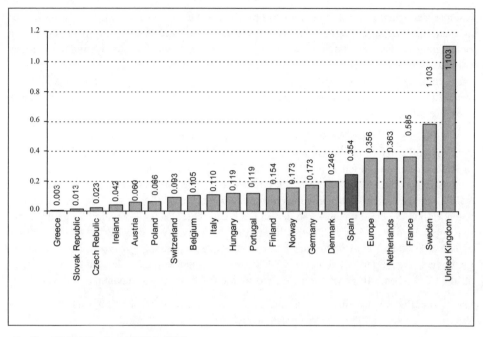

Quelle: EVCA Yearbook 2005, S 55

Abbildung 24: *Private-Equity Investment in Prozent des BIP in 2004*

Bei dieser Statistik ist zu berücksichtigen, dass diese Investments auch die – eindeutig wachstumsförderliche – VC-Branche mit umfassen und in der Vergangenheit deutlich geringer waren. Insgesamt weisen die derzeit ca. 5.600 kleinen und mittleren Unternehmen im Eigentum der VC- und PE-Gesellschaften, die im Bundesverband Deutscher Kapitalbeteiligungsgesellschaften e.V. vertreten sind, einen Umsatz von 114,4 Mrd. Euro auf und beschäftigen 638.000 Mitarbeiter. Da von diesem Umsatz noch dazu nur ein Teil auf inländische Wertschöpfung entfällt, ist der Anteil der Branche an der deutschen Volkswirtschaft minimal. Grob geschätzt liegt er entsprechend dem Anteil der Mitarbeiter an der Gesamtzahl der arbeitenden Bevölkerung bei vielleicht 2 bis 3 Prozent; der Anteil mit Private-Equity gesponserter Unternehmen ist noch kleiner und der der Unternehmen im Eigentum angelsächsischer PE-Investoren damit verschwindend gering. Das Wachstum dieses Sektors hat daher derzeit weder über direkte noch über indirekte Multiplikatoreffekte einen signifikanten Einfluss auf das gesamtwirtschaftliche Wachstum. Dies gilt umso mehr, wenn man die vermeintlichen negativen Wachstums- und Beschäftigungseffekte von Private-Equity auf die angelsächsischen Investoren einschränken möchte, die nur einen Teil der Private-Equity-Branche ausmachen.

Die PE-Investoren sind zweitens aufgrund ihrer Exit- und Wertsteigerungsorientierung zwangsweise mittel- bis langfristig ausgerichtet. Der Zeitraum bis zum Exit beträgt durchschnittlich 3 bis 5 Jahre. Dazu kommt, dass die Beteiligungsunternehmen für den neuen Käufer ebenfalls mittel- bis langfristig gut positioniert sein müssen, da diese sonst keinen hohen

Kaufpreis erzielen. Dies gilt auch für den Fall eines Weiterverkaufs an einen anderen Finanzinvestor, der wiederum seinen Beteiligungszeitraum und die Zukunftsperspektiven seiner Beteiligung im Exitzeitraum im Auge hat. Die behauptete kurzfristige Gewinnorientierung von klassischen PE-Häusern ist daher – trotz einiger so genannter Quick Flips – eine Legende. Dazu kommt noch (siehe Kapitel 2.2.2 und 2.2.3), dass ein Teil der Wertsteigerung über das Wachstum der Beteiligungsunternehmen erzielt werden kann und regelmäßig erzielt werden soll.

Dass drittens daher wenn schon, dann ein positiver Zusammenhang zwischen der Bedeutung von Private-Equity (und Venture Capital) und dem Wirtschaftswachstum besteht, ist folglich in Hinblick auf die Geschäftsmodelle und die Erfolge von VC und PE weder zufällig noch überraschend. Ein derart positiver Zusammenhang wird in praktisch allen Studien über VC/PE nachgewiesen[46]. Dies gilt sowohl für den deutschen Markt als auch für die internationalen Märkte. So kommt eine – von der EVCA beauftragte – aktuelle Studie[47] zu dem zentralen Ergebnis, dass in der EU, der Schweiz und Norwegen von den PE/VC-Gesellschaften zwischen 2000 und 2004 netto über 1 Mio. Arbeitsplätze geschaffen wurden. Die Beschäftigung wuchs aggregiert betrachtet um 5,4 Prozent p.a. und damit um den Faktor 8 schneller als die Gesamtbeschäftigung in der EU, wo sie nur 0,7 Prozent p.a. zunahm.

Die Beschäftigung der Buy-out-finanzierten Unternehmen wuchs im Durchschnitt um 2,4 Prozent p.a., wie Abbildung 25 zu entnehmen ist:[48]

Die von PE/VC unterstützten Unternehmen beschäftigen in Europa insgesamt fast 6 Mio. Menschen (mit 2,9 Mio. knapp die Hälfte davon in Großbritannien) und damit ca. 3 Prozent der aktiven Bevölkerung in der EU (ca. 200 Mio. laut EUROSTAT 2005). Die PE/VC-Branche trug folglich nicht unwesentlich dazu bei, dass die laut Europäischen Kommission ca. 20 Mio. fehlenden Stellen zur Erreichung der Vollbeschäftigung in den letzten Jahren nicht noch größer geworden sind. In Großbritannien, wo mit 2,9 Mio. Beschäftigten 19 Prozent und damit fast jeder fünfte Arbeitsplatz in der Privatwirtschaft auf Unternehmen entfällt, die von PE/VC-Unternehmen gesponsert werden, sind in den letzten fünf Jahren (vor 2004/2005) die Zahl der Arbeitsplätze um jährlich 14 Prozent gewachsen, während die Zahl der Arbeitsplätze in der Privatwirtschaft insgesamt nur um 0,3 Prozent zunahm.[49]

---

[46] Vgl. dazu den guten Überblick im M&A Review Artikel von Bunker (2005).

[47] Studie vom November 2005 des Center for Enterpreneurial and Financial Studies (CEFS) der Technischen Universität München mit dem Titel „Employment Contribution of Private-Equity and Venture Capital in Europe"

[48] Vgl. zu den allgemeinen Ergebnissen der CEFS-Studie Achleitner/Geidner/Klöckner (2006).

[49] Vgl. dazu die aktuelle Studie von IE Consulting/BVCA, The Economic Impact of Private-Equity in the UK 2005, London 2005.

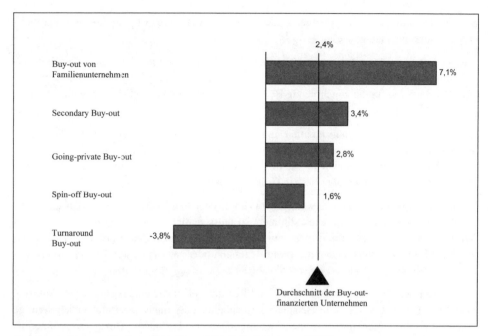

Quelle: Achleitner/Geidner/Klöckner (2006), S. 141, bzw. CEFS
Abbildung 25: *Jährliches Beschäftigungswachstum in Buy-out-finanzierten Unternehmen nach Art der Transaktion*

In Deutschland kam eine kürzlich veröffentlichte Studie von PwC[50] zum Ergebnis, dass in den untersuchten Unternehmen zwischen 2000 und 2004 die Beschäftigung von 29.500 auf 44.500 Mitarbeiter um absolut mehr als 51 Prozent stieg, während in demselben Zeitraum die Zahl der sozialversicherungspflichtigen Beschäftigten um 5,7 Prozent sank. Die durchschnittliche Beschäftigung von Buy-out-Unternehmen stieg in diesem Zeitraum um immerhin 4,4 Prozent, so dass der – bei von PE gesponserten Unternehmen häufig bemängelte und fallweise zweifelsohne stattfindende – Beschäftigungsabbau bei einzelnen Unternehmen durch den Ausbau der Geschäftstätigkeiten mehr als kompensiert wurde. Selbst wenn ein Gutteil des Zuwachses der Beschäftigung nicht in Deutschland angefallen sein sollte, so liefert die Studie jedenfalls keine Hinweise darauf, dass PE-gesponserte Unternehmen in Summe zu Beschäftigungsabbau und Wachstumsdefiziten führen. Daran können in den Medien immer wieder zitierte Beispiele für einzelne Unternehmen, die nach dem LBO angeblich oder tatsächlich in gewisse Schwierigkeiten gekommen seien (an dieser Stelle sei nur auf die Medienberichte zu Friedrich Grohe verwiesen) unabhängig von deren jeweiligen Wahrheitsgehalt nichts ändern:

Aus den genannten Argumenten kommt dem PE auch für die – in Deutschland genauso wie in Österreich und der Schweiz so wichtige – Thematik der Unternehmensnachfolge eine hohe

---

[50] Vgl. PwC/BVK, Der Einfluß von Private-Equity-Gesellschaften auf die Portfoliounternehmen und die deutsche Wirtschaft, München 2005 bzw. die Zusammenfassung deren Ergebnisse in Weber/Nevries (2006).

potenzielle und überaus positive Bedeutung zu. Letzteres ist von wissenschaftlich-empirischer Seite nachgewiesen.[51]

Zusammenfassend kann festgehalten werden, dass Deutschland auch wegen der noch geringen volkswirtschaftlichen Bedeutung der VC/PE-Branche eine geringe Wachstumsdynamik aufweist. Insoweit ist die zunehmende Bedeutung der VC- und der PE-Branche ein positives Signal für die Zukunft.

Staaten wie die USA, Großbritannien und Schweden, die in den letzten Jahren besondere Wachstumserfolge aufwiesen, sind daher nicht überraschend auch diejenigen, die einen überdurchschnittlich hohen Anteil von VC/PE-Investments am BIP aufweisen (in den USA liegt dieser Anteil noch deutlich über dem in Großbritannien).

Würde übrigens die eingangs erwähnte, von politischer Seite vorgebrachte Logik „Private-Equity, ergo Wachstumsschwäche" stimmen, so müssten sich die USA aufgrund der dort im Vergleich zu Deutschland mindestens um das Zehn- bis Zwanzigfache größeren Bedeutung von VC/PE in einer anhaltenden massiven Rezession oder gar Depression mit Rekordarbeitslosigkeit befinden – genau das Gegenteil ist der Fall!

So viel zum wirtschaftspolitischen Sinn- und Realitätsgehalt der eingangs zitierten Aussage. Daran können auch vereinzelte Beispiele tatsächlicher oder nur vermeintlicher Misserfolge von PE-Gesellschaften mit einzelnen Beteiligungen nichts ändern. Umso erfreulicher ist daher die Tatsache, dass der Einstieg der vormalig als „Heuschrecke" verunklimpften weltgrößten PE-Gesellschaft Blackstone bei der Deutschen Telekom (Erwerb von 4,5 Prozent der Anteile für 2,7 Mrd. Euro von der KfW) nicht nur wirtschaftlich (Kurssteigerung um ca. 3 Prozent bei Bekanntwerden des Einstiegs), sondern auch politisch von der – allerdings neuen – Bundesregierung erwünscht ist. Scheinbar ist ein Umdenken in der Politik und bei der Bundesregierung im Gang. Dieses kommt auch darin zum Ausdruck, dass jüngst der Staatssekretär des Bundeswirtschaftsministeriums, Dr. Joachim Würmeling, auf einer Rede auf dem 8. Deutschen Eigenkapitaltag des BVK in Berlin ankündigte, das derzeitige Gesetz über Unternehmensbeteiligungsgesellschaften zu einem PE- und VC-Investoren freundlicheren Gesetz weiterzuentwickeln. Deutschland sollte und könnte zu einem Standort für viele neue Fonds werden (z.B. durch die Zulässigkeit „steuertransparenter Strukturen" für alle Finanzierungsphasen). Der zurzeit (noch?) im Zuge der Unternehmenssteuerreform diskutierte Vorschlag von Finanzminister Steinbrück, einer umfassenden Einschränkung der steuerlichen Abzugsfähigkeit aller Finanzierungsaufwendungen wäre dagegen – ganz abgesehen von der Frage nach seiner allgemeinen ökonomischen Sinnhaftigkeit – gerade für LBOs sehr kontraproduktiv und sollte schon deshalb fallen gelassen werden.

---

[51] Vgl. Buttignon/Vedovato/Bortoluzzi (2005).

3.3   Die betriebswirtschaftlichen Effekte von LBOs

Fast alle empirischen Studien über die betriebswirtschaftlichen Effekte von LBOs beziehen sich auf Erfahrungen aus den USA und vereinzelt auch aus Großbritannien. Sie zeigen insofern ein relativ einheitliches Bild, als die überragende Mehrheit positive Effekte aufweist. Diese werden – in prinzipieller Übereinstimmung mit den theoretischen Ansätzen zur Wertsteigerung durch LBOs – vor allem mit drei Argumenten begründet:[52]

■ Anreizwirkung der (i.d.R. zum Kapitaleinsatz überproportionalen) Beteiligung des Managements am Eigentum des Unternehmens (i.V.m. Zusatzanreizen durch Sweet und Sweat Equity)

■ Disziplinierende Wirkung einer hohen Verschuldung (abgesehen von den Steuervorteilen) insb. durch Ausrichtung der gesamten Unternehmensführung nach Cashflow-Kennziffern anstelle von Ertragskennziffern und damit zusammenhängend einem effizienteren Kapitaleinsatz (bezüglich Working Capital und Investitionen)[53]

■ Verbesserungen in der Corporate Governance (Unternehmensführung, insb. bezüglich der Managementkontrolle) durch aktive, kompetente, hoch motivierte und stark kontrollierende Aufsichtsorgane (besetzt durch Finanzinvestoren selbst oder deren Vertrauensleute), was wesentlich zu professionellerem Management (z.B. durch moderne MIS) beiträgt

Dazu kommt noch der Vorteil des Vorhandenseins von reichlich Eigenkapital, das die Umsetzung von Wertsteigerungsstrategien deutlich erleichtern kann. Dies gilt insbesondere für die erforderlichen Eigenmittel für Unternehmenskäufe durch LBO-Unternehmen, mit denen z.B. eine Marktkonsolidierung erreicht werden kann. Gerade Familienunternehmen fehlen diese Eigenmittel häufig und rein auf Schuldenbasis finanzierte Unternehmenskäufe können den bisherigen Unternehmenserfolg u.U. in Gefahr bringen. Auch im Falle von vorübergehenden Schwierigkeiten – z.B. nach erfolgten Akquisitionen von LBO-Unternehmen zwecks Marktkonsolidierung – kann die Existenz von Deep Pockets äußerst hilfreich sein. Für den österreichischen Leuchtenhersteller Zumtobel war es z.B. nach der Akquisition der britischen Thorn-Gruppe sehr hilfreich, dass der an Zumtobel beteiligte Finanzinvestor KKR auch mittels weiterer Eigenmittel mithalf, die Integrationsprobleme und die nach dem Kauf ausgebrochene Branchenkrise zu bewältigen; mittlerweile hat Zumtobel offenkundig die Probleme überwunden, wie der erfolgreiche IPO im Mai 2006 an der Wiener Börse zeigt.

Die meisten Studien sind eher an kurz- bis mittelfristigen Effekten ausgerichtet, die anhand von verschiedenen Finanzkennzahlen wie Umsatz- und EBIT-Entwicklung festgemacht

---

[52] Vgl. zur Literaturübersicht zuletzt Tirole (2006), S. 47 ff mit Verweis insb. auf Arbeiten von M. Jensen und S. Kaplan sowie den Überblick in Buttignon/Vedovato/Bortoluzzi (2005).

[53] Ein besonders anschauliches Beispiel dafür findet sich bei Müller (2005), der als Leiter Rechnungswesen bei Gardena aus der Praxis-Erfahrung schildert, wie es zu signifikanten und dauerhaften Verbesserungen im Working Capital Management bei Gardena infolge des LBOs durch Industrie Kapital in 2002 kam.

werden.[54] Eher seltener wird die technische Effizienz-Entwicklung anhand der (Gesamt-) Faktorproduktivität untersucht. Dabei zeigt sich, dass für einen Zeitraum von drei[55] bis vier[56] Jahren die Gesamtfaktorproduktivität und damit die Effizienz des Faktoreinsatzes steigt. Im Gegensatz zu den oben aufgeführten theoretischen Argumenten für eine Effizienzverbesserung von Unternehmen infolge von LBOs, die eine dauerhafte Effizienzsteigerung nahe legen würden, können diese Effekte empirisch nur für einen kurz- bis mittelfristigen Zeitraum von drei bis vier (maximal fünf) Jahren nachgewiesen werden.[57]

Dies könnte damit zusammenhängen, dass die positiven Effekte eines LBOs (z.B. durch die sukzessive Entschuldung) im Laufe der Zeit an Bedeutung verlieren bzw. überhaupt nur von kurz- bis mittelfristiger Natur sind (bis zum geplanten Exit-Zeitpunkt von regelmäßig drei bis fünf Jahren nach dem LBO). Zum anderen könnten umgekehrt die negativen Effekte eines LBOs (insb. Kosten einer hohen und nicht nachhaltig abgebauten Verschuldung hinsichtlich finanzieller Flexibilität) langfristig stärker zum Tragen kommen.

Folglich sind LBOs keine Panacea für den Unternehmenserfolg – gerade der langfristig (mindestens) ebenso wichtige Faktor wie die Effizienz des Unternehmens – der Erfolgsfaktor Innovation – dürfte bei LBO-Unternehmen nicht höher sein als bei sonstigen Unternehmen. Folglich wundert es nicht, wenn in der aktuellen und umfassendsten Untersuchung von 746 Fonds durch Steven Kaplan und Antoinette Schoar[58] festgestellt wurde, dass die Eigenkapitalrendite bei Investitionen in PE-gesponserte LBOs nach Abzug aller Kosten nicht über der der S&P-500-Unternehmen liegt.[59]

Für das Geschäftsmodell LBO ist dieser empirische Befund keineswegs abträglich – ganz im Gegenteil entspricht er dem Grundmodell eines LBOs: Nach diesem beteiligt sich ein Finanzinvestor auf Zeit – typischerweise drei bis fünf Jahre – und veräußert dann das gekaufte Unternehmen unter Realisierung der zwischenzeitlich realisierten Wertsteigerung wieder. Dieser Exit erfolgt idealerweise in Form eines Trade Sale oder eines IPO, gegebenenfalls auch in Form eines Owner Buy-outs (durch Auskauf des Finanzinvestors durch das bereits am Unternehmen beteiligte Management). Der heutzutage weit verbreitete Exit-Machanismus eines

---

[54] Zu Recht wird immer wieder bemängelt, dass die empirischen Studien methodologische Schwächen aufweisen. Das betrifft die Repräsentativität der Stichprobe; den teilweise bloß deskriptiven Charakter; Survivor-Bias und eine gewisse Interessensabhängigkeit. Die ziemlich eindeutigen Befunde – eine diesbezüglich Ausnahme für ein französisches Sample von 161 MBOs findet sich in Desbrières/Schatt (2002) – zumindest bezüglich kurz- bis mittelfristiger Effizenzverbesserungen durch LBOs relativieren aber diese Mängel entscheidend. Dies zeigt zuletzt auch die umfassende empirische Studie (ca. 36.000 manufactoring establishments in Großbritannien) von Harris/Siegel/Wright (2005), die eindeutige Effizienzverbesserungen nach MBOs nachwies.

[55] Vgl. Lichtenberg/Siegel (1990).

[56] Vgl. Amess (2003).

[57] Vgl. Amess (2003), S. 42.

[58] Vgl. Kaplan/Schoar (2003).

[59] Während Kaserer/Diller (2004) ein gemischtes Bild von der Performance der europäischen PE-Häuser zeichnen, stellen Zollo/Phalippou (2005) sogar eine 3-prozentige Underperformance der PE-Fonds gegenüber den S&P-500-Unternehmen fest. Dagegen kommt Groh/Gottschalg (2006) zum Ergebnis, dass LBO-Unternehmen in den USA die risikomäßig vergleichbaren S&P-500-Unternehmen im Zeitraum von 1984 bis 2000 auch nach Abzug der Fee-Aufwendungen outperformten.

Verkaufs an einen anderen Finanzinvestor (Secondary Buy-out oder gar Tertiary Buy-out) ist dagegen vor diesem empirischen Hintergrund unter dem Gesichtspunkt einer nachhaltigen Wertsteigerung kritischer zu sehen. Und so wundert es nicht, wenn empirische Untersuchungen[60] zum Ergebnis kommen, dass die Wertsteigerung und die IRR des Finanzinvestors bei einem Secondary Buy-out (deutlich) kleiner sind als bei einer Privatisierung (höchste IRR), einem Kauf eines Unternehmens aus einem Konzern (zweithöchste IRR) oder eines Familienunternehmens (dritthöchste IRR) oder von börsennotireten Unternehmen. Diese Going-Private-Transaktionen erzielten die vierthöchste IRR. Für die Akquisitionsfinanzierung müssen dagegen Secondary Buy-outs (SBOs) bei vernünftiger Kaufpreis- und Finanzierungsgestaltung keineswegs ein Zusatzrisiko bedeuten – ganz im Gegenteil, hat doch das Management und das Unternehmen bereits einmal gezeigt, dass man mit einer LBO-Umgebung gut zurechtkommt. Bei SBOs gibt es vor allem keine „seperation risks", die fast immer mit dem Herauskauf von Tochterunternehmen oder gar Divisionen aus Großunternehmen verbunden sind (z.B. bezüglich der Verläßlichkeit des Zahlenmaterials, der Problematik von Verrechnungspreisen, des Wegfalls von Vorteilen der Konzernzugehörigkeit usw.).

Aus empirischen Untersuchungen über die Erfolgsfaktoren von LBOs ist ferner eindeutig die große Bedeutung der Qualität des Finanzinvestors ersichtlich. Dies zeigen wie erwähnt auch Statistiken der EVCA, wonach im Zeitraum von 1980 bis 2004 die Durchschnitts-IRR aller PE-Buy-out-Investments bei 12,3 Prozent und die des besten Viertels bei 28,7 Prozent lagen. Es ist daher nicht verwunderlich, dass die institutionellen Investoren in Buy-out-Funds zurzeit heftig darum kämpfen müssen, bei diesen Top-Investoren überhaupt investieren zu dürfen. U.a. Kreuter, Gottschalg und Schödel sprechen von einem „GP Effekt" (steht für General Partner), da die Performance von Buy-outs eindeutig davon abhängt, wer die Transaktion durchführt.[61] Erfahrene, insb. sektorfokussierte Investoren mit proaktiver Dealflow-Generierung (proprietärem Dealflow) outperformen im Peergroup-Vergleich.

Alle drei am Kapitelanfang erwähnten Hauptansatzpunkte für Wertsteigerungen bei LBOs – Managementbeteiligung, Disziplinierungswirkung der Verschuldung und verbesserte Corporate Governance – hängen letztlich davon ab, dass sie richtig eingesetzt werden. So sind beispielsweise Buy-outs mit mittelgroßer Eigenkapitalbeteiligung des Managements von 5 bis 20 Prozent deutlich erfolgreicher als LBOs mit kleinerer oder größerer Managementbeteiligung[62]. Dabei trennt sich in der Praxis die Spreu vom Weizen. Für akquisitionsfinanzierende Banken ist der Track Record des Finanzinvestors ähnlich wichtig wie für die Fondsinvestoren. Die Finanzinvestoren sitzen bei LBOs im „driver seat", die Bank ist dabei – in Analogie zum Ralley-Sport – allenfalls ein unterstützender Beifahrer. Folglich ist der Track Record bzw. die Qualität des Finanzinvestors das wohl wichtigste Erfolgskriterium in der Akquisitionsfinanzierung (vgl. dazu genauer Kapitel 4).

---

[60] Vgl. Kreuter/Gottschalg/Schödel (2005), die knapp 2.500 realisierte Buy-out-Investments in Nordamerika und Europa auswerteten.

[61] Vgl. Kreuter/Gottschalg/Schödel (2005), S. 356.

[62] Vgl. Kreuter/Gottschalg/Schödel (2005), S. 357.

3.4   Volks- und betriebswirtschaftliche Effeke von Corporate Buy-outs

Die volks- und betriebswirtschaftlichen Effekte von CBOs bzw. M&As allgemein sind seit langem Gegenstand intensivster theoretischer und vor allem auch empirischer Forschung. In der wirtschaftlich interessierten Öffentlichkeit ist davon als Quintessenz die weitverbreitete Auffassung angekommen, dass die Mehrheit der M&A scheitert und daher auch volkswirtschaftlich keinen Zusatznutzen stiftet. Profiteure von M&A-Transaktionen seien einzig die Berater und Investmentbanken sowie die involvierten Manager (insbesondere) des Käufers (höhere Entlohnung; Macht- und Prestigegewinn) sowie immer wieder auch die Anteilseigner des Verkäufers.

Diese Auffassung deckt sich allerdings nur zum Teil mit den tatsächlichen Erkenntnissen der empirischen Forschung, vor allem was die Erfolgsraten von M&A-Transaktionen betrifft. Die wichtigsten Ergebnisse seien im Folgenden kurz zusammengefasst:[63]

- Fusionen und Übernahmen rechnen sich jedenfalls für Anteilseigner des Verkäufers. Gleiches gilt im Allgemeinen auch, wenn man die Anteilseigner von Käufer und Verkäufer zusammenbetrachtet – M&A-Transaktionen stiften daher im Schnitt auch volkswirtschaftlich einen Nutzen. Dabei ist noch gar nicht berücksichtigt, dass davon auch einige Branchen wie M&A-Berater, Due Diligence-Teams und Investmentbanken leben.

- Für bietende Unternehmen bzw. deren Gesellschafter ergeben zwei Drittel der Studien, dass der Sharholder Value zumindest erhalten, wenn nicht sogar gesteigert wird.

- Die weitverbreitete Auffassung, dass die Mehrheit der Transaktionen (je nach Studie zwischen 50 und 85 Prozent) scheitern, stimmt nur insofern, wenn damit „creating material and significant abnormal value"[64] gemeint ist. Die ökonomische Theorie und Praxis lehrt aber, dass derartige Renditen nicht systematisch zu erwirtschaften sind. Investoren müssen bzw. müssten im Schnitt zufrieden sein, wenn die erzielten Renditen den Opportunitätskosten entsprechen (d.h. den vernünftigerweise erwarteten Renditen bzw. Required Returns). Bruner fährt daher bei seiner Zusammenfassung der empirischen Studien über die Erfolgsraten von M&A-Transaktionen folgendermaßen fort: „The reality is that 60 to 70 percent of all M&A transactions are associated with financial performance that at least compensates investors for their opportunity cost – against this standard it appears that buyers typically get at least what they deserve."

- Wertsteigernde M&A-Transaktionen sind im Schnitt jene, die Ausdruck der Umsetzung einer klaren, fokussierten Strategie (zur Erlangung bzw. Absicherung von dauerhaften und nachhaltigen Wettbewerbsvorteilen) sind. Diversifikation, reine Größenmaximierung bzw.

---

63 Vgl. dazu z.B. den guten Überblick bei Bruner (2004), Chapter 3 („Does M&A Pay?"), S. 30 ff. sowie zuletzt aus der deutschsprachigen Literatur den Überblicksartikel von Glaum/Lindemann/Friedrich (2006).

64 Vgl. Bruner (2004), S. 62.

Empire Building oder Hybris (bzw. allgemein die Verfolgung von Eigeninteressen des Managements des Käufers) zerstören im Schnitt Unternehmenswerte. Wesentlich für die Wertsteigerung ist nicht nur die richtige Transaktion zum richtigen Preis und in der geeigneten Zahlungsweise (Cash Deals werden im Schnitt vom Kapitalmarkt deutlich besserer beurteilt als Share Deals bzw. der reine Tausch von Anteilen, da diese dem Markt die Überbewertung der Aktien des Käufers suggerieren), sondern auch die Post-Merger-Integration des gekauften Unternehmens in die Käufergruppe.

■ M&A-Transaktionen sind sicherlich keine „Gelddruckmaschine", dies zeigt der Durchschnitt der Ankündigungseffekte von M&A-Transaktionen seitens börsennotierter Käufer, der nahe Null liegt. King, Dalton, Daily und Covin kamen nach Auswertung von 93 empirischen Studien zum Erfolg von M&A-Transaktionen zum Ergebnis, dass vor allem die Alteigentümer der gekauften Unternehmen Gewinner sind, die Eigentümer der Käufer dagegen kaum bzw. längerfristig gar nicht.[65]

Strategisch und operativ sinnvolle und gut umgesetzte M&A-Transaktionen rechnen sich im Schnitt: Falls diese Voraussetzungen nicht erfüllt werden, rechnen sie sich im Durchschnitt nicht. Auch eine Studie von BCG[66], die die höhere Wertsteigerung von stark akquisitiven gegenüber den (überwiegend) organisch wachsenden börsennotierten US-Unternehmen für den Zeitraum von 1993 bis 2002 nachzuweisen versucht, steht mit diesem Ergebnis nicht im Widerspruch: Der Total Shareholder Return war zwar bei der ersten Gruppe mit 10,8 Prozent p.a. höher als der der zweiten Gruppe (9,6 Prozent p.a.), wodurch für die Aktionäre über ein Jahrzehnt ein Zusatzertrag von insgesamt 29 Prozent entstand; ähnliche Ergebnisse mit umgekehrten Vorzeichen sind aber ebenso oft anzufinden.

Im Schnitt sind die kurz- bis mittelfristigen Effekte von LBOs für Finanzinvestoren deutlich besser als die von CBOs für strategische Investoren. Die in Abschnitt angeführten Ansätze für die Wertsteigerung bei LBOs sind für die empirisch abgesichert besseren kurz- bis mittelfristigen Ergebnisse von LBOs im Vergleich zu CBOs verantwortlich.[67]

---

[65] Vgl. King/Dalton/Daily/Covin (2003).

[66] Vgl. Cools/King/Neenan/Tsusaka (2004).

[67] Vgl. dazu Loos (2005).

4.   Erfolgsfaktoren einer LBO-Finanzierung

Die Erfahrung zeigt, dass es neben einer Vielzahl erfolgreicher Buy-outs eine nicht unbeachtliche Anzahl von weniger erfolgreichen oder gar gescheiterten LBOs gibt. Es ist daher vor der Durchführung eines LBOs unabdingbar, die (typischen) Erfolgsfaktoren von LBOs zu kennen und ihr Vorliegen eingehend zu prüfen.

Dies gilt ganz besonders für die Erfolgswahrscheinlichkeit von Akquisitionsfinanzierungen. Von überragender Bedeutung für das Gelingen eines LBOs ist, dass dem – durch den üblicherweise hohen (dynamischen) Verschuldungsgrad bedingten – hohen finanziellen Risiko (Leverage) ein entsprechend geringes operatives Risiko gegenübersteht. Nur so kann eine nicht tragfähige Risikokumulierung vermieden werden. Im Einzelnen können folgende typische Erfolgsfaktoren für Akquisitionsfinanzierungen festgehalten werden:

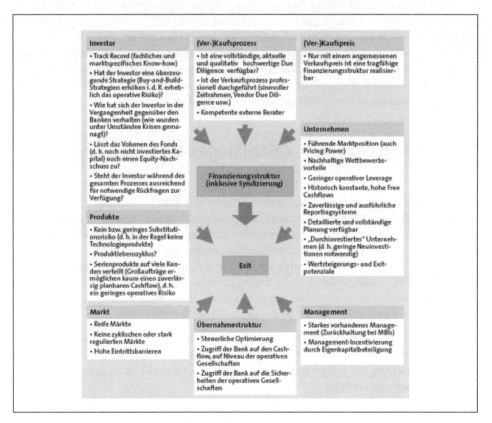

Quelle: Mittendorfer/Fotteler (2004), S. 240
Abbildung 26: *Erfolgsfaktoren eines LBO*

In der Praxis sind nur selten alle Bedingungen vollständig erfüllt. Daher ist es von großer Bedeutung, Suboptimalitäten auf der operativen Seite des Unternehmens (sofern sie überhaupt zu tolerieren sind) mit einer geringeren finanziellen Belastung des Unternehmens über einen entsprechend niedrigeren Kaufpreis bzw. eine für LBOs konservative Finanzierungsstruktur auszugleichen. Im Zweifel sollte man bei der Festlegung der Finanzierungsstruktur eher zu konservativ als zu aggressiv vorgehen.

Im Folgenden werden einige der wesentlichsten typischen Erfolgsfaktoren erläutert.[68]

4.1   Erfolgskriterium: attraktiver Markt

Von einem „attraktiven Markt" spricht man, wenn es sich um (auch technologisch) ausgereifte, stabile Märkte (typischerweise im Ausklang nach einer starken Wachstumsphase) handelt, auf denen sich nur einige wenige Wettbewerber durchgesetzt haben (oligopole Märkte) und auf denen die Unternehmen aufgrund hoher Markteintrittsbarrieren, geringer bzw. fehlender Substitutionskonkurrenz und nicht vorhandener Abhängigkeiten auf der Kunden- bzw. Lieferantenseite sowie einem moderaten Marktwachstum in der Lage sind, nachhaltig stabile und hohe Erträge und FCFs zu erzielen. Darüber hinaus sollte es sich um (weitgehend) konjunkturunabhängige Märkte handeln, die zudem keinen (wesentlichen) regulativen Risiken (z.B. einem Liberalisierungsschub in stark reglementierten Märkten) ausgesetzt sind.

4.2   Erfolgskriterium: LBO-fähiges Unternehmen

Innerhalb eines attraktiven Marktes sollte der Übernahmekandidat idealerweise ein Marktführer mit hervorragendem Namen (Branding) sein, aufgrund seiner Alleinstellungsmerkmale gegenüber den Mitbewerbern eine herausragende Stellung einnehmen und zudem seine hohe Ertragskraft auch für eine hochmoderne Geschäftsausstattung bzw. neuartige Anlagen verwendet haben, sodass auf absehbare Zeit keine (bedeutsamen) Neuinvestitionen notwendig sein werden. Sehr wichtig ist auch ein geringer operativer Leverage, d.h. geringe Auswirkungen von Umsatzrückgängen auf das Betriebsergebnis. Dies wird insbesondere bei einem relativ geringen Anteil der Fixkosten an den Gesamtkosten möglich.

Zudem sollte für die Minimierung des operativen Leverage eine absatz- wie auch einkaufsseitige preispolitische Verhandlungsmacht (Pricing Power) vorhanden sein, die entscheidend zur Aufrechterhaltung des Rohertrags bzw. der Rohertragsmarge (Gross Margin) bei schwierigen Marktbedingungen beiträgt.

---

[68] Vgl. dazu auch Mittendorfer (2005a).

4.3   Erfolgskriterium: Wertsteigerungs- und Exit-Potenzial

Von besonderer Wichtigkeit für ein LBO-Projekt ist nicht nur ein guter Geschäftsverlauf nach dem Buy-out, sondern die Realisierung des eigentlichen Ziels eines LBOs, d.h. ein erfolgreicher Exit. Erst durch den erfolgreichen Verkauf des Unternehmens können die Finanzinvestoren und das Management eine risikoangemessene Rendite auf ihr eingesetztes Kapital erzielen.

Ein Zielunternehmen für einen LBO sollte daher nicht nur für einen bestimmten Käufer, sondern für eine Vielzahl potenzieller Käufer (Konkurrenten, Finanzinvestoren) interessant sein. Idealerweise sollte ein Börsengang potenziell in Frage kommen und das Unternehmen viele Ansätze für wertsteigernde Maßnahmen aufweisen, um den Exit-Erlös maximieren zu können.

Zwar kann eine Akquisitionsfinanzierung auch ohne Wertsteigerungen und frühzeitigem Exit gut funktionieren – jedoch kürzen vorzeitige erfolgreiche Exits die durchschnittliche Laufzeit der Kredite und verringern damit das Ausfallrisiko. Zudem bedeutet eine Wertsteigerung immer auch eine bessere Absicherung des Kredits.

Vor allem bei sehr kleinen Mittelständlern, in unattraktiven Märkten und/oder solchen ohne Alleinstellungsmerkmal, sind die Exit-Voraussetzungen nicht oder nur sehr eingeschränkt gegeben. Dies ist ein Grund für die unterentwickelte MBO-Aktivität in diesem Marktsegment. Das Erfolgskriterium eines attraktiven Exit-Kandidaten ist daher von nicht zu unterschätzender Bedeutung.

4.4   Erfolgskriterium: erfahrenes, kompetentes und motiviertes Management

In der Branche bzw. mit Leitungsfunktionen erfahrene, erfolgreiche und – über das Miteigentum und weitere Anreizmechanismen sowie den Druck aus der hohen Verschuldung im Zuge eines LBOs – incentivierte bzw. motivierte Manager sind ein, wenn nicht der zentrale Erfolgsfaktor für einen LBO. Bei Familienunternehmen stößt man in der Praxis mitunter auf das Problem einer (insbesondere auch aus Sicht des Alteigentümers) fehlenden geeigneten zweiten Führungsebene.

Es ist daher nicht völlig überraschend, dass nach einer MBO-Studie von FINANCE und der Deutschen Beteiligungs AG aus dem Jahre 2002 nur in 2 Prozent aller dabei untersuchten deutschen MBOs die Initiative zum Verkauf vom Alteigentümer ausgeht. Auch aus Sicht der Hälfte der Finanzinvestoren gilt bei Familienunternehmen nach den Ergebnissen derselben Untersuchung die Qualität des Managements nur als befriedigend. Bei rund einem Drittel der LBOs wurde daher das bestehende Management um neue Kräfte in der Geschäftsführung und im Bereich der Finanzen ergänzt.

4.5   Erfolgskriterium: Track Record des Finanzinvestors

Erprobte und zugleich erfolgreiche Finanzinvestoren sind typischerweise die besten Partner für das Management. Vor allem die Erfahrung im Meistern von Problemen bzw. Krisen und das Know-how bei der Strukturierung von Transaktionen und Exits sind für die Manager ein wichtiger Mehrwert, den Finanzinvestoren beisteuern können.

Da das Zusammenspiel zwischen Finanzinvestor und Management ein Schlüsselfaktor für das Gelingen eines MBOs ist, sollten für das Management bei der Auswahl des Finanzinvestors neben rein monetären Kriterien und dessen Track Record auch Soft Facts wie die „Chemie" eine wichtige Rolle spielen. Der partnerschaftliche Umgang lässt sich nur schwer bis überhaupt nicht durch festgeschriebene Spielregeln (z.B. im Gesellschaftervertrag) festlegen.

4.6   Erfolgskriterium: angemessener Kaufpreis

Ein gutes Unternehmen ist noch lange kein gutes Investment, der Unternehmenswert ist in der Regel nicht identisch mit dem Kaufpreis, der das Ergebnis eines Verhandlungsprozesses ist. Deshalb kommt der Angemessenheit des Kaufpreises und damit zusammenhängend der Finanzierungsstruktur eine überaus große Bedeutung für das Gelingen eines jeden LBOs zu. In der Praxis werden hierbei häufig die größten Fehler gemacht. So werden bei Auktionen nicht selten überhöhte Kaufpreise gezahlt, wodurch ein Misserfolg für Finanzinvestor und Management (Winner's Curse) bereits vorprogrammiert ist.

Der Unternehmenswert und die Bedienbarkeit von Schulden ergeben sich aus den erwirtschaftbaren freien Cashflows. Beides muss daher auf der Basis von Planungsrechnungen bestimmt werden. Der Unternehmenswert wird in der Praxis in der Regel mithilfe der Discounted-Cashflow-Methode (DCF) bestimmt, die Heranziehung von branchenüblichen Transaktions- und Trading-Multiples ergänzt diese Bewertungsmethode im Sinne einer Plausibilitätskontrolle; häufig ist allerdings eine umgekehrte Vorgangsweise anzutreffen. In der Praxis der Ermittlung der Unternehmenswerte mittels DCF und/oder Multiple-Verfahren kommt der Bestimmung der Höhe der vom Kaufpreis abzuziehenden (zinstragenden) Verbindlichkeiten (insb. Pensionsverbindlichkeiten, Leasingverbindlichkeiten) eine überragende Bedeutung zu.[69] Die finanzierenden Banken ermitteln gemeinsam mit dem Investor und dem Management auf der Basis ihrer eigenen Planungsrechnung mittels Szenario-Analysen die Fremdkapitalstruktur, die zur ergänzenden Kaufpreisfinanzierung herangezogen wird.

---

[69] Vgl. zu dieser oft komplexen Thematik im Zusammenhang mit Multiplikator-Verfahren z.B. den Beitrag von Günter Schmitt (4.1. und 4.2.) in Krolle/Schmitt/Schwetzler (2005).

Eine zu hohe Verschuldung würde für das Unternehmen eine (unter Umständen gar existenz-bedrohende) Zukunftsbürde bedeuten, ein zu hoher Eigenmittelanteil würde wiederum die Renditeaussichten für den Finanzinvestor von vornherein zunichte machen. Daher gibt es relativ klare Grenzen für den maximal zu zahlenden Kaufpreis, die nur in Ausnahmefällen überschritten werden sollten. Gleiches gilt für die maximale Verschuldung bei LBOs (siehe unten).

Die Akquisitionsfinanzierung sollte grundsätzlich nicht auf Ertragsverbesserungen angewiesen sein, die sich in vielen Fällen nicht einstellen. Kaufpreise von mehr als 8 bis 10 × EBIT(A), die in der Praxis immer wieder anzufinden sind (der europäische Durchschnitt aller LBOs betrug in 2005 laut S&P-Statistiken ca. 8 x EBITDA und eben *nicht* – wie erfahrungsgemäß besser – 8 x EBIT bzw. EBITA), sollten daher mit sehr hohen Eigenmittelanteilen ausgestattet sein.

Bei hohen Eigenmittelquoten ist es wiederum für die Finanzinvestoren sehr schwer, Mindest-renditen (auf Basis der IRR) von 25 bis 30 Prozent und mehr zu erreichen. Wenn der Finanz-investor seine Ziele nicht mehr erreichen kann, könnte für den Akquisitionsfinancier ein Zusatzrisiko entstehen.

4.7 Erfolgskriterium: optimale Übernahmestruktur

Neben der für Banken wie für Finanzinvestoren grundsätzlich gleichermaßen wichtigen steu-erlichen Optimierung der Übernahmestruktur für den LBO gibt es bei der Ausgestaltung der Übernahmestruktur für die die Fremdmittel bereitstellenden Banken zwei weitere Hauptthe-men (Zugriff auf den operativen Cashflow und auf die Sicherheiten der operativen Gesell-schaften), die in Kapitel 5.1. und 5.2 aufgrund ihrer sehr hohen Bedeutung näher behandelt werden. An dieser Stelle sei nur kurz auf die wichtigsten steuerlichen Ziele von LBO-Übernahmestrukturen näher eingegangen.[70]

Während der Verkäufer einen möglichst hohen Erlös nach Steuern anstrebt und dies in der Regel am besten mit einem Share Deal erreicht, sind die wesentlichen steuerlichen Ziele[71] der Käufer die folgenden fünf:

■ Umsetzung von Anschaffungskosten in ertragssteuerlich wirksame Betriebsausgaben bzw. Abschreibungsmasse (Goodwill und Asset Step-up)

■ Steuerliche Abzugsfähigkeit der Finanzierungskosten (Zinsen) aus der Akquisitionsfinan-zierung (inklusive Gesellschafterdarlehen) durch Verrechnung der Finanzierungskosten mit dem operativen Ergebnis der Zielgesellschaft (Internalisierung von Finanzierungskosten)

---

[70] Vgl. dazu und zum unmittelbar folgenden die sehr gute Zusammenfassung bei Thomas (2005 und 2006) sowie allgemein zur steuerlichen Seite von Unternehmensakquisitionen Schaumburg (2004) und zuletzt etwa Holzapfel/Pöllath (2005), S. 109 ff.

[71] Zu weiteren Zielen und der steuerlichen Optimierung vgl. auch Ashurst (2006a), S. 77 ff.

■ Nutzung von etwaigen Verlustvorträgen des Zielunternehmens

■ Minimierung steuerlicher Transaktionskosten (in Deutschland: vor allem der Grunderwerbsteuern und der Vorsteuer auf Transaktionskosten) und

■ Vorbereitung eines steuergünstigen Exits bereits im Erwerbszeitpunkt

Für die steuerlichen Konsequenzen eines Unternehmenskaufs kommt es entscheidend auf die Klassifikation der Transaktion an, die entweder

■ die Veräußerung von Anteilen an Kapitalgesellschaften (Share Deal) oder

■ die Veräußerung von Betriebsvermögen oder Anteilen an Personengesellschaften (steuerlicher Asset Deal) sein kann.

Betrachtet man den Grad der Zielerreichbarkeit in Abhängigkeit von der steuerlichen Transaktionsart, so können folgende allgemeine Aussagen getroffen werden:

	Steuerlicher Asset Deal	Share Deal
Step-up	++	–
Internalisierung von Finanzierungskosten	++	+
Nutzung von Verlustvorträgen	–	+
Minimierung steuerlicher Transaktionskosten	–/+	+

++ besonders gut erreichbar
+ gut erreichbar (bzw. gut gestaltbar)
– schlecht erreichbar
Quelle: Eigene Darstellung
Tabelle 3: *Erreichbarkeit der steuerlichen Ziele in Abhängigkeit von der Transaktionsart*

Wie aus Tabelle 3 ersichtlich ist, wäre aus steuerlicher Sicht des Käufers ein Asset Deal zu bevorzugen. Dieser kommt allerdings in der Praxis wegen der steuerlichen Konsequenzen für den Verkäufer selten vor. Folglich wird hier nur auf den praktisch wichtigeren Fall des Share Deals vor dem Hintergrund des deutschen Steuerrechts kurz eingegangen.

Seit der Einführung des Halbeinkünfteverfahrens und der Änderung des Umwandlungssteuergesetzes ist die Transformation von steuerlich unwirksamen Anschaffungskosten in ertragssteuerlich nutzbare Abschreibungsmasse (Step-up) grundsätzlich nicht mehr möglich; auch die gelegentlich diskutierten Lösungsansätze (KGaA-Modell; Downstream-Merger-Modell) sind zumindest risikobehaftet und daher (zumindest derzeit) laut herrschender Meinung keine verlässliche Lösungsalternative.

Dagegen lässt sich der steuerlich wirksame Abzug der Zinsen auf die Akquisitionsfinanzierung auch im Rahmen eines Share Deals durch verschiedene Maßnahmen weitestgehend[72]

---

[72] Gemäß § 3 Abs. 1 EStG i.V.m. § 8b Abs. 5 KStG sind die Fremdfinanzierungskosten auf Darlehen zum Erwerb von Anteilen an Kapitalgesellschaften in Höhe von 5 Prozent der entgangenen Dividenden und Veräußerungsgewinne nicht abzugsfähig. Wird allerdings die Gewinnausschüttung in die Zukunft verlagert und fallen im Jahr des Zinsaufwandes keine steuerfreien Erträge an, so besteht sogar eine unbeschränkte Abzugsfähigkeit des Zinsaufwands der Erwerber- bzw. Kaufgesellschaft (NewCo).

erreichen, die allesamt auf eine Internalisierung der Finanzierungskosten hinauslaufen. Die dafür notwendige Verrechenbarkeit der Zinsausgaben der Erwerbergesellschaft mit positiven operativen Erträgen des Zielunternehmens kann insbesondere durch folgende Ansätze erzielt werden, die im konkreten Anlassfall auf ihre jeweilige Vorteilhaftigkeit zu überprüfen sind:

- Körperschaft- und gewerbesteuerliche Organschaft

- Formwechsel (der erworbenen Kapitalgesellschaft in eine Personengesellschaft)[73]

- Verschmelzung der Zielgesellschaft (Target) und der Erwerberkapitalgesellschaft (NewCo)

Für die in der Praxis wohl wichtigste Lösungsvariante der Organschaft genügt es, wenn die Organträgerin (Akquisitionsgesellschaft) die Mehrheit der Stimmrechte an dem Target (Organgesellschaft) zu Beginn des Wirtschaftsjahres der Organgesellschaft hält (finanzielle Eingliederung) und vor dessen Ende ein mindestens fünfjähriger Ergebnisabführungsvertrag abgeschlossen und im Handelsregister eingetragen wurde, in dem die Organschaft erstmals gelten soll. Deshalb ist häufig zweckmäßig, dass eine Umstellung des Wirtschaftsjahres des Targets dergestalt erfolgt, das dieses kurz nach Closing der Transaktion (d.h. der tatsächlichen Übertragung der Gesellschaftsanteile) endet.

Zudem kann bei einem Share Deal ebenso wie bei einem Asset Deal die weitestgehende oder komplette Abzugsfähigkeit der Zinsen auf Gesellschafterdarlehen erreicht werden, insofern die engen Grenzen der so genannten Safe-Haven-Bestimmungen des § 8a KStG eingehalten werden. Dies gilt insb. für die Einhaltung der Fremdkapital-Relation von 1:1,5 (siehe dazu auch Kapitel 5.2). Dieser Safe-Haven gilt jedoch nur, wenn die Höhe der Zinsen nicht vom Umsatz oder anderen Ertragszahlen abhängig ist.

4.8 Erfolgskriterium: tragfähige Finanzierungsstruktur

In der Praxis wird, wie erwähnt, nicht selten neben zu hohen Kaufpreisen auch eine zu hohe Verschuldung in Kauf genommen. Um einen ausgewogenen Chancen-Risiken-Ausgleich zwischen Eigenkapital- und Fremdkapitalgeber zu gewährleisten, sollte der Eigenmittelanteil der Kaufgesellschaft im Durchschnitt mindestens ein Drittel des Kaufpreises, bei kleineren LBOs typischerweise mindestens 40 Prozent betragen. Als Indikator für die Angemessenheit der Finanzierungsstruktur wird in der Praxis in aller Regel auf das Ausmaß des Leverage abgestellt, der wiederum fast ausschließlich aus dem Verhältnis Total Net Debt zu EBITDA bzw. Senior Net Debt zu EBITDA abgeleitet wird.

Allen methodologischen Bedenken zum Trotz gibt es für die Akquisitionsfinanzierung bzw. allgemein für die Finanzierung im Bereich des Sub Investment Grade (Rating: BB+ und schlechter) derzeit aus Sicht des Marktes keine echte Alternative zum fast exklusiven Maß-

---

[73] Hier werden die Finanzierungskosten bei Ermittlung der dem Gesellschafter zuzuweisenden Einkünfte als Sonderbetriebsausgaben abgezogen.

stab EBITDA. Sogar im Investment Grade Bereich wird immer häufiger auf diesen Maßstab für die Unternehmens- und M&A-Finanzierung abgestellt. Dies gilt sowohl für die Beurteilung der allgemeinen Aggressivität der Finanzierung als auch für die immer wichtiger werdenden Finanzkennzahlen in Form von Financial Covenants, an deren Einhaltung weitreichende Konsequenzen geknüpft werden (Covenant-Verletzungen führen zu Events of Default mit Kündigungsrecht für die Kreditgeber; dieser wird allerdings nur recht selten tatsächlich in Anspruch genommen). Auch für das Pricing werden nicht nur im Bereich Leveraged Finance, wo dies bereits seit langem die Norm ist, sondern immer häufiger auch im Bereich Investment Grade auf EBITDA basierende Finanzkennzahlen (Verschuldungsgrad bzw. Leverage und Zinsdeckungsgrad bzw. Interest Cover) für Margenanpassungen (Margin Grid bzw. Margin Ratchet) herangezogen.

Dieser in der Praxis beinahe schon allgegenwärtigen Verwendung stehen nicht unerhebliche methodische Einwände gegen diese Kenngröße gegenüber.[74] Ganz generell ist der Haupteinwand, dass das EBITDA nicht, wie gelegentlich unterstellt, mit dem operativen Cashflow oder gar mit dem freien Cashflow (vgl. zu diesem die Definition in 1.1) gleichgesetzt werden kann. Vor allem ist die Cash Conversion Ratio zwischen EBITDA und dem eigentlich für die Finanzierung bzw. Finanzierbarkeit entscheidenden Maßstab des freien Cashflow von Unternehmen zu Unternehmen höchst unterschiedlich, so dass Vergleiche von EBITDA-Verschuldungs-Multiples zwischen Unternehmen im Allgemeinen, branchenfremden Unternehmen im Besonderen von vorneherein stark hinken.

Bereits im Jahre 1989 wurden die Mängel der damals neuen Investmentbanking-Benchmark EBDIT (entspricht abgesehen von den Amortizations dem EBITDA) vor dem Hintergrund eines völlig überhitzten LBO-Kreditmarktes von Investmentguru Warren Buffett im Annual Report seiner Berkshire Hathaway Inc. schonungslos aufgezeigt. Zusammenfassend hielt er damals folgendes fest: „To induce lenders to finance even sillier transactions, they (gemeint waren die Investment Banker) introduced abomination, EBDIT – Earnings Before Depreciation, Interest and Taxes – as the test of a company's ability to pay interest. Using this sawed-off yardstick, the borrower ignored depreciation as an expense on the theory that it did not require a current cash outlay. Such an attitude is clearly delusional. At 95 Prozent of American businesses, capital expenditures that over time roughly approximate depreciation are a necessity and are every bit as real an expense as labor or utility costs ... Our advice: Whenever an investment banker starts talking about EBDIT – or whenever someone creates a capital structure that does not allow all interest, both payable and accrued, to be comfortably met out of current Cashflow net of *ample capital expenditures* – zip up your wallet."

Moody's war es mit einer Analyse aus dem Jahre 2000 vorbehalten, die Kritik am Maßstab EBITDA ca. ein Jahrzehnt später nicht nur theoretisch fundiert, sondern vor allem empirisch abgesichert in dem Artikel „Putting EBITDA in Perspective: Ten Critical Failings of EBITDA as the Principal Determination of Cashflow" abzurunden. Von besonderer Bedeutung sind in diesem Zusammenhang die darin publizierten Ergebnisse einer empirischen Untersuchung, in der die 1999 in Zahlungsschwierigkeiten (bzw. Payment Defaults) geratenen 51 US-Unter-

---

[74] Vgl. zum Folgenden Mittendorfer (2005b).

nehmen mit langfristigen, am Kapitalmarkt gehandelten Fremdmitteln (Unternehmensanlei-
hen) untersucht wurden. Diese Unternehmen wiesen im Durchschnitt drei Jahre vor dem
Event of Default noch eine Zinsdeckung (EBITDA/Zinsaufwand) von 1,9 auf, während die
Zinsdeckung bei Berücksichtigung des laufenden Investitionsaufwandes (EBITDA minus
Capital Expenditures dividiert durch den Zinsaufwand) bereits bei Null lag.

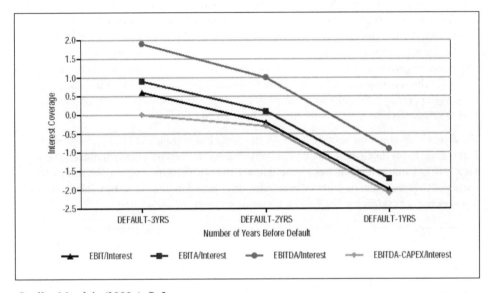

Quelle: Moody's (2000a), S. 5
Abbildung 27: *Interest Coverage Before Default*

Die Referenzgröße „EBITDA minus Capex" bzw. das sog. Cash EBIT ist folglich nicht nur
der theoretisch (weil näher am freien Cashflow), sondern auch der empirisch bessere Maßstab
für die Angemessenheit einer Finanzierungsstruktur. Um die jährlichen Schwankungen zu
berücksichtigen, empfiehlt sich eine Normalisierung der Capex im Sinne eines Durchschnitts-
werts über die übliche Laufzeit der Amortisationskredite bei LBOs von sieben Jahren. Diese
als Normalized Cash EBIT (NCE) bezeichenbare Kenngröße erweist sich in der Praxis als
wesentlich besserer Indikator für die Tragbarkeit einer LBO-Finanzierungsstruktur als das
EBITDA.[75]

---

[75] In der Praxis wird von einigen Banken – ergänzend zu EBITDA – auch die so genannte Cash Conversion
Ratio (CCR) – definiert als CCR = Free Cashflow/EBITDA – herangezogen, um das Ausmaß des Leverage
zu determinieren. Dabei wird z.B. das EBITDA mit der durchschnittlichen CCR der Planungsperiode (Ave-
rage Cash Conversion Ratio bzw. ACCR) gewichtet (d.h. multipliziert) und der Ausgangsverschuldung ge-
genübergestellt, wodurch folgende Verhältnisrelation entsteht: Total Net Debt/(EBITDA × ACCR). Hierbei
zeigt sich, dass diese (theoretisch zutreffenderen) Leveragewerte kaum mit den auf Basis nur des
Debt/EBITDA-Verhältnisses bestimmten Leveragewerten korrelieren. Dies ist ein weiteres Argument gegen
das bloße Abstellen auf das EBITDA, zumal die unter Heranziehung der CCR ermittelten Leverageaus-
gangswerte empirisch einen deutlich besseren Indikator für die Ausfallswahrscheinlichkeit von LBOs abgeben, als dies beim traditionellen Debt/EBITDA-Maßstab der Fall ist.

Mit normalisierten Investitionsausgaben (Capex) ist ein Durchschnittsinvestitionsvolumen zur Aufrechterhaltung des aktuellen Ertrags- bzw. EBITDA-Niveaus über die übliche Laufzeit der Amortisationskredite bei LBO-Finanzierungen von sieben Jahren gemeint. Aus Vorsichtsgründen sollte im Normalfall dieser Wert idealtypisch als Durchschnittsgröße der Werte der drei Jahre vor dem Buy-out, des laufenden Jahres und der ersten drei Jahre nach dem Buy-out berechnet werden. Nur im Falle eines Strukturbruchs bei den Investitionsausgaben (d.h. bei einem Investitionsstau oder umgekehrt bei einem völlig neu investierten Unternehmen) sollte der Durchschnitt über die sieben ersten Planjahre errechnet werden. Zudem sollten die diskretionären, reinen wachstumsbedingten Capex aus der Ermittlung der Normalized Capex herausgerechnet und so eine Normalized Run-Rate-Capex (d.h. Investitionsausgaben zur Aufrechterhaltung des aktuellen Ertragsniveaus) ermittelt werden: Eine finanzierende Bank sollte gerade nicht auf Ertragssteigerungen angewiesen sein, vielmehr gilt es, das Ausmaß der Aggressivität einer Finanzierung zu bestimmen.

Bei einem Wert von 4 bis höchstens 4,5 für das Verhältnis Senior Net Debt/Normalized Cash-EBIT und 5 bis höchstens 6 für das Verhältnis von Netto-Gesamtschulden (Total Net Debt)/NCE kann bei guten bzw. sehr guten LBO-Kandidaten eine Finanzierungsstruktur dargestellt werden, die zu einer (weitestgehenden) Entschuldung in sieben Jahren ohne die Voraussetzung zusätzlicher Ergebnisverbesserungen führt.

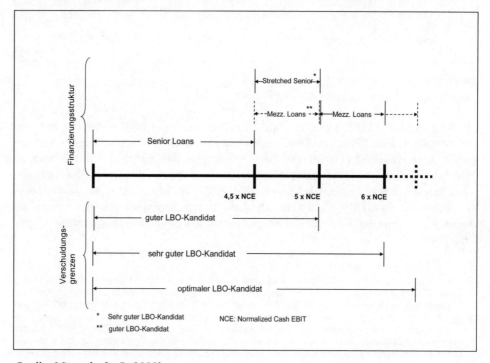

Quelle: Mittendorfer R. 2005b
Abbildung 28: *Leveragekontinuum für LBOs*

Im unteren Segment (d.h. bei Unternehmenswerten unter 50 Mio. Euro) des Smaller Midcap-Marktes (der Unternehmenswerte in einer Bandbreite von 15 bis 125 Mio. Euro umfasst) kann es aufgrund der mit der Kleinheit verbundenen im Allgemein ceteris paribus geringeren operativen Stabilität von vornherein angebracht sein, ein Total-Net-Debt/NCE-Verhältnis von max. 5 bis 5,5 bzw. Senior-Net-Debt/NCE-Verhältnis von max. 4 anzustreben. Im Large-cap-Markt sind dagegen aufgrund der meist größeren Stabilität der Unternehmen und der höheren Liquidität der Akquisitionsfinanzierungskreditmärkte anstelle der Richtwerte 4,5 und 6 grundsätzlich um 0,5 höhere Richtwerte von 5 x NCE bzw. 6,5 x NCE gerechtfertigt.

Bei *All-Senior-Transaktionen*, d.h. LBOs ohne Mezzanine, kann als Faustregel zu den angegebenen Richtwerten für das Senior Debt über alle Größenkategorien stets ein Zuschlag von 0,5 x NCE (als Äquivalent für den Wegfall der Zinsbelastung aus der Mezzanine-Finanzierung) argumentiert werden. Folglich ergibt sich damit bei den All-Senior-Larger-Midcap-Transaktionen ein Richtwert von 5,0 x NCE, bei All-Senior-Largecap-LBOs von 5,5 x NCE.

Der Unterschied zwischen einem sehr guten und einem guten LBO Kandidaten ist ein fließender: Sehr gute LBO Kandidaten sind jene, bei denen beinahe alle Erfolgsfaktoren der Akquisitionsfinanzierung erfüllt sind, gute dagegen sind jene, bei denen diese Erfolgskriterien mehrheitlich eindeutig erfüllt sind. Optimale LBO Kandidaten, bei denen auch Verschuldungsmultiples von Total Net Debt/NCE > 6 (bzw. 6,5 bei Largecap-LBOs) darstellbar sind, weisen ausnahmslos alle Erfolgsfaktoren einer Akquisitionsfinanzierung auf und sind daher sehr selten anzutreffen.

Ergänzend zu diesen zentralen sollten noch folgende *Rules of Thumb* herangezogen werden. Dabei ist folgender Hintergrund zu beachten: Es gibt keine theoretisch richtige Verschuldungsstruktur, vielmehr ist die Risikobereitschaft hinsichtlich Ausfallwahrscheinlichkeiten (Risk Tolerance) bzw. der Ertrags-Risiko-Zusammenhang entscheidend.[76]

Grundsätzlich sollte – vor dem Hintergrund der erzielbaren Margenstrukturen und eines für Banken sinnvollen Ertrags-Risiko-Zusammenhangs – ein BB-Rating mit der Finanzierungsstruktur erzielbar sein. Bei B-Ratings vervielfacht sich gegenüber BB-Ratings die Ausfallswahrscheinlichkeit,[77] ohne dass dies in Europa im Gegensatz zu den USA bisher zu entsprechenden Anpassungen in der Fee- bzw. Margenstruktur führt.

---

[76] Vgl. dazu auch Bruner (2004), S. 421 und das gesamte Kapitel 13.

[77] Laut einer Untersuchung von Moody's (Moody's Investors Service, Default and Recovery Rates of European Corporate Bond Issuers: 1985 bis 2005, Special Comment, March 2006) betrug die kumulative Wahrscheinlichkeit von Zahlungsstörungen in Europa für den Zeitraum 1985 bis 2005 im Single-B-Bereich in den ersten fünf Jahren das ca. Vier- bis Siebenfache derjenigen im BB-Bereich (nach fünf Jahren z.B. ca. das Siebenfache).

Daher sollten zumindest bei den Akquisitionsfinanzierungen von Midcap-LBOs insb. folgende Benchmarks erreicht werden:

■ Zinsdeckung:
EBITDA/Zinsaufwand $\geq$ 3 (BB Median: 3,9 vs. 6,3 bei BBB)
EBIT/Zinsaufwand $\geq$ 2 (2 = Durchschnittswert bei BB-)
(BB Median: 2,5 vs. 4,1 bei BBB)

    – (bei Durchschnittszins von 8 Prozent):
      Total Debt $\leq$ 6 x EBIT (genauer 6,25) oder Ø $\leq$ 4 x EBITDA
    – Bei Total Debt $\leq$ 6 x EBIT(A) ist eine weitgehende Entschuldung ohne Ergebnisverbesserung in spätestens sieben Jahren möglich.

■ Ganz generell sollte die vorgesehene Entschuldung nicht von einer Ergebnisverbesserung abhängen; diese ist das Upside für den Investor, auf dessen Realisierung eine Bank nicht angewiesen sein sollte, da sie dafür (abgesehen von allfälligen Warrants bzw. Equity-Kickern bei Mezzanine) auch nicht bezahlt wird.

■ Erreichen eines Investment Grade Ratings nach spätestens fünf (= grundsätzlich planbarer Bereich bei den LBO-fähigen Unternehmen) Jahren (ab dann bestünde kein Refinanzierungsrisiko mehr) und daher (siehe die oben angegebenen typischen Interest Cover)

■ Halbierung der Verschuldung nach spätestens fünf Jahren und folglich

■ 70 Prozent Anteil an Amortisationskrediten an der Senior- bzw. Gesamt-Verschuldung

In der aktuellen LBO-Praxis werden diese empirisch erprobten wie z.T. theoretisch fundierten Prinzipien im Largecap- und im Larger Midcap-LBO in Europa weitgehend nicht beachtet. Dies ist aus unserer Sicht bei den Larger Midcap-LBOs besorgniserregend, bei den Largecap-LBOs kann dagegen aufgrund der im Allgemeinen größeren Stabilität und der deutlich höheren Liquidität der Akquisitionsfinanzierungsmärkte ein teilweises Abweichen von diesen Faustregeln argumentierbar sein. So ist eine höherer Grad der Endfälligkeit der Akquisitionsfinanzierungen bei den Largecap-LBOs (meist über 50 Prozent, in Einzelfällen gar bis zu 100 Prozent) eher zulässig, als bei Midcap-LBOs.

Die Überliquidität im Markt, die Wettbewerbsintensität im Bankenmarkt und der gute Track Record führen vor dem Hintergrund historisch niedriger Zinsen und einer passablen Konjunkturentwicklung in Europa zu überaus aggressiven Finanzierungsstrukturen, die unseres Erachtens jedenfalls nicht über den nächsten Konjunkturzyklus hinweg aufrechterhaltbar sein werden. So stieg beispielsweise laut S&P der Total Debt Leverage auf Basis des Verhältnisses Total Debt/EBITDA-(laufende)Capex von 4,2 in 2003 auf 6,9 in 2004 und in den ersten zwei Monaten 2005 auf 7,3 (+74 Prozent im Vergleich zu 2003). Während in 2002 noch 39,1 Prozent der emittierten Leveraged Loans ein BB-Rating erzielten, sank dieser Anteil bereits bei den Neuemissionen in den drei Monaten 12/04 bis 2/05 nach Angaben von S&P auf 5,6 Prozent.

Trotz der schlechteren Bonität der Kredite sind ein allgemeiner Margenverfall und eine teilweise Verwässerung der (strukturellen) Schutzmechanismen für die (insb. Senior) Lender festzustellen. Die Finanzierungsstrukturen weisen eine eindeutige Tendenz zur Endlastigkeit der Finanzierung auf und nähern sich damit allmählich US-amerikanischen Verhältnissen an: In den USA kennt man bei LBOs kaum Amortisationskredittranchen (A-Tranchen), der Markt wird durch endfällige Kredittranchen (Institutional Tranches) und folglich durch Institutionelle Investoren[78] dominiert (75 bis 80 Prozent; der Bankenanteil an LBO-Finanzierungen ist unter 20 bis 25 Prozent).

Auch in Europa ist der Vormarsch der Institutionellen Investoren ungebrochen, wie aus Abbildung 29 über die Entwicklung der Zahl der Institutionellen Investoren und der von ihnen verwalteten Investment-Vehikel ersichtlich ist:

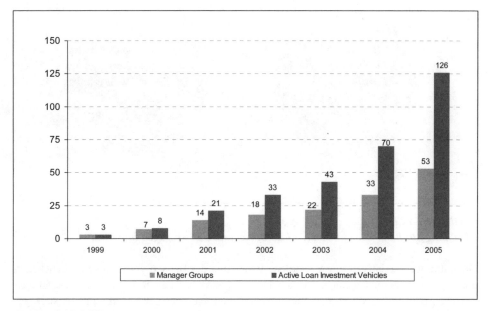

Quelle: S&P LCD
Abbildung 29: *Entwicklung der Zahl der Institutionellen Investoren und Investment-Vehikel in Europa*

Die Zahl der Investoren hat sich seit Ende 1999 fast verzwanzigfacht, die Zahl der Investment-Vehikel ist um Faktor 40 gewachsen.

Der Anteil der Institutional Tranches (B-, C-, D-Loans usw.) hat sich von 11,4 Prozent in 1999 auf 43,4 Prozent bereits im Februar 2005 beinahe vervierfacht, insb. CDOs bzw. CLOs (laut S&P Marktanteil von ca. 70 Prozent am Markt der Institutionellen LBO-Investoren in Europa), zunehmend aber auch Credit Funds (Marktanteil in 2005 ca. 22 Prozent) prägen die aktuelle Institutionelle Investorenlandschaft im LBO-Kreditmarkt.

---

[78] Allerdings gibt es bereits mit „Harbourmaster Pro-Rata 1 BV" den ersten Pro-Rata-CLO, das Fundraising wurde im Juli 2006 mit einem Fondsvolumen von 850 Mio. Euro abgeschlossen.

Diese Entwicklung manifestiert sich in der geänderten relativen Bedeutung der Finanzierungsschichten, die sich allmählich US-Verhältnissen (d.h. Dominanz endfälliger Finanzierungen auf Kosten amortisierender Kredite) annähert:

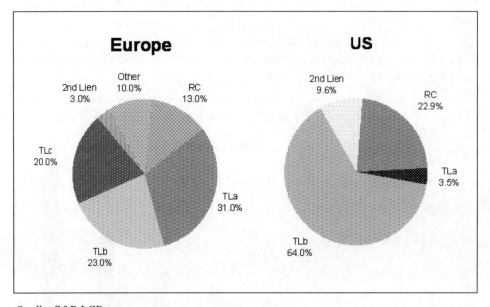

Quelle: S&P LCD

Abbildung 30: *Bank Loan Structure of European and US Leveraged Buy-outs[79] in 2005*

Die mittlerweile relativ gering gewordene Bedeutung der Banken vorbehaltenen Tranchen A
und Revolver (bereits weniger als die Hälfte) gegenüber den insitutionellen, endfälligen
Tranchen B und C sowie Second Lien Loans[80] zeigt, dass der LBO-Markt auf das stark ge-
stiegene Interesse der Institutionellen Investoren an Akquisitionsfinanzierungen reagiert hat.
Bei einzelnen Transaktionen (wie beim Secondary Buy-out des Waschstraßenbetreibers Imo
Car Wash) sind sogar ausschliesslich endfällige Strukturen anzutreffen.

In 2005 konnten daher die Institutionellen Investoren und die Credit Hedge Funds ihren
Marktanteil am Leveraged Loan Primärmarkt laut S&P von 25,2 Prozent auf 40,3 Prozent re-
spektive von 2 auf 9 Prozent erhöhen (dieser Trend dürfte in 2006 anhalten). Diese rasante
Zunahme des Anteils an Institutionellen Investoren am europäischen Markt für Leveraged
Loans zeigt Abbildung 31.

---

[79] Beinhaltet u.a. Bridge Loans, Capex, Acquisition, Restructuring und Guarantee Facilities.
[80] Zu den institutionellen Tranchen vgl. Abschnitt 7.4, zu den Second Liens Abschnitt 7.5.

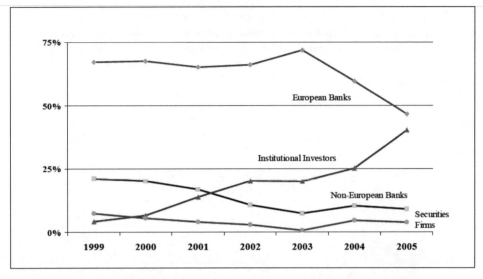

Quelle: S&P LCD
Abbildung 31: *Entwicklung des Anteils der Institutionellen Investoren am europäischen Markt für Leveraged Loans*

Angesichts der dargelegten Überhitzung des Akquisitionsfinanzierungsmarktes bleibt zu hoffen, dass die unausweichliche Rückkehr zum Common Sense nicht allzulange auf sich warten lässt und für die betroffenen Banken und Institutionellen Investoren nicht allzu schmerzhaft sein wird (letzteres wäre bei einer immer möglichen Rezession bzw. einer drastischen Zinserhöhung in Europa in den nächsten Jahren unvermeidbar).

Die Abkehr vom EBITDA als (de facto) allein relevanter Finanzierungs-Benchmark und die verstärkte Hinwendung zu freien Cashflow nahen Benchmarks (in der Projektfinanzierung sind diese längst Standard) wie dem hier vorgeschlagenen NCE wäre ein möglicherweise auch dauerhaft wirksames Instrument der Prävention gegen künftige Verzerrungen und Irrationalitäten des Akquisitionsfinanzierungsmarktes. Dass derartige Verzerrungen nie ganz verhindert werden können, liegt in der Logik dieses Marktes, der einen an den berühmten Schweinezyklus erinnernden, scheinbar immer wiederkehrenden Leveragezyklus aufweist. Eine in diesem Sinne stringent angewandte antizyklische Akquisitionsfinanzierungspolitik ist daher wohl für eine Bank der letztlich einzige Weg, „irrational exuberance" in diesem Geschäftsfeld auch zum Kundennutzen zu vermeiden.

Wie sinnvoll die hier vertretene Befürwortung von eher konservativen LBO-Strukturen im Allgemeinen ist, zeigt auch die Erfahrung der letzten Jahre, in denen die Verschuldungsgrade (auf Basis Debt/EBITDA-Multiples) aus Risikogesichtspunkten von den hohen Niveaus von 1997 und 1998 sukzessive bis Ende 2002 drastisch zurückgegangen sind. So fiel laut S&P der durchschnittliche Senior-Debt/EBITDA-Multiple für globale LBOs (außerhalb des TMT-Sektors) von 1997 4,0 auf 2,5 in 2001, d.h. um 37 Prozent. Der durchschnittliche Total-

Debt/EBITDA-Multiple sank in demselben Zeitraum von 5,4 auf 3,7, also um 31 Prozent. Das zunehmende Interesse an Akquisitionsfinanzierungen, das auch durch die graduell verbesserte Wirtschaftslage im Jahre 2003 und die verbesserten Zukunftsaussichten nach 2003 begründet war, führte allerdings bereits im Verlauf des Jahres 2003 wieder zu einer Zunahme des Total-Debt/EBITDA-Multiples bzw. des Senior-Debt/EBITDA-Multiples im dritten Quartal 2003 auf 4,5 bzw. 3,0. In 2005 stiegen die entsprechenden Multiples bereits auf 5,2 bzw. 4,3.

Auch bei den europäischen Leveraged Loans und LBOs ist die Entwicklung der Leverageverhältnisse in ähnlicher Weise wie auf globaler Ebene erfolgt, wie folgende Darstellung verdeutlicht:

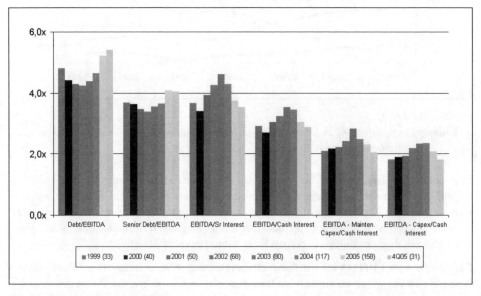

Quelle: Standard & Poor's LCD
Abbildung 32: *Leverageentwicklung bei europäischen Leveraged Loans*

So sank der Total-Debt/EBITDA-Leverage bei europäischen LBOs von 5,2 in 1997 auf 4,4 in 2002. Im Verlauf des Jahres 2003 stiegen die Multiples wieder deutlich an und erreichten in Q3 2003 mit 4,9 wieder das Niveau von 1999. Bereits im Januar 2005 übertraf der Total Debt/EBITDA Leverage bei europäischen LBOs mit 5,3 wieder den Höchstwert aus 1997 von 5,2. Im Gesamtjahr 2005 belief sich der Total Debt/EBITDA Leverage auf dem Rekordniveau von 5,2 aus dem Jahre 1997, im vierten Quartal 2005 stieg er sogar auf 5,4 und damit auf ein neues Rekordniveau.

Die Entwicklung der Kaufpreismultiples auf Basis des laufenden Pro-forma-EBITDA zeigt, dass eine positive Korrelation zwischen der Finanzierbarkeit und der Kaufpreishöhe besteht und insoweit der Akquisitionsfinanzierungsmarkt entscheidend für die Kaufpreisentwicklung bei LBOs ist. Das Durchschnittsnetto-EBITDA-Kaufpreis-Multiple[81] stieg in 2005 laut S&P auf knapp 8 (7,93) und übertraf damit den bisherigen Rekordwert von 1998 (7,81), nachdem es in 2003 bei nur 6,5 (6,48) lag.

Der europäische Buy-out-Markt bei Large Caps steuert scheinbar unaufhaltsam auf US-Verhältnisse hin; dies bedeutet im Ergebnis aggressive, stark endlastige und häufig extern geratete Finanzierungsstrukturen, die von den Institutionellen Investoren (in Term Loans B, C und D, Mezzanine-Tranchen und High Yield Bonds) dominiert werden. Die Fehler aus der jüngeren Vergangenheit könnten daher auch bei einem nächsten Konjunkturabschwung wieder zutage treten. Wie realistisch diese Gefahr ist, zeigt der zunehmende Anteil von Single B Transaktionen bei den (gerateten) europäischen LBOs, für die es im Gegensatz zu den USA trotz deutlich höherer Ausfallwahrscheinlichkeiten bis in die jüngste Vergangenheit nicht einmal höhere Risikomargen gab.

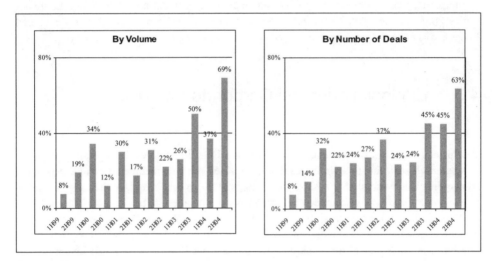

Quelle: S&P
Abbildung 33: *Anteile von Single B Transaktionen an allen European LBO Loans in Prozent*

Während noch im ersten Halbjahr 2003 weniger als ein Viertel der europäischen LBOs ein B-Rating aufwies, sind derzeit bereits ca. zwei Drittel der LBOs B gerated. Auf Volumenbasis beträgt der Anteil beinahe 70 Prozent, so dass heutzutage (nachdem sich dieser Trend in 2005 fortsetzte) Single-B geratete LBO die Norm und nicht mehr wie in den Jahren 1999 bis 2002 (eher) die Ausnahme sind. So waren laut S&P bereits 61,1 Prozent des (weitgehend mit dem LBO-Volumen identischen) Volumens an Leveraged Loans in 2005 im B-Bereich, während der Anteil der „BB"-gerateten Loans nur noch bei 17,5 Prozent lag. Auch bezogen auf die Anzahl der Transaktionen liegen B geratete Loans mit 52,2 Prozent bereits über der Hälfte,

---

[81] D.h. ohne Transaktionskosten.

während ihr Anteil in den Jahren 2000 bis 2003 bei ca. 20 bis 25 Prozent lag. Laut S&P[82] waren in 2005 bereits 72 Prozent aller Emittenten in ihrem Leveraged Loan Index Single B geratet, während dieser Anteil in 2004 nur bei 47 Prozent lag. Gemäß Statistiken von S&P ist im ersten Quartal 2006 bei den (neuen) gerateten Leveraged Loans ein B-Rating Standard geworden.

Im Gegensatz zu den USA, wo zwischen dem Pricing von BB-Transaktionen und B-Transaktionen ein Margengap von derzeit ca. 70 Basispunkten bzw. 0,7 Prozent besteht, gab es in Europa bis in die jüngste Vergangenheit keinen signifikanten Margenunterschied zwischen Senior Loans mit einem BB (i.d.R. BB-) und einem B (i.d.R. B+). Folglich ist neben der Risikoverschlechterung eine Ertrags-Risikoverschlechterung festzustellen, die – wie z.B. S&P klar feststellt – zu nicht risikoadäquatem Pricing bei den B gerateten LBOs führt. Eine Korrektur dieser auf Dauer nicht tragfähigen Ertrags- und Risikozusammenhänge und Finanzierungsstrukturen ist nur eine Frage der Zeit, erste Anzeichen dafür sind bereits im Laufe des Jahres 2005/Anfang 2006 festzustellen: So sind erstmals für Single B geratete Leveraged Loans etwas höhere Zinsmargen als für BB geratete Leveraged Loans festzustellen.

4.9   Erfolgskriterien bei Corporate Buy-outs

Die bislang für Akquisitionsfinanzierungen von LBOs angeführten Erfolgsfaktoren gelten grundsätzlich auch für strategische Käufer. Beim Kauf von Unternehmen durch Unternehmen ist allerdings ein wesentlicher zusätzlicher Erfolgsfaktor zu beachten: Der strategische, operative und kulturelle Fit zwischen den betreffenden Unternehmen. Je besser der Fit, desto höher die Synergien und desto geringer Integrationskosten und -probleme. Diese Thematik ist in der Theorie wie in der Praxis hinlänglich bekannt; folglich werden wir sie hier auch nicht näher erörtern. Sie wird aber in der konkreten Umsetzung bei Einzeltransaktionen immer wieder unterschätzt, d.h. Synergien, insb. die marktseitigen, werden meist überschätzt, die Integrationskosten und -probleme meist unterschätzt. Sirower[83] spricht in diesem Zusammenhang gar von einer „Synergy Trap". Der richtigen inhaltlichen und methodologischen Analyse der Synergien[84] kommt daher für den M&A-Erfolg eine überragende Bedeutung zu.

---

[82] Vgl. LCD Leverage Lending Outlook (2006).

[83] Vgl. Sirower (1997).

[84] Vgl. dazu u.a. Bruner (2004), Chapter 11.

5.   Grundstruktur einer Akquisitionsfinanzierung

Im Folgenden werden wir die wesentlichen Aspekte und Abläufe einer Akquisitionsfinanzierung zum Teil anhand fiktiver praxisnaher Fallbeispiele diskutieren.

5.1   Ausgangssituation

Im Zuge der Fokussierung auf die Kernkompetenz entschloss sich die Muttergesellschaft in
2004 zum Verkauf einer Tochtergesellschaft. Die Entwicklung wichtiger Finanzkennzahlen
des zu verkaufenden Unternehmens während der drei letzten Jahre ist in Tabelle 4 dargestellt.

Wichtige Finanzzahlen in EUR Mio.	2000	2001	2002	2003
Umsatz	205	210	216	220
Veränderung in %		2%	3%	2%
EBITDA	41	40	45	46
EBITDA in % vom Umsatz	20%	19%	21%	21%
EBIT	35	34	39	37
EBIT in % vom Umsatz	17%	16%	18%	17%
Free Cashflow	15	17	16	18

Quelle: Eigene Darstellung
Tabelle 4: *Wichtige Finanzkennzahlen des Beispiel-Unternehmens*

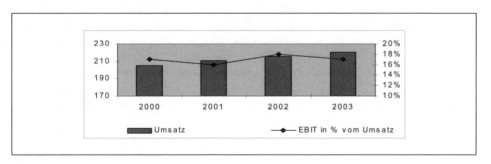

Quelle: Eigene Darstellung
Abbildung 34: *Grafik zu Tabelle 4*

Ein Finanzinvestor möchte das Unternehmen zusammen mit dem Management der Tochtergesellschaft für einen Kaufpreis von 200 Mio. Euro übernehmen. Die Kaufpreis-Multiples sind in Tabelle 5 zusammengefasst.

Transaktionsvolumen	in EUR Mio.	Transaktionsmultiples		
		x Umsatz 2003	x EBITDA 2003	x EBIT 2003
Kaufpreis	200	0,91	4,3	5,4
Transaktionsnebenkosten	8			
Transaktionsvolumen	208	0,95	4,5	5,6

Quelle: Eigene Darstellung
Tabelle 5: *Transaktionsmultiples der Beispieltransaktion*

Das Transaktionsvolumen von 208 Mio. Euro setzt sich aus dem Kaufpreis und den Transaktionsnebenkosten (Due-Diligence-Kosten, Arrangement Fees der finanzierenden Bank usw.) zusammen. Typischerweise erreichen die Transaktionsnebenkosten (Transaction Costs) 3,0 – 7,0 Prozent des Kaufpreises. Zum Transaktionsvolumen hinzu kommt in der Praxis so gut wie immer die Betriebsmittellinie (Revolving Credit Facility), die im Zeitpunkt des Abschlusses der Transaktion häufig nicht gezogen ist, mitunter aber bereits zu diesem Zeitpunkt teilweise ausgenützt ist.

Zur Bestimmung des Ausgangsleverage ist der Betriebsmittelkredit in dem Ausmaß hinzuzurechnen, in dem er zum Transaktionszeitpunkt gezogen ist. Umgekehrt wird bei der Berechnung der dynamischen Netto-Verschuldung (Net Debt Leverage) ein allfälliges Cash- Overfunding abgezogen, es sei denn, dass dieser Cash einem unmittelbaren und feststehenden Mittelbedarf zugeordnet werden kann bzw. muss. Falls der Betriebsmittelkredit auch einen Anzahlungsaval (typisch z.B im Anlagenbau) mitumfasst, sollte dieser – abweichend von diesen Grundregeln – im Ausmaß der durchschnittlichen Inanspruchnahme des Unternehmens der Verschuldung hinzugerechnet werden[85]. Für Gewährleistungsavale und ähnliche Haftungsübernahmen sollte ebenfalls auf das historisch übliche Maß der Ausnutzung abgestellt und nur der entsprechende Vergangenheitsdurchschnittswert der Ausnutzung für die Ermittlung der Ausgangsverschuldung hinzugerechnet werden. Bei stark saisonalem Business wird von vielen Banken die jahresdurchschnittliche Ausnutzung der Betriebsmittellinien in der Vergangenheit und nicht die eher zufällige Ausnutzung der Betriebsmittellinie bei Closing bei der Bestimmung der dynamischen Ausgangsverschuldung hinzugerechnet.

Die von den involvierten Parteien erarbeitete Transaktions- bzw. Übernahmestruktur muss die teilweise verschiedenen Interessen von Verkäufer, Käufer und der finanzierenden Bank berücksichtigen. In der Praxis trifft man am häufigsten auf die unten vereinfacht (unter Ausklammerung der meist zusätzlich errichteten Gesellschafter-NewCo, die aus steuerlichen Gründen oft in Luxemburg sitzt und daher auch LuxCo bezeichnet wird) dargestellte dreistufige Struktur.

---

[85] Genau genommen müssten dabei die durchschnittlich im Unternehmen verbleibenden (vom Cash Zyklus abhängigen) Cash Bestände abgezogen werden, was in der Praxis aber (insbesondere auch aus Gründen der Vereinfachung und Vorsicht) äußerst selten erfolgt.

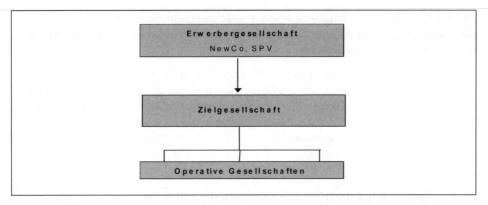

Quelle: Eigene Darstellung
Abbildung 35: *Vereinfachte Erwerbstruktur bei LBOs*

Dabei gründen oder erwerben die Investoren eine Erwerbergesellschaft, häufig als NewCo (New Company) oder SPV (Special Purchase Vehicle) bezeichnet. Diese Gesellschaft, meistens eine GmbH oder GmbH & Co. KG, dient als reines Übernahmevehikel und betreibt kein operatives Geschäft. Beim Erwerb der Gesellschaft ergeben sich die unten dargestellten Zahlungsströme.

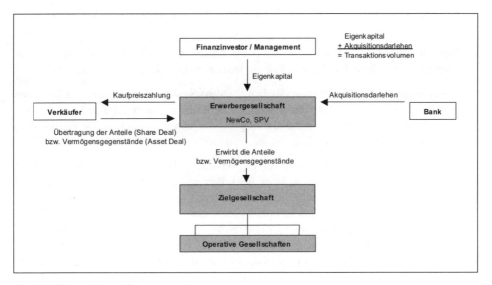

Quelle: Eigene Darstellung
Abbildung 36: *Vereinfachte Erwerbstruktur bei LBOs mit Zahlungsströmen*

Die NewCo wird vom Finanzinvestor und dem Management mit Eigenmitteln ausgestattet, die zusammen mit dem Akquisitionsdarlehen der finanzierenden Bank das Transaktionsvolumen von 208 Mio. Euro abdecken.

Die NewCo erwirbt (beim hier dargestellten und in der Praxis dominierenden Share Deal) die Anteile an der Zielgesellschaft, die wiederum die Anteile an den operativen Gesellschaften der Gruppe hält. Die Erwerbergesellschaft weist somit auf der Aktivseite nur die Beteiligung an der Zielgesellschaft auf. Auf der Passivseite stehen die zur Kaufpreisfinanzierung aufgenommenen Schulden (Akquisitionsdarlehen) und die aufgebrachten Eigenmittel.

5.2   Anforderungen an eine optimale Akquisitionsstruktur

Eine Akquisitionsstruktur im Zuge eines LBOs soll insbesondere folgenden Zielen genügen:

1. Begrenzung der Haftung des Käufers auf den Eigenmitteleinsatz

2. Steuerliche Optimierung (insb. bezüglich Abzugsfähigkeit der Zinsen)

3. Ermöglichung eines umfassenden Sicherheitenpakets zugunsten der Akquisitionsfinanciers

4. Ermöglichung des „Aufströmens" der freien Cashflows des Zielunternehmens (so genannte Targets) an die Kaufgesellschaft zur Bedienung der Akquisitionskredite

Ad 1) Ein besonderer Vorteil der dargestellten Standard-Struktur liegt für den Finanzinvestor darin, dass die NewCo für den Käufer sowohl den Kauf- als auch die Kreditverträge abschließt und der Finanzinvestor seine Haftung auf das von ihm eingebrachte Eigenkapital beschränken kann (Non-Recourse).

Ad 2) Durch das Zur-Verfügung-Stellen von Eigenmitteln in Form von Gesellschafterdarlehen kann der Finanzinvestor zudem im Rahmen der (allerdings in Deutschland eingeschränkten) Möglichkeiten (Thin Capitalisation Rules; insbesondere § 8a KStG) die Abzugsfähigkeit der Zinsen auf diese Gesellschafterdarlehen (und zudem eine „hurdle rate" in Höhe des Zinses für die Erlöse des Managements beim Exit) erreichen. Die steuerliche Abzugsfähigkeit von Zinsen auf akquisitionsfinanzierende Darlehen (Akquisitionsdarlehen inklusive Mezzanine Loans oder Gesellschafterdarlehen) der Kaufgesellschaft/NewCo (als Holdinggesellschaft) sind nach der Neuregelung des § 8a KStG in dem Ausmaß möglich (safe haven), als das Verhältnis Fremdkapital zu Eigenkapital kleiner gleich 1,5:1 beträgt. Für die Qualifizierung als Eigenkapital iSd § 8a KStG sind die Voraussetzungen des HGB zu beachten, d.h. es müssen (laut Stellungnahme HFA 1/1994 WPg, 419 ff bzw. Beck´scher Bilanz-Kommentar, 5. Auflage 2003, § 247, Rz 228) folgende Bedingungen erfüllt sein:

- a) Der Rückzahlungsanspruch kann im Insolvenz- oder Liquidationsfall erst nach Befriedigung aller anderen Gläubiger geltend gemacht werden.

- b) Die Vergütung für die Kapitalüberlassung ist erfolgsabhängig, d.h. sie muss unter der Bedingung stehen, dass sie nur aus EK-Bestandteilen geleistet werden darf, die nicht besonders gegen Ausschüttungen geschützt sind.

- c) Das zur Verfügung gestellte Kapital muss am Verlust bis zur vollen Höhe teilnehmen.

- d) Das zur Verfügung gestellte Kapital wird für einen längerfristigen Zeitraum überlassen, währenddessen die Rückzahlung für beide Seiten ausgeschlossen ist.

Gesellschafterdarlehen sind daher in ihrer typischen Ausgestaltungsform als nachrangige Darlehen mit kapitalisierten Zinsen oder Cash-Zinsen und einer bestimmten Laufzeit (häufig ein Jahr länger als die Laufzeit der längsten dem Gesellschafterdarlehen vorrangigen Akquisitionsdarlehen) kein Eigenkapital iSd. § 8 a KStG, weshalb bei LBOs in Deutschland nur bei entsprechender Ausgestaltung der Eigenmittelaufbringung (z.B. Zuzahlung in eine Kapitalrücklage) die Zinsen auf Gesellschafterdarlehen in vollem Umfang von der Körperschafts- bzw. Einkommenssteuer abzugsfähig sind. (Dazu kommt noch, dass für die Berechnung der Gewerbesteuer die Zinsen für Dauerschuldverhältnisse wie Akquisitionskredite und Gesellschafterdarlehen nur hälftig in Abzug zu bringen sind.).

Um die weitestmögliche Abzugsfähigkeit der Zinsen auf Gesellschafterdarlehen zu erreichen, wird in Deutschland beim – im Falle von Private-Equity gesponserten Buy-outs üblichen – Erwerb einer Kapitalgesellschaft durch entsprechende Kaufgesellschaften (NewCos) üblicherweise folgendermaßen – und an einem weiteren fiktiven Beispiel verdeutlicht – vorgegangen:

Die Bilanzen der NewCo 1 und NewCo2 weisen dabei folgendes (typisches) Bild auf, mit der die Grenzen der Thin Capitalisation Rules (§ 8a KStG) eingehalten werden:

AKTIVA	Beträge	PASSIVA	Beträge
Beteiligung an NewCo 2 GmbH	90.000	Stammkapital	10.000
		Kapitalrücklage	26.600
		Gesamtes EK	36.600
		Gesellschafterdarlehen	53.400
	90.000	Gesamt	90.000

Quelle: Eigene Darstellung
Tabelle 6: *Bilanz NewCo 1 GmbH (in T-Euro)*

Da in NewCo 1 das Verhältnis zwischen EK nach HGB und Gesellschafterdarlehen etwas kleiner als 1:1,5 ist, sind insoweit die Vorausetzungen für den Safe Haven (steuerrechtswirksame Abziehbarkeit der Zinsen auf Gesellschafterdarlehen) gegeben. Die Beteiligung von NewCo 1 von 90.000 T-Euro wird NewCo 2 (= Kaufgesellschaft) in Form von Eigenkapital zur Verfügung gestellt. Zusammen mit dem Senior Darlehen und dem Mezzanine Darlehen dienen diese Mittel der Bezahlung des Kaufpreises für den Anteilskauf an der Zielgesellschaft (TargetCo).

AKTIVA	Beträge	PASSIVA	Beträge
Beteiligung an TargetCo	280.000	Eigenkapital	90.000
		Senior Debt	150.000
		Mezzanine Debt	40.000
	280.000	Gesamt	280.000

Quelle: Eigene Darstellung
Tabelle 7: *Bilanz an NewCo 2 GmbH (in T-Euro)*

Zwischen der NewCo 1 und 2 sowie der TargetCo und allfälligen Tochtergesellschaften wird ein Organschaftsverhältnis begründet (alternativ kann ergänzend zur Organschaft zwischen NewCo 1 und NewCo 2 auch ein Merger (insb. Down-stream Merger) zwischen NewCo 2 und TargetCo erfolgen, was sinnvoll ist, wenn die TargetCo über signifikante Verlustvorträge verfügt). Auf diese Weise können die Zinsen für die Gesellschafterdarlehen im höchstmöglichen Ausmaß steuerwirksam in Abzug gebracht werden.

Wäre in obiger Darstellung die Target-GmbH eine Target GmbH & Co.KG und damit eine Personengesellschaft, so könnte zudem – durch entsprechende Strukturierung – der Kaufpreis in Abschreibungsvolumen (Asset Step-ups und ergänzender Goodwill-Ansatz über Ergänzungsbilanzen) verwandelt werden. Dabei würde das Vermögen der Target GmbH & Co.KG über Anwachsung oder Einbringung in der (die) NewCo 2 überführt werden. Das dadurch geschaffene steuerlich wirksame zusätzliche Abschreibungspotenzial hätte ein zusätzliches Wertsteigerungspotenzial für den Investor.

Wie aus obiger Darstellung erkennbar ist, ist beim Kauf inländischer (deutscher) Kapitalgesellschaften durch Finanzinvestoren die Transaktions- bzw. Akquisitionsstruktur in der Praxis zumeist kein drei- sondern eine vier- bis (bei einer ausländischen Obergesellschaft wie der klassischen Luxemburger LuxCo) fünfstufige.

Die steuerlichen Fragestellungen und Lösungskonstruktionen für die steuerliche Optimierung der Kaufpreisfinanzierung sind hoch komplex und insbesondere abhängig von der Ansässigkeit und Rechtsstruktur des Zielunternehmens (inländische oder ausländische Personenunternehmung oder Kapitalgesellschaft) und der Person des Erwerbers (steuerinländischer oder ausländischer Natural- oder Kapitalgesellschafter).[86]

Ad 3) und 4): Wie erwähnt, ergeben sich für die finanzierenden Banken – abgesehen von der steuerlich optimalen Ausgestaltung, die sowohl für den Finanzinvestor als auch für die finanzierenden Banken von grundsätzlich gleichlaufendem Interesse ist – zwei wesentliche Problemstellungen:

---

[86] Vgl. dazu u.a. Prinz (2004), S. 151 ff sowie zur gesamten Thematik des Unternehmenskaufs im Steuerrecht umfassend z.B. Schaumburg (2004).

■ a) Es besteht nur ein eingeschränktes bzw. indirektes Zins- und Tilgungspotenzial des Kreditnehmers (der Akquisitionsgesellschaft bzw. NewCo), da der operative Cashflow in der Zielgesellschaft und nicht in der Erwerbergesellschaft generiert wird. Damit sind die finanzierenden Banken auch in einer strukturellen Nachrangsituation (und damit de facto in einer Preferred Equity vergleichbaren Position) gegenüber den Gläubigern des Targets bzw. seiner Tochtergesellschaften. Struktureller Nachrang ist immer dann gegeben, wenn juristisch vorrangiges Fremdkapital zu ökonomisch nachrangigem Fremdkapital wird[87]. Der strukturelle Nachrang der Darlehensgeber auf Ebene der NewCo bezieht sich auf die wirtschaftlich gesehen bevorrechteten Gläubiger der Zielgesellschaft (sowie derjenigen der gegebenenfalls vorhandenen operativen Gesellschaften), denen jeweils das gesamte Gesellschaftsvermögen zur Befriedigung ihrer Ansprüche zur Verfügung steht, während die Ansprüche der Gesellschafter der Zielgesellschaft erst in zweiter Linie (subsidiär) auf das verbleibende Gesellschaftsvermögen zugreifen können.

■ b) Zudem ist die Sicherheitenstellung durch die NewCo (des Kreditnehmers des Akquisitionskredits) nur eingeschränkt möglich, da diese nur über ein Beteiligungsvermögen (Anteile an der Zielgesellschaft), nicht aber über das werthaltige Betriebsvermögen verfügt, was im Verwertungsfall (Insolvenz bzw. Konkurs) häufig relativ wertlos ist (und nur bei einem Verkauf des Unternehmens, d.h. auf Going-Concern-Basis den Fremdkapitalgebern typischerweise von größerem Nutzen ist).

---

[87] Ein derartiger struktureller Nachrang entsteht nicht nur durch Finanzierung auf einer HoldCo-Ebene, sondern z.B. auch durch kürzere Kreditlaufzeiten für nachrangige Kredite oder aber (im Verhältnis zu unbesicherten Senior Lendern) auch durch Besicherungen nachrangiger Kreditgeber durch spezifische Assets.

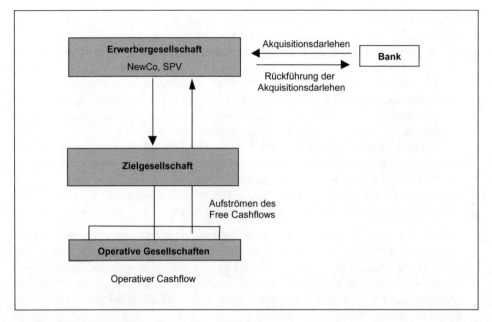

Quelle: Eigene Darstellung
Abbildung 37: *Vereinfachte Grundstruktur der Bedienung von Akquisitionsfinanzierungsdar-*
lehen

Die Rückführung des Akquisitionsdarlehens erfolgt durch die in der operativen Gesellschaft
erwirtschafteten freien Cashflows. Da die NewCo die Kreditnehmerin ist und somit die
Tilgungen zu erbringen hat, muss sichergestellt sein, dass der freie Cashflow, wie in Abbildung 37 dargestellt, nach „oben" aufströmen kann. Ferner gilt es, den Kreditgebern der
NewCo einen rechtlich einwandfreien Zugriff auf die Sicherheiten der Zielgesellschaft und
den operativen (Tochter-)Gesellschaften zu ermöglichen.

Die für die Hochleitung der freien Cashflows der operativen Gesellschaften an die NewCo
zwecks Erfüllung des Schuldendienstes für die Akquisitionskredite und die erforderliche
Gewährung von Sicherheiten durch die operativen Gesellschaften bzw. der Zielgesellschaft
gesetzlich vorgesehenen Grenzen sind im Wesentlichen die gleichen. Diese (bei den einzelnen Gesellschaftsformen zum Teil unterschiedlich ausgeprägten) Grenzen, namentlich die
Kapitalerhaltungsvorschriften, das Verbot des existenzvernichtenden Eingriffs und bei Aktiengesellschaften das Verbot der finanziellen Unterstützung des Erwerbs eigener Anteile (Financial
Assistance), müssen bei der Strukturierung jeder Übernahme genau beachtet werden.

Dabei kommen in der Praxis für die Hochleitung der (bzw. den Zugriff auf die) operativen
Cashflows grundsätzlich sechs verschiedene Lösungsansätze in Betracht:

■ Gewinnausschüttungen

■ aufströmende Darlehen

■ Beherrschungs- und Gewinnabführungsverträge (in Verbindung mit Organschaften)

■ Verschmelzung (Upstream oder Downstream Merger) zwischen Erwerber- und Zielgesellschaft

■ bzw. Anwachsung (der Ziel- auf die Erwerbergesellschaft)

■ Debt Push-down[88]

Die Umsetzung einer dieser (von der konkreten Ausgangssituation abhängigen) Lösungsoptionen wird dabei aufgrund ihrer überragenden Bedeutung über Auszahlungsvoraussetzungen (Conditions Precedent), auflösende Bedingungen (Conditions Subsequent) sowie Auflagen (Covenants bzw. Undertakings) in die Kreditverträge aufgenommen.

Zwecks *Sicherheitenbestellung durch Zugriff auf die Assets des Targets* (operative Gesellschaft(en)) kommen – soweit dem nicht der neue § 8a KStG entgegensteht, was derzeit im Allgemeinen nicht der Fall zu sein scheint, da bei der Gestaltung der derzeitigen LBOs i.d.R., laut Finanzverwaltung allein schädliche, back-to-back Transaktionen[89] vermieden werden –

■ aufströmende Sicherheiten (insbesondere Kreditgarantien oder Schuldbeitritt i. V. m. der Absicherung dieser Personensicherheiten durch Sachsicherheiten über die Aktiva der operativen Gesellschaften),

■ die Verschmelzung bzw. Anwachsung (siehe oben sowie gleich unten) und

■ der Debt-Push-down

in Betracht.

Beim heutigen Stand der Rechtslage (nach neuem § 8a KStG) ist es allerdings nicht gewiss, ob die Ziele einer umfassenden Sicherheitenstellung für die Banken und der steuerlichen Abzugsfähigkeit von Gesellschafterdarlehenszinsen sowie Bankdarlehenszinsen bei jeder Transaktion vollständig kompatibel sind bzw. sein können.

---

[88] Bei einem Debt-Push-down, der eine Zusammenführung von Kredit und operativer Gesellschaft bzw. den Sicherungsgegenständen erreicht, nimmt die Kaufgesellschaft (NewCo) einen kurzfristigen Kredit zum Erwerb der Zielgesellschaft auf. Im Anschluss an den rechtswirksamen Kauf wird direkt auf Ebene der operativen Gesellschaft ein größenordnungsmäßig entsprechendes langfristiges Akquisitionsdarlehen aufgenommen, das (meist) über Ausschüttung der Mittel an die NewCo oder via aufströmendes Darlehen – soweit gesellschaftsrechtlich zulässig, was in Deutschland zweifelhaft ist, und nicht § 8a KStG schädlich ist, was ebenfalls nicht eindeutig ist – vgl. z.B. Braunschweig (2004), S. 256 – zur Ablösung des kurzfristigen Akquisitionsfinanzierungsdarlehens verwendert wird. Dadurch wird die erwünschte Kaufpreisfinanzierung auf Ebene der operativen Gesellschaft erzielt. Ein (einigermaßen) gleichartiges Ergebnis wie bei einem Debt Push-down kann grundsätzlich auch durch Fusion (upstream oder downstream merger) von NewCo und OpCo oder durch einen Beherrschungs- und Ergebnisabführungsvertrag zwischen NewCo und OpCo im Rahmen einer Organschaftslösung erreicht werden.

[89] Diese schädlichen back-to-back Transaktionen liegen laut Finanzverwaltung nur vor, wenn die Gesellschafter bei den rückgriffsberechtigten Dritt-Darlehensgebern (den LBO finanzierenden Banken) verzinsliche Mittel angelegt haben.

Bezüglich der Notwendigkeit der Überwindung des aufgezeigten strukturellen Nachrangs der Gläubiger der NewCo kann nach heutiger Rechtslage vereinfachend festgehalten werden[90], dass

- upstream schuldrechtliche Verpflichtungen (Garantien, Haftungen, Schuldbeitritte) und Sicherheiten am eigenen Vermögen insb. aufgrund der Kapitalerhaltungsvorschriften und des Verbots des existenzvernichtenden Eingiffs rechtlich nur bestenfalls eingeschränkt möglich sind: So wird über die sog. Limitation Language in den Kredit- bzw. Sicherheitenverträgen dabei meist – durch sog. „§ 30-Klauseln" – eine vertragliche Verwertungsbeschränkung – insbesondere zwecks Verhinderung von Haftungsproblemen der Geschäftsleitung/des Managements – zur Verhinderung einer Unterbilanz bzw. Erhaltung eines freien Vermögens vorgenommen. Dies hat aus Sicht von Teilen der Literatur wesentliche Nachteile für die finanzierenden Banken, da dies in der Sache eine Rangrücktrittserkärung der Banken gegenüber sämtlichen Gläubigern der Zielgesellschaft darstelle[91]. Auch die Auffassung, dass durch einen Vertragskonzern (d.h. den Abschluss eines Beherrschungsvertrags) die Kapitalerhaltungsregelungen der §§ 30,31 GmbHG außer Kraft gesetzt werden,[92] ist keineswegs unumstritten und ausjustiiert (zumal dadurch die Schranken des existenzvernichtenden Eingriffs jedenfalls nicht aufgehoben werden)

- ein Debt-Push-down als rechtlich zweifelsfreier Lösungsansatz nur bei Ablösung der bestehenden Bankverbindlichkeiten (bzw. für neue Fazilitäten auf Ebene des Targets bzw. der operativen Gesellschaften wie insb. eine Revolving Credit Facility und eine allfällige Capex-, Acquisition- oder Restructuring Facility) der Zielgesellschaft und deren Töchter, nicht aber rechtlich völlig einwandfrei für das Akquisitionsdarlehen in Betracht kommt und schließlich

- Merger (upstream bzw. – allerdings risikobehafteter – downstream zwischen NewCo und Target) und Anwachsungen (Umwandlung des Target in eine GmbH & Co. KG mit NewCo als Kommanditistin und dem Austritt der Komplementär-GmbH) zwar rechtlich grundsätzlich einwandfreie und relativ umfassende Lösungsoptionen (die Problematik bleibt bei werthaltigen operativen Gesellschaften bzw. OpCos auf der Ebene der Tochterunternehmen der Zielgesellschaft grundsätzlich erhalten) darstellen, diese aber erst nach einer gewissen Zeit nach dem Closing zu erreichen sind. Folglich sehen Kreditverträge dafür in

---

90 Vgl. zuletzt etwa Diwok/Willeke (2005) und umfassend Diem (2005), insb. Abschnitt § 44 und § 49, sowie Wessels/König (2005); vgl. weiters z.B. den Überblick zur Thematik bei v. Braunschweig (2004).

91 Vgl. zur sehr limitierten Nützlichkeit z.B. Diem (2005), S. 213 f; Weitnauer (2005), S. 796 f; Weitnauer vertritt sogar die Auffassung, dass es einer solchen – ohnedies im Ernstfall weitgehend nutzlosen – Limitation Language gar nicht bedarf, da stets nur der Zeitpunkt der Sicherheitenbestellung und nicht der der Sicherheitenverwertung entscheidend für die Einhaltung der Kapitalerhaltungsvorschriften bzw. den Stammkapitaleingriff ist.

92 Zu dieser Ansicht – sowie zur Thematik aufsteigender Sicherheiten bei LBOs generell – vgl. zuletzt z.B. Wessels/König (2005), S. 316 f.; zu einem diesbezüglichen knappen Literaturüberblick vgl. Diem (2005), S. 248 f, der bei LBOs eine grundsätzlich Anwendbarkeit der Regeln des § 30 Abs. 1 GmbHG im Falle eines Vertragskonzerns annimmt.

der Regel eine Umsetzung des Mergers oder der Anwachsung innerhalb einer Frist nach Closing vor.[93]

5.3 Besonderheiten bei grenzüberschreitenden Akquisitionsfinanzierungen

Sobald in der Akquisitionsstruktur grenzüberschreitende Aspekte auftreten, entstehen dadurch eine Reihe zusätzlicher Aspekte und Komplikationen, denen nur durch eine professionelle Beratung in der Strukturierung (insbesondere durch international erfahrene Rechtsanwälte und Steuerberater) beigekommen werden kann. Hervorzuheben sind in diesem Zusammenhang insb. folgende, für die Akquisitionsfinanzierung zentrale Aspekte:

■ *Maximierung der steuerlichen Abzugsfähigkeit der Zinsen auf die den Kaufpreis finanzierenden Darlehen:*
  In diesem Zusammenhang muss beachtet werden, dass die Gewinne ausländischer Tochtergesellschaften nicht durch die Zinsen auf die den Kaufpreis finanzierenden Darlehen der regelmäßig inländischen Erwerbergesellschaft (NewCo) steuermindernd reduziert werden. Dies steht – wie gezeigt – im Gegensatz zu den Gewinnen der inländischen operativen Gesellschaften, bei denen durch entsprechende Konstruktionen wie Organschaft oder Merger NewCo/OpCo eine derartige Abzugsfähigkeit der Zinsen für die Kaufpreisfinanzierung hergestellt werden kann.

Eine häufig praktizierte Lösung ist die Errichtung eigener Erwerbergesellschaften (NewCos) in den Staaten der jeweiligen operativen Tochtergesellschaften, über die dann die operativen Töchter gekauft werden. Dadurch können in den jeweiligen Staaten ähnliche, dort zulässige Lösungen erzeugt werden, wie sie soeben für die inländische NewCo beschrieben wurden.

In diesem Zusammenhang kommt es dabei regelmäßig zu einem Debt-push down, in Zuge dessen durch Aufnahme paralleler Akquisitionskredite auf Ebene der operativen Gesellschaften und darauffolgender Ausschüttung der Mittel oder upstream loans die (Teil-)Refinanzierung der ursprünglichen (Senior-)Akquisitionsdarlehen auf NewCo Ebene erfolgt.

Die Abbildungen 38 und 39 verdeutlichen diese Lösung anhand eines Erwerbs eines Großbritannien Zielunternehmens mit Tochtergesellschaften in Großbritannien, Deutschland und Frankreich.

---

[93] Zudem weist die Verschmelzung der Ziel-GmbH auf die NewCo oft handelsbilanzrechtliche Verschmelzungsverluste auf, die die Save Haven Basis für den Zinsabzug von Gesellschafterdarlehen mindert; außerdem fällt Grunderwerbssteuer an, wenn die Zielgesellschaft über Immobilien verfügt.

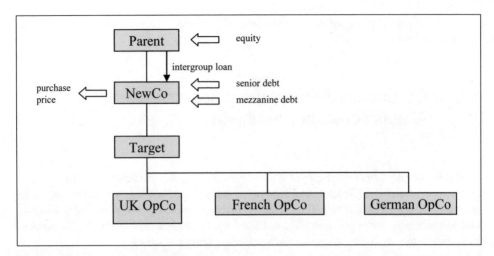

Quelle: Darstellungen in Anlehnung an Ashurst/Private-Equity International (2006a), S. 72
Abbildung 38: *Cross border leveraged debt structure*

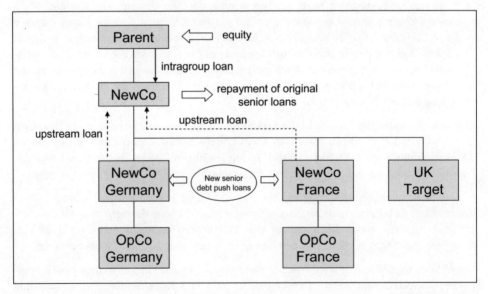

Quelle: Darstellungen in Anlehnung an Ashurst/Private-Equity International (2006a), S. 72
Abbildung 39: *Cross border leveraged debt structure post-closing nach debt push-down*

■ Bei den grenzüberschreitenden (cross-border) LBOs ist ferner zu beachten, dass die in Deutschland bei NewCo-GmbHs und -KGs üblichen upstream oder cross-stream Garantien bzw. Sicherheiten in zahlreichen europäischen (z.B. in Frankreich) und außereuropäischen Staaten grundsätzlich nicht zulässig sind.

Eine wesentliche Ausnahme ist insbesondere in Großbritannien und Irland gegeben, wo unter den Vorausetzungen des sog. „whitewash procedure" derartige Garantien und Sicherheiten (financial assistance) zum Erwerb der Geschäftsanteile am eigenen Unternehmen de facto uneingeschränkt möglich sind. In manchen europäischen Staaten sind upstream und cross-stream Garantien und Sicherheiten (aufgrund restriktiver sog. Corporate Benefit Rules[94]) nur für Working Capital Fazilitäten und dabei zumeist nur im Ausmaß der Net Assets bzw. des Eigenkapitals der Garantiegeber zulässig. Eine oft weitreichende Lösung dieser Problematik besteht darin, die bestehenden Kredite bzw. Darlehen der operativen Unternehmen im Zuge der Kaufpreisfinanzierung möglichst vollständig – im Rahmen von Debt push-down Lösungen oder wenn möglich gleich direkt – zu refinanzieren.

■ Last but not least sei noch auf die gelegentliche Bedeutung des sog. natural hedge für die *währungsmäßige Ausgestaltung der Akquisitionskredite* hingewiesen: Diese Thematik stellt sich insbesondere dann, wenn wesentliche Teile des freien Cashflows in einer ausländischen Währung anfallen. Wenn also z.B. ein deutsches Unternehmen ein Drittel seiner freien Cashflows nicht in Deutschland sondern in den USA erwirtschaftet, bietet es sich grundsätzlich an, auch ein Drittel der Akquisitionskredite in US-Dollar aufzunehmen – dadurch entsteht eine „natürliche" Währungsabsicherung *(Natural Hedge)*, ohne dass es dafür eines eigenen Währungssicherungsgeschäfts bedürfte.

Dies gilt natürlich nur dann, wenn die Verteilung der freien Cashflows auch künftig diesem Verhältnis (in etwa) entsprechen dürfte. Dadurch kann häufig maßgeblich verhindert werden, dass durch Währungsschwankungen ein wesentliches Zusatzrisiko in der Akquisitionsstruktur Eingang findet; dies ist allerdings auch in der dargestellten idealtypischen Ausgangssituation nicht zwingend der Fall[95], daher muss in jeder Transaktion das jeweils „optimale" Natural Hedge-Niveau gefunden werden.

5.4 Bereitstellung einer Betriebsmittelkreditlinie

Neben der Bereitstellung der Akquisitionsdarlehen zur Kaufpreisfinanzierung kommt der Einräumung einer oder mehrerer Betriebsmittellinien im Zuge der Akquisitionsfinanzierung eine überragende Bedeutung zu. Um mögliche Interessenskonflikte mit der Bank, die das Akquisitionsdarlehen gewährt, sowie die aufgezeigten Nachteile des strukturellen Nachrangs für die akquisitionsfinanzierende Bank zu vermeiden und das exakte Monitoring der Unternehmensentwicklung zu ermöglichen, werden die bestehenden Betriebsmittellinien auf der Ebene der operativen Gesellschaft – ebenso wie alle sonstigen bestehenden Bankverbind-

---

[94] Nach diesen muss das Management eines Unternehmens stets im Interesse des Unternehmens und seiner Shareholder (bzw. gegebenenfalls Stakeholder) handeln.

[95] So kommt es diesbezüglich u.a. auf die regionale Verteilung der Wettbewerber und der Lieferanten, die Auslastungsgrade der jeweiligen Produktionsstätten und Abhängigkeit von und die Fakturierung von Rohstoffen bzw. Vorprodukten an.

lichkeiten – in der Regel vollständig durch die akquisitionsfinanzierende Bank abgelöst. Zudem kann nur durch eine derartige sog. Vollfinanzierung die umfassende Besicherung der Akquisitionskredite auch mit dem Umlaufvermögen gewährleistet werden.[96]

Der Betriebsmittelkredit dient der Finanzierung des laufenden Geschäfts und weist i. d. R. dieselbe Laufzeit wie der Amortisationskredit (Term Loan A) auf. Die *Betriebsmittellinie wird im Allgemeinen in der Form eines Geldmarkt-, Kontokorrentkredits und/oder als Avaldarlehen zur Verfügung gestellt.* Bei den Geldmarktkrediten, die überwiegend den ständigen Betriebsmittelbedarf abdecken und die nur in einer bestimmten Anzahl von Auszahlungen und für bestimmte kurze Zeiträume in Anspruch genommen werden können, refinanzieren sich die Kreditgeber typischerweise über den Geldmarkt. Kontokorrentkredite (i.d.R. mit festen, von einem Referenzzinssatz unabhängigen und auf Basis „bis auf weiteres" eingeräumte Zinssätze) und Avalkredite decken oft kleinere und „schiefe" Beträge des täglichen Zahlungsverkehrs bzw. für Sonderbedürfnisse ab und werden daher regelmäßig nicht über eine Bareinschussverpflichtung der Konsortialbanken, sondern im Rahmen von sog. Unterkrediten (bzw. Ancillary Facilities) von Unterkreditbanken (Ancillary Banks) abgewickelt.[97]

Die Revolving Credit Facilities (RCFs) bzw. Betriebsmittelkredite im Rahmen von LBOs sind revolvierende Darlehen, die jederzeit zurückgeführt und wieder ausgenutzt werden können (Ausnahmen: Clean Down Period – siehe gleich unten; Borrowing-Base-Konzept[98] insbesondere für Unternehmen mit stark saisonalem Geschäft). Sie sind am Ende der Laufzeit zu tilgen (Bullet Payment). Im Rahmen von Avalkrediten übernimmt die Bank i. d. R. Garantien und Bürgschaften oder eröffnet und bestätigt Akkreditive.

Für die Stellung der Garantie erstattet der Kreditnehmer der Bank eine Gebühr, bei Inanspruchnahme ist der entsprechende Betrag der Bank zu ersetzen. In der Praxis deckt sich oft die Zinsmarge für den (in Anspruch genommenen) Geldmarktkredit (d.h. in der Regel 2,25 Prozent p. a.) mit den Kosten für den Kreditnehmer aus den Garantien (oftmals als Bank Guarantee Commission bezeichnet). Das spezifische Entgelt für die Bank, die die Garantie im Einzelfall (oft als fronting bank) ausstellt (üblicherweise zwischen 0,125 und 0,250 Prozent p.a.), mindert in diesem Fall die Bank Guarantee Commission der anderen Bankkonsorten. Häufig wird dieses spezifische Entgelt (oft als Bank Guarantee Fees bezeichnet) dem Kreditnehmer aber auch zusätzlich zur Bank Guarantee Commission berechnet (d.h., im konkreten Beispiel würde die Inanspruchnahme dieser Bankgarantie 2,375 bis 2,50 Prozent p.a. kosten).

Um sicherzustellen, dass die Betriebsmittelkreditlinie die ihr zugedachte Funktion der Abdeckung des laufenden, schwankenden Finanzierungsbedarfs erfüllt, wird im Allgemeinen vertraglich einmal pro Jahr eine vollständige Rückführung über einen zu bestimmenden Zeitraum (Clean-down Period) fixiert.

---

[96] Vgl. Weitnauer (2005), S. 792 f.

[97] Vgl. dazu näher u.a. Diem (2005), S. 22 ff.

[98] Nach diesem Konzept bedingt die Inanspruchnahme der Betriebsmittellinie die nachzuweisende Unterlegung mit Assets aus dem Umlaufvermögen (neben Cash typischerweise 50 Prozent der Vorräte und 80 Prozent der Forderungen aus Lieferungen aus Leistungen).

5.5 Cashflow basierte versus Asset basierte Betrachtungsweise?

Während für die überragende Mehrheit der in der Akquisitionsfinanzierung tätigen Spezialisten eindeutig feststeht, dass die *Akquisitionsfinanzierung* grundsätzlich und *i.d.R. eine Cashflow basierte Finanzierungsform* – ähnlich z.B. der Projektfinanzierung – darstellt, stellt sich die Betrachtungsweise für viele traditionelle Unternehmensfinanzierungsexperten wie auch für einen Gutteil der Literatur deutlich differenzierter dar:

Zwar behauptet – von ganz wenigen Sondersituationen abgesehen – so gut wie niemand, dass die Akquisitionsfinanzierung eine (reine) Asset basierte Finanzierungsform ist die *überragende Mehrheit der konventionellen Unternehmensfinanciers und ein Teil der Lehre* sieht die Akquisitionsfinanzierung dagegen als eine *Mischform* an, bei der die Demakationslinie zwischen Cashflow basierter und Asset basierter Finanzierung die vorrangig besicherten Senior Loans darstellen:

Diese Senior Loans sind aus Sicht vieler Banker bis zur Beleihungsgrenze mit werthaltigen Assets unterlegt und infolge dieser Asset-Basierung deutlich günstiger als die jenseits dieser Grenze des besicherungstechnisch darstellbaren Bankkredits strukturierbaren Senior- und subordinierten Darlehen, die rein auf den unternehmensspezifischen (freien) Cashflows basieren. Folglich bestimmt bei dieser Sichtweise die banktechnisch darstellbare Besicherungsbasis sowohl die Höhe des (vorrangig) besicherten Akquisitionsbankkredits als auch die Höhe des besicherten Betriebsmittelkredits (Working Capital Fazilität). Jenseits dieser Grenzen sind Akquisitionskreditfazilitäten nur auf reiner Cashflow Basis zu höheren Risikoaufschlägen oder gar nur als subordinierte und dann deutlich teurere Fazilitäten darstellbar.

Mitunter verzichten traditionelle Hausbanken (wie lokale Sparkassen, Volks- und Raiffeisenbanken) gar auf eine Cashflow basierte Planungsrechnung und behandeln die Akquisitionsfinanzierung identisch zur allgemeinen Unternehmensfinanzierung. Folglich ist die banktechnisch darstellbare (und noch unbelastete) Besicherungsbasis des Unternehmens dann zumeist auch die Grenze des zur Verfügung gestellten Akquisitionskredits, jenseits dessen Eigenmittel oder Eigenmittelsurrogate eingesetzt werden müssen. Bestehende Bankverbindlichkeiten werden dabei häufig nicht refinanziert, zumal sie meist vergleichsweise günstig sind und daher auch aus Unternehmenssicht unbedingt bestehen bleiben sollen.

Dieser traditionellen und in Kontinentaleuropa noch sehr weit verbreiteten Sicht der Akquisitionsfinanzierung steht die stark *angelsächsisch geprägte Sicht der Akquisitionsfinanzierungsspezialisten* gegenüber, die die Akquisitionsfinanzierung vollkommen zu Recht *primär als Cashflow basierte Finanzierungsvariante* ansieht:

Dass *diese Sichtweise die zutreffendere* ist, zeigt sich bereits in der *sehr hohen Bedeutung des Firmenwertes (Goodwill)* in den Bilanzen der Erwerbergesellschaften (NewCos). Dieser Goodwill entsteht als Rest- bzw. Residualwert bei den typischen Share Deals (Kauf von Gesellschaftsanteilen) aus der Konsolidierung der Bilanzen der Erwerbergesellschaft und der Zielgesellschaft (siehe dazu das Beispiel gleich unten).

Daher ist genau dieser Überschuss ein gutes Indiz für das Ausmaß der Divergenz zwischen Cashflow basierter und Asset basierter Unternehmensbewertung und Akquisitionsfinanzierung. Bedenkt man, dass das Verhältnis zwischen Goodwill und dem buchmäßigen Eigenkapital des (der) gekauften Unternehmens(gruppe) nicht selten 2:1, mitunter gar 4:1 (oder mehr) beträgt, so wird die Schwierigkeit der Akquisitionsfinanzierung für traditionelle Banken und Banker besonders deutlich. Diese ziehen nämlich aus Vorsichtsgründen den Goodwill stets vom buchmäßigen Eigenkapital ab, was dann im Falle von Akquisitionsfinanzierungen für LBOs und MBOs und ggf. auch CBOs zu negativen Eigenmitteln führt bzw. führen kann. Dies ist auch nicht verwunderlich, da mit dem Abzug des Goodwills implizit die Sinnhaftigkeit des Kaufs negiert wird.

Die spezialisierten Akquisitionsfinanzierer konzentrieren sich dagegen nicht (so sehr) auf das buchmäßige Eigenkapital des Zielunternehmens (Targets) bzw. der (neuen) Unternehmensgruppe vor und nach einem allfälligen Goodwill-Abzug, sondern betrachten primär oder ausschließlich das durch den Käufer der Kaufgesellschaft zur Verfügung gestellte Eigenkapital und bestimmen dann die wirtschaftliche Eigenmittelquote. Dabei wird regelmäßig ein Eigenmittelanteil an der Kaufpreisfinanzierung von mindestens 25-30 Prozent, weitgehend unabhängig von der buchmäßigen Eigenmittelquote des Zielunternehmens vor der Transaktion, erzielt:

Diese Zusammenhänge werden anhand folgenden vereinfachten Beispiels eines Share Deals (d.h. eines Kaufs von Gesellschaftsanteilen) mit einem Kaufpreis für das Target von 60 (alle Beträge in Mio. Euro) erläutert:

AKTIVA	PASSIVA
40 Gesellschaftsanteile an Target	20 Eigenmittel
20 Cash (Overfunding für Refinanzierung Altkredite)	40 Akquisitionsdarlehen

Quelle: Eigene Darstellung
Tabelle 8: *Erwerbergesellschaft (NewCo) Bilanz*

AKTIVA	PASSIVA
100 AV und UV	20 Eigenmittel
	20 Bankdarlehen
	60 sonstige Passiva

Quelle: Eigene Darstellung
Tabelle 9: *Bilanz Target (Zielunternehmen)*

AKTIVA	PASSIVA
20 Goodwill	20 Eigenmittel
100 AV und UV	40 Akquisitionsdarlehen
	60 sonstige Passiva

Quelle: Eigene Darstellung
Tabelle 10: *Konsolidierte Bilanz nach upstream Merger zwischen Erwerbergesellschaft (NewCo) und Target*

- *Annahme 1:*
  Refinanzierung der bestehenden Bankverbindlichkeiten von 20

- *Annahme 2:*
  Es ist kein Cash im Target vorhanden

- *Annahme 3:*
  Es gibt keine Transaktionskosten

- *Annahme 4:*
  Die Marktwerte des Anlagevermögens (AV) und Umlaufvermögens (UV) entsprechen (aus Vereinfachungsgründen) in Summe denen der Buchwerte

Nach traditioneller Sicht bestünden nach Abzug des Goodwills in der Gruppe keine Eigenmittel mehr, aus der Sicht professioneller Akquisitionsfinanzierer ist die Eigenmittelquote aus konsoliderter Sicht bei u.U. noch auskömmlichen rund 16,7 Prozent (20/120).

Folglich entstünde bei konsolidierter Betrachtung auf Basis der konventionellen Bankensicht nur dann eine positive Eigenmittelquote, wenn die NewCo mit mehr als 33 Prozent an Eigenmitteln zur Kaufpreisfinanzierung ausgestattet würde.

Aus folgenden Gründen ist aus unserer Sicht die Auffassung der spezialisierten Akquisitionsfinanzierer die zutreffendere:

Das allerwesentlichste Assets für die Akquisitionsfinanzierer ist und bleibt die Verpfändung der Gesellschaftsanteile am Zielunternehmen.[99] Die Besicherung mit allen wesentlichen Einzelassets des Zielunternehmens dient nur als ein „second way out", der nur dann eine größere Bedeutung hat, wenn die Verwertung auf Basis Going Concern (d.h. Fortbestand des Unternehmens) nicht gelingt oder diese zu spät erfolgen sollte, so dass das Unternehmen weniger wert ist als sein Substanzwert.

Genau dies soll und wird regelmäßig durch das enge Korsett an – insbesondere finanziellen – Covenants zu verhindern versucht bzw. verhindert. Folgerichtig gehen auch die großen Ratingagenturen wie S&P und Moody´s von einer Going Concern-Betrachtung beim Kreditnehmer und Einzelkredit- bzw. Einzelfinanzierungsinstrumentenrating aus (siehe unten unter Abschnitt 9).

Auch die gelegentlich anzutreffende Akquisition eines Unternehmens in Form eines Asset Deals steht zum Vorstehenden nicht im Widerspruch:

Beim Asset Deal handelt es sich um eine steuerlich und haftungsrechtlich günstige Erwerbsform für einen Unternehmenskäufer. Steuerlich günstig ist der mit dem Asset Deal mögliche Step Up der gekauften Assets (d.h. die steuerlich anerkannte Aufwertung der Assets zu den aktuellen Marktwerten), wodurch das steuerlich anerkannte Abschreibungspotenzial erhöht werden kann. Der haftungsrechtliche Vorteil dieser Erwerbsform besteht darin, dass grund-

---

[99] Dem Vorrang dieser hier vertretenen wirtschaftlichen Betrachtungsweise der Eigenmittelquote steht auch die Tatsache nicht entgegen, dass die spezialisierten Akquisitionsfinanzierer alle wesentlichen Assets des Zielunternehmens und dessen Tochterunternehmen zur Besicherung der Akquisitionskredite heranziehen.

sätzlich – abgesehen von gewissen Einschränkungen, die zu Haftungsrisiken führen können[100] – alle Verbindlichkeiten des gekauften Unternehmens im verkauften Unternehmen
bzw. bei dessen Verkäufer verbleiben. Diesen haftungs- und steuerrechtlichen Vorteilen stehen meist spiegelverkehrte Nachteile für den Verkäufer gegenüber. Dazu kommt noch, dass
ein Asset Deal auch für den Käufer einen wesentlichen Nachteil aufweist: Dieser besteht in
der Einzelrechtsnachfolge aller vertraglichen Beziehungen des Unternehmens, d.h. es müssen
grundsätzlich alle bestehenden Verträge einzeln auf das neue Unternehmen übertragen werden. Dies ist äußerst unpraktisch und transaktionskostenintensiv, so dass sowohl aus Verkäu-
fer- als auch aus Käufersicht der Asset Deal meistens keine Alternative darstellt.

In der Praxis ist bei einigen LBO-Konstellationen eine strikte Trennung zwischen auf Vermögenswerten (Assets) basierter und Cashflow basierter Akquisitionsfinanzierung dadurch
erschwert, dass Mischformen bestehen, die den grundsätzlichen Primat von Cashflow basierten LBOs bzw. Akquisitionsfinanzierungen relativieren: Dies gilt z.B. für OpCo/PropCo
LBOs (siehe Kapitel 6.4), Real Estate (Immobilien) LBOs (bei denen nur Immobilien wie
z.B. Wohnungsportfolios hunderter oder gar tausender Wohnungen von öffentlichen oder
auch privaten Wohnungseigentümern durch Finanzinvestoren in Form eines LBOs gekauft
werden)[101] und gewisse Formen von (Whole Business) Securitisation (siehe dazu Abschnitt
7.11.4) sowie den gelegentlich vorkommenden Käufen von Unternehmen, die nur aus einem
oder mehreren gleichartigen Assets bestehen (wie Freizeit- oder Bungalow-Parks oder aber
verschiedene Einzelhandels-Outlets wie z.B. Restaurantketten, Modeboutiquen oder Super-
märkte bei den sog. Retail- bzw. Einzelhandels-LBOs).

Im folgenden Abschnitt werden wir uns mit einigen dieser Sonderformen der Akquisitionsfinanzierung näher beschäftigen.

---

100 Diese Haftungs(rest)risiken ergeben sich für den Erwerber bei einem Asset Deal kraft zwingenden Rechts,
    insb. aus § 613a BGB (automatischer Eintritt des Erwerbers in die bestehenden Arbeitsverhältnisse ein-
    schließlich etwaiger Versorgungszusagen bei Betriebsübergang), § 75 AO (Haftung des Betriebsüberneh-
    mers mit dem übernommenen Vermögen für rückständige betriebliche Steuern aus dem letzten vor der
    Übernahme liegenden Kalenderjahr), § 25 HGB (Haftung für die im Betrieb des Handelsgeschäfts zumin-
    dest in ihrem Rechtsgrund begründeten Verbindlichkeiten bei Fortführung des Geschäfts unter der alten
    Firma) und öffentlichem Recht (insb. Altlastensanierung) – vgl. dazu z.B. Weitnauer (2003), S. 193.

101 Diese Art von Real-Estate-Portfolio-LBOs ist in den letzten Jahren gerade in Deutschland sehr beliebt
    geworden und ein Ende dieses Trends ist noch nicht abzusehen: So wurden zahlreiche Wohnungsportfolios
    aus öffentlichem Eigentum insb. von Kommunen, daneben aber auch von privaten Großunternehmen von
    (zumeist) angelsächsichen Investoren (insb. Fortress, Cerberus und Terra Firma) aufgekauft. Als Beispiele
    für größere Transaktionen seien hier nur genannt: Gagfah in 2004 (Verkäufer: BfA; Käufer Fortress) und
    Viterra 2005 (Verkäufer: EON; Käufer Terra Fima bzw. Deutsche Anington-Gruppe; dies war mit knapp
    7 Mrd. Euro der bis dato größte deutsche LBO) und zuletzt Anfang 2006 der Verkauf von 48.000 Wohnun-
    gen der Stadt Dresden (rund 1.300 Gewerbeeinheiten) an Fortress für 1,75 Mrd. EUR, der zur Entschul-
    dung der Stadt führte. In den letzten Jahren wurden in Deutschland von Private Equity-Fonds geschätzte
    rund 650.000 Wohnungen im Wert von ca. 30 Mrd. Euro gekauft; dabei handelt es sich im Grunde um Immo-
    bilienfinanzierungen in der Form von LBOs, deren detaillierte Darstellung den Rahmen dieser Arbeit sprengen
    würde.

6. Sonderformen und Sondersituationen von Akquisitionsfinanzierungen

6.1 Owner Buy-outs als Sonderform der Akquisitionsfinanzierung

Unter Owner Buy-outs versteht man die Übernahme der Mehrheit der Geschäftsanteile an einem Unternehmen durch Auskauf bestehender Gesellschafter durch andere, bereits bestehende Gesellschafter des Unternehmens.[102] Diese Sonderform eines Unternehmenskaufs ist häufig mit einer Nachfolgeregelung verbunden, wobei ein bestehender Gesellschafter(kreis) die Fortführung des Unternehmens durch den Auskauf des bisherigen Gesellschafterkreises vornimmt. Oftmals wollen die bisherigen Gesellschafter(kreise) getrennte Wege gehen, und diese schlagen sich dann vielfach auch in unterschiedlichen Vorstellungen über die Zukunft des bisher gemeinsamen Unternehmens nieder.

Schematisch und vereinfachend[103] kann die Grundform (bei vollständigem Erwerb aller Gesellschaftsanteile) eines Owner Buy-outs wie in Abbildung 40 dargestellt werden.

---

[102] In der Literatur finden sich allerdings auch andere – u.E. nicht geeignete – Definitionen von OBOs, die auf einen Verkauf eines Unternehmens an einen Investor (Buy-out) unter (i.d.R. Minderheits-)Rückbeteiligung des Verkäufers hinauslaufen – vgl. zu dieser Definition z.B. Betsch/Groh/Lohmann (2000), S. 326 f.

[103] Der nachfolgend dargestellte vollständige Auskauf ist keine notwendige Voraussetzung für einen OBO; vielmehr bestehen in der Praxis nach einem OBO oft kleine Minderheitsanteile weiterhin fort. Diese Minderheitsanteile ändern aber an den Grundprinzipien der Funktionsweise eines OBOs nichts. Einzig ist zu beachten, dass für die Finanzierung nicht das gesamte Ertrags- bzw. Cashflow-Potenzial zur Verfügung steht, sondern nur die entsprechenden Anteile des neuen Mehrheitseigentümers (z.B. 95 Prozent bei einem verbleibenden Minderheitsanteil von 5 Prozent).

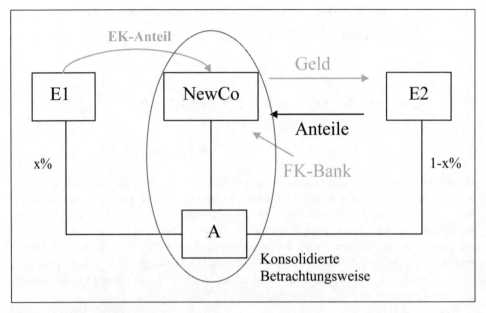

Legende: A = Unternehmen A in D/CH
                 B = Unternehmen B
                 E1 = Eigentümer 1
                 E2 = Eigentümer 2
                 EK = Eigenkapital
                 FK = Fremdkapital
Quelle: Eigene Darstellung
Abbildung 40: Grundform eines Owner Buy-Outs (OBOs)

Falls beispielsweise ein 50 Prozent Gesellschafter (einer der zwei Firmengründer) den anderen 50 Prozent Gesellschafter (bzw. Firmengründer) auskaufen möchte und für die 50 Prozent Anteile am gemeinsamen Unternehmen 25 Mio. Euro (finanziert durch Senior Debt und ein Mezzaninedarlehen) anbietet, könnte eine Mittelherkunfts- und -verwendungsrechnung bzw. eine Pro-forma-Bilanz der Kaufgesellschaft z.B. wie folgt aussehen (der Käufer bringt dabei als Eigenmittelkomponente der Kaufpreisfinanzierung seine 50 Prozent als Sacheinlage in die Kaufgesellschaft bzw. NewCo ein):

Mittelherkunft	Betrag	Mittelverwendung	Betrag
Senior Debt	EUR 17 Mio.	50 % Anteile	EUR 25 Mio.
Mezzanine Debt	EUR 10 Mio.	Transaktionskosten	EUR 2 Mio.
Gesamt-Transaktionsvolumen	EUR 27 Mio.	Gesamt-Transaktionsvolumen	EUR 27 Mio.

Quelle: Eigene Darstellung
Tabelle 11: Mittelherkunft und -verwendung des OBO-Beispielfalls

Die „Pro-forma"-Bilanz der Erwerbergesellschaft könnte dann wie folgt aussehen:

Aktiva	Betrag	Passiva	Betrag	
100 % Anteile	EUR 50 Mio.	„Eigenmittel"	EUR 23 Mio.	46 %
		Mezzanine	EUR 10 Mio.	20 %
		Senior Debt	EUR 17 Mio	34 %

Quelle: Eigene Darstellung
Tabelle 12: *„Pro-forma"-Bilanz der Kaufgesellschaft*

Implizit wird das Unternehmen mit 50 Mio. Euro Unternehmenswert (Enterprise Value) auf „debt and cash free" – Basis bewertet, falls die gegenständliche Zielgesellschaft und deren operative Tochterunternehmen – wie hier aus Vereinfachungsgründen angenommen – keine verzinslichen Finanzverbindlichkeiten und keine Cash Bestände aufweisen. Ansonsten würde die aktuelle Nettoverschuldung (z.B. 30 Mio. Euro) noch den 50 Mio. Euro hinzuzurechnen sein (wodurch in diesem Beispielfall ein impliziter Unternehmenswert von 80 Mio. Euro resultieren würde).

Zur Finanzierung des Kaufpreises von 25 Mio. Euro steht durch die Einbringung der bereits bestehenden 50 Prozent Gesellschaftsanteile das gesame Ertragspotenzial des Unternehmens zur Verfügung, insoweit ist zu recht von einem de facto Eigenmittelanteil von 46 Prozent (ohne Transaktionskosten wären es 50 Prozent) auszugehen. Wenn das gegenständliche operative Unternehmen angenommen einen konstanten freien Cashflow von 5 Mio. Euro aufweisen würde, so könnten die vollen 5 Mio. Euro zur Zinszahlung für die Kredite und Entschuldung der Gesamtverbindlichkeiten der Kaufgesellschaft von 27 Mio. Euro herangezogen werden.

Gelegentlich sieht man in der Praxis bei der Darstellung dieser „pro forma" Bilanz Fehldarstellungen dergestalt, dass die eingebrachten Eigenmittel mit dem bisherigen anteiligen buchmäßigen Eigekapital angesetzt werden. Daduch entsteht nicht nur regelmäßig eine völlig verzerrte implizite bzw. pro forma Darstellung der Kaufgesellschaft, sondern auch ein völliges Zerrbild vom impliziten bzw. unterstellten Unternehmenswert.

Wenn etwa, beim obigen Beispiel (der Schulden- und Cashfreien operativen Gesellschaft) bleibend, auf den fünfzigprozentigen Gesellschaftsanteil 5 Mio. Euro buchmäßiges Eigenkapital entfallen würde, dann wäre nach dieser irrigen Darstellung ein Eigenmittelanteil von 5 Mio. Euro anzunehmen und der Unternehmenswert beliefe sich auf 30 Mio. Euro (5 Mio. + 25 Mio. Euro) und die entsprechende „Eigenmittelquote" würde sich (ohne Berücksichtigung der Transaktionskosten) nur auf ein Sechstel belaufen.

Falls beide Gesellschafter(kreise) jeweils – wie im obigen Beispiel – genau 50 Prozent Anteile auf sich vereinen, kommt es in der Praxis mitunter zu einem (American) *Shoot-out Verfahren*, bei dem sich der Bestbieter als Käufer durchsetzt[104]. Ein solches Verfahren wurde beispielsweise beim OBO der The Nut Company (größter Nüsse-Erzeuger in Europa, bekannt durch Marken wie Ültje) angewandt.

Der Hauptvorteil eines OBOs besteht darin, dass eine Nachfolgeregelung bzw. eine Bereinigung der Gesellschaftersphäre/von Gesellschafterkonflikten ohne einen Verkauf an einen Dritten (strategischen Investor, u.U. einen Konkurrenten; einen Finanzinvestor oder im Zuge eines IPO an ein Aktionärspublikum) möglich ist. Bei einer inhaltlich und technisch sauberen Strukturierung kann diese Lösung auch ohne (wesentliche) nachteilige Zusatzbelastung für das operative Unternehmen erfolgen, da dann nur anstelle der sonst möglichen Ausschüttungen der jeweils erwirtschafteten Überschussliquidität in die Gesellschaftersphäre die Bedienung der Akquisitionsfinanzierung und damit letztlich die Entschuldung der Kaufgesellschaft tritt.

6.2   Besonderheiten bei Public-to-Privates

Die Finanzierung von Übernahmeofferten von (als unterbewertet angesehenen) börsennotierten Gesellschaften mit dem seitens der (Finanz-)Investoren regelmäßig verbundenen Ziel des Delistings bzw. sog. Going Private (ein Beispiel ist Gardena[105]) weist einige Besonderheiten auf.

Auf die wesentlichen Besonderheiten für die Akquisitionsfinanzierung gegenüber der Finanzierung „normaler LBOs"[106] sei im Folgenden kurz eingegangen:

■ Zunächst einmal ist aufgrund des eingeschränkten Zugangs zu (privilegierten) Informationen mitunter nur eine *eingeschränkte Due Diligence* für den Käufer und die finanzierenden Banken möglich. Dies gilt besonders für feindliche Übernahmen (sog. Unfriendly Takeover),

---

[104] Beim Shoot-out Verfahren (mit kombinierten Call- und Putoptionen) muss zunächst ein Gesellschafter den anderen Gesellschaftern ein Kaufangebot über alle von den anderen Gesellschaftern gehaltenen Gesellschaftsanteile unterbreiten. Die anderen Gesellschafter müssen erklären, ob sie ihre Anteile zum angegebenen Kaufpreis an den mitteilenden Gesellschafter verkaufen oder sämtliche Anteile des Gesellschafters zum angegebenen Preis kaufen wollen. Schweigen gilt dabei nach Ablauf einer bestimmten Frist als Zustimmung. Unter dem Druck des „Shoot-out" einigen sich die Parteien in der Praxis oft auf einen Kompromiss, um Blockaden aufzuheben, so dass das Verfahren selten bis zur äußersten Konsequenz durchgeführt wird.

[105] Wenn das Delisting über einen Squeeze-out nicht gelingt, kommt auch ein sog. kaltes Delisting – z.B. über einen Verschmelzungsbeschluss der Hauptversammlung – in Betracht – Beispiel: W.E.T. Automotive Systems, einem führenden Hersteller von Autositzheizungen.

[106] Genau genommen sind in historischer Sicht die „normalen LBOs" die Public-to-Privates durch Finanzinvestoren, die in den 80er Jahren des vorigen Jahrhunderts die Entstehung und den Begiff von LBOs prägten – daher wird auch ein LBO mit anschließendem Börsengang als sog. reverse LBO bezeichnet. In Europa ist im Gegensatz zu den USA der Kauf von nicht börsennotierten Unternehmen durch Finanzinvestoren die normale Erscheinungsform von LBOs, was angesichts der deutlich geringeren Zahl börsennotierter Unternehmen in Europa nicht verwundern kann.

bei denen von vorneherein die Unterstützung des bestehenden Managements des börsennotierten Unternehmens fehlt. Insofern besteht für die bereits das Zielunternehmen finanzierenden Banken ein deutlicher Wettbewerbsvorteil gegenüber Banken, die das Unternehmen noch nicht genauer aus der eigenen Praxis kennen.

■ *Trotz der eingeschränkten Due Diligence Möglichkeiten* müssen die finanzierenden Banken in vielen EU-Staaten (so z.B. in Deutschland und UK) *sehr weitgehende Commitments zur Übernahmefinanzierung (man spricht von so genannten „certain funds")* abgeben. Diese Verpflichtungen schränken die sonst üblichen Kündigungsrechte insb. bezüglich (drohender) wesentlicher Verschlechterung der Vermögensverhältnisse des Zielunternehmens (§ 490 BGB n.F.) während des Übernahmeprozesses ein. Der Bieter für ein deutsches börsennotiertes Unternehmen z.B. muss nämlich (siehe dazu § 13 Abs. 1 WpÜG) sicherstellen, dass ihm die zur vollständigen Erfüllung des Angebots notwendigen Mittel zum Zeitpunkt der Fälligkeit des Anspruchs auf die Gegenleistung zur Verfügung stehen.[107] Zudem muss er sich die Bestätigung eines unabhängigen Wertpapierunternehmens beschaffen, dass er dieser Sicherstellungspflicht auch ausreichend nachgekommen ist. Entsprechend sollte in Akquisitionsfinanzierungsverträgen für deutsche Public-to-Private das Kündigungsrecht nach § 490 BGB explizit abbedungen werden und eine unwiderrufliche Zahlungsgarantie der Bank vorgesehen sein. Freilich geht die Finanzierungsverantwortung des Bieters nicht so weit, dass eine Kündigung aus wichtigem Grund ausgeschlossen wäre; Gleiches gilt für die Anwendung einer eingeschränkten MAC-Klausel.[108]

■ *Einschränkungen dieser verbindlichen Finanzierungszusagen* sind ähnlich wie für den Käufer (Finanzinvestor) selbst *insb. bezüglich des Erreichens gewisser Schwellenwerte* (häufig drei Viertel Mehrheit oder – so vorhanden – die Squeeze-out-Grenze des jeweiligen Staates) für die zu erreichenden Mehrheitsverhältnisse *möglich*. Die besondere Bedeutung dieser Mehrheitsverhältnisse für die Akquisitionsfinanzierung ergibt sich zum einen in Hinblick auf die steuerlichen Abzugsfähigkeit der Zinsen für die Kredite der Bietergesellschaft (BidCo), zum anderen in Hinblick auf die Ermöglichung von Sicherheiten (bezüglich der Assets) des Zielunternehmens für die Kreditgeber der BidCo (Financial-Assistance-Problematik).

■ Da die Erreichung der für die Akquisitionsfinanzierung wichtigen Schwellenwerte nicht mit denen der potenziellen Käufer übereinstimmen muss, kann es daher häufig vorkommen, dass die Eigenmittelunterlegung und/oder (u. U.) die Konditionen der Kaufpreisfinanzierung nach den erzielten Mehrheitsverhältnissen gestaffelt werden.

■ Schließlich ist in vielen Staaten (z.B. in UK) der Zugiff auf die Sicherheiten (Assets) der übernommenen Gesellschaft selbst bei Gelingen des Public-to-Private erst nach einem gewissen Zeitraum möglich, da erst nach dem Delisting eine Financial Assistance rechtlich möglich wird. Dazu kommt noch, dass über fast allen Delisting-Verfahren eine hohe rechtliche Unsicherheit bis zu Rechtswirksamkeit besteht, da auch einzelne (wenige) Aktionäre

---

[107] Vgl. dazu und zu den rechtlichen Grundlagen für öffentlichen Übernahmen in Deutschland z.B. König/ Oppenhoff (2006).

[108] Vgl. u.a. König/Oppenhoff (2006), S. 662 f und S. 686 f.

ein Delisting bzw. Squeeze-out-Verfahren durch einen oft langwierigen Rechtsstreit in die Länge ziehen können. In Deutschland ist allerdings der Aktionär, der sich lediglich auf die Unangemessenheit der Squeeze-out-Vergütung beruft, auf das Spruchstellenverfahren verwiesen. Diese entfaltet gegenüber dem Squeeze-out-Beschluss keine aufschiebende Wirkung, sondern kann lediglich eine nachträgliche Erhöhung der angebotenen Abfindung bewirken.

Zusammenfassend kann an dieser Stelle festgehalten werden, dass die Finanzierung von Public-to-Privates aufgrund der aufgezeigten Besonderheiten[109] eine Reihe von risikorelevanten Spezifika und Komplikationen aufweist, die häufig zu einem leicht überdurchschnittlichen Risiko für die finanzierenden Banken führen. Vor allem die eingeschränkte Due Diligence Möglichkeit kann i.d.R. auch strukturell oft nur unzurechend abgefangen werden.

6.3 Stapled Finance als Sonderform der Akquisitionsfinanzierung

Unter Stapled Finance bzw. Stapled Financing versteht man das Angebot einer Bank zur Fremdmittelfinanzierung des Erwerbs eines Unternehmens bzw. Unternehmens(an)teils, das zu Beginn eines M&A Prozesses von Seiten der Unternehmensverkäufer initiiert wird und potenziellen Kaufinteressenten zusammen mit einer ausführlichen Unternehmensdarstellung des Verkaufsobjekts in einem sog. Informationsmemorandum übermittelt wird.[110]

Der Begriff „stapled" erklärt sich daraus, dass das vorgefertigte Finanzierungsangebot gewissermaßen an das Informationsmemorandum bzw. Verkaufsobjekt „angeheftet" wird. Die Finanzierungszusage kann verschiedene Formen der Verbindlichkeit und Detailiertheit annehmen, die in der Praxis wichtigste Form ist aber die einer detaillierten und nur mit wenigen Vorbehalten versehenen Finanzierungszusage bzw. Finanzierungsstruktur. Voraussetzung für eine derartige Finanzierungszusage ist meist die vorausgegangene Durchführung einer Verkäufer (Vendor) Due Diligence, da erst diese die jeweilige Bank(en) in die Lage versetzt, sich rechtsverbindlich zu kommitieren.

In Deutschland kam Stapled Financing in der jüngeren Vergangenheit in zahlreichen M&A-Auktionen zur Anwendung, beispielhaft seien hier nur ATU, Jack Wolfskin, Moeller, Ruhrgas Industries, Honsel, Stabilus und zuletzt Sports Group und Westfalia erwähnt. Nach der KPMG Leveraged Finance Study 2004 für den deutschen LBO- bzw. Akquisitionsfinanzierungsmarkt hatten bereits in 2004 7 der 11 befragten Finanzinvestoren mit Stapled Finance Anbietern Gespräche geführt und zwei von ihnen auch diese Finanzierungsform genutzt. Im

---

[109] Vgl. dazu und zum Public-to-Private-Markt in Deutschland (inlusive den Einstellungen der Manager möglicher betroffener Unternehmen) zuletzt die Finance-Studie „Public Takeovers in Deutschland" vom Januar 2006, die von Financial Gates, Brunswick, Morgan Lewis und Sal. Oppenheim bzw. dem Magazin FINANCE gemeinsam herausgegeben wurde.

[110] Vgl. zu dieser Definition und zum folgenden Weihe (2005), S. 693 ff.

Jahr 2005 bzw. Anfang 2006 hat die Bedeutung des Stapled Finance zweifelsfrei weiter zugenommen.

Vergleicht man Stapled Financing mit der traditionellen Akquisitionsfinanzierung, so zeigen sich – trotz zahlreicher Parallelen – insb. folgende Unterschiede:

Kriterium	Stapled Finance	Traditionelle Akquisitionsfinanzierung
Initiierung	Verkäuferseite	Käuferseite
Adressaten	Alle potenziellen Bieter	Die potenziellen Bieter
Übermittlung	Parallel bzw. zeitnah zum Informationsmemorandum	Deutlich nach dem Informationsmemorandum
Anbieter	Bank, die oft zugleich M&A-Berater ist	Bank, die nicht M&A-Berater ist
Due Dillgence	I.d.R. Datenraum und Verkäufer (Vendor) Due Diligence vor Bieteransprache	Datenraum und Due Diligence erst nach Ansprache der potenziellen Bieter
Finanzierungsstruktur	Eher aggressiv	Durchschnittlich
Eigenkapitalquote	Mindestquote	I.d.R. exakter Betrag
Kaufpreis	Noch unbekannt (bzw. Mindestkaufpreis)	I.d.R. exakter Betrag

Quelle: In Anlehnung an Weihe (2005), S. 693 mit Ergänzungen bzw. Adaptierungen
Tabelle 13: *Vergleich Stapled Finance mit der traditionellen Akquisitionsfinanzierung*

Aus Tabelle 14 sind die Vor- und Nachteile von Stapled Finance aus Sicht der Verkäufer, der M&A-beratenden und zugleich Stapled Finance anbietenden Banken und der Käufer ersichtlich:

Beiteilgte	Vorteile	Nachteile
Verkäufer	Frühzeitige Einschätzung bzgl. Debt Capacity und Kaufpreisniveau	Erhöhter Aufwand bzw. Zeitbedarf in früher Prozessphase
	Höhere Abschlusswahrscheinlichkeit	Gefahr d. Abschreckung v. Bietern bei zu aggressiver Finanzierung
	Geringerer Zeitbedarf von d. Investorenansprache bis zum Abschluss	Gefahr zu niedriger Kaufpreisangebote bei zu konservativer Finanzierung
	Höhere Vertraulichkeit möglich	Ggf. zusätzliche Kosten bei Nichtbeanspruchung
	Tendenziell kaufpreissteigernder Effekt	Kosten d. Vendor Due Diligence
	Bessere Vergleichbarkeit d. Kaufangebote	Gefahr v. Interessenskonflikten, die das Vermarktungsergebnis beeinflussen
	Ggf. Honorarermäßigung für M&A-Beratung verhandelbar	
Bank	Zusätzliche Verdienstmöglichkeit	Gefahr v. Interessenkonflikten
	Geringeres Risiko des Nicht-Abschlusses	Genaue Kenntnis aktueller Finanzierungsstrukturen und -konditionen erforderlich
	Differenzierungsmöglichkeit gegenüber Wettbewerbern	Negativer Reputationseffekt bei Revision oder Nichtbeanspruchung

Beteiligte	Vorteile	Nachteile
	Vertrauenssignal, Werbeeffekt	Kein bzw. späte Berücksichtigung spezifischer Synergieeffekte der Bieter
	Frühzeitiger tiefer Einblick in das Verkaufsunternehmen	Breite Offenlegung der Finanzierungstruktur und –konditionen
	Ggf. Synergiepotenziale bei der Informationsbeschaffung	
	Frühzeitige Eliminierung von Niedrigbietern	
Bieter	Frühzeitige Einschätzung d. erwarteten Kaufpreisniveaus möglich	Tendenziell verstärkter Bieterwettbewerb
	Reduzierung d. Finanzierungsrisikos	Exklusive Verhandlungen mit der Stapled Financing Bank nicht bzw. spät möglich
	Ggf. höhere Eigenkapitalrendite durch erhöhten Leverage erzielbar	Keine bzw. späte Berücksichtigung möglicher Synergieeffekte
	Zusätzliches Qualitätssignal	Bessere Finanzierungskonditionen nicht selten anderwertig erhältlich
	Senkung v. Such-, Verhandlungs-, Due Diligence- u. sonstigen Transaktionskosten	Verhandlung d. Finanzierung mit eigenen Banken z.T. eingeschränkt
	Ggf. Nutzung als Katalysator für attraktivere Finanzierungsangebote	Begrenzte Verwendbarkeit aufgrund verkäuferfreundlicher Prägung möglich
		Gefahr bankseitiger Indiskretionen

Quelle: Weihe (2005), S. 694 mit minimalen Anpassungen
Tabelle 14: *Vor- und Nachteile von Stapled Finance*

In der Praxis kommt nur in relativ seltenen Fällen die Stapled Financing anbietende Bank bei der Finanzierung des Kaufs zum Zuge. Dies gilt besonders für den hochkompetitiven paneuropäischen Largecap-LBO-Markt. Dies hängt damit zusammen, dass Stapled Finance nur unter folgenden Voraussetzungen Sinn macht bzw. hohe Erfolgsaussichten besitzt:

■ Kenntnis des zu finanzierenden Unternehmens vor dem Stapled Finance; dies gilt insb. für Verkäufe von Unternehmen, die schwer „bankable" sind

■ Durchführung einer Vendor Due Diligence

■ Rasche Durchführung des Verkaufsprozesses nach Initiierung

■ Stabile Unternehmensentwicklung während des Verkaufsprozesses bzw. der Gültigkeit des Stapled Finance Angebots

■ Mitsprache der Stapled Finance Bank bei der Auswahl der potenziellen Erwerber

■ Stapled Finance eignet sich insb. bei Verkäufen im Rahmen einer sehr limitierten Auktion, in der nur (bzw. primär) eine relativ homogenen Gruppe von Finanzinvestoren angesprochen wird; Stapled Finance macht nämlich durch die Ausblendung der Käuferseite v.a. bei hochgeleveragten Käufen auf stand alone Basis Sinn, mit denen der Käufer auch den Leverage Effekt zwecks Optimierung der Eigenkapitalrendite nutzen möchte. Genau dies trifft für viele strategische Investoren (Unternehmen) nicht zu

- Die Stapled Finance Bank muss die aktuellen Finanzierungsstrukuren im LBO-Markt kennen und eine hohe Reputation aufweisen; zudem sollten die potenziellen Käufer idealerweise bereits mit dieser Bank zusammengearbeitet haben (Vertrauensbasis; Bekanntheit der Standard-Vertragsdokumentation usw.)

- Interessenskonflikten seitens der Stapled Finance Bank liegen nicht vor (häufig schwer darstellbar, wenn M&A-Berater und Stapled Finance Bank identisch sind)

- Der Verkäufer (z.B. ein Private-Equity Haus) und/oder der M&A-Berater hat einen sehr guten Überblick über den Markt für Akquisitionsfinanzierungen und die dortigen Anbieter

Da diese Erfolgsvoraussetzungen in der Realität selten zugleich zutreffen, verwundert die relativ geringe Erfolgsrate von Stapled Finance Angeboten kaum. Zudem verzichten die Finanzinvestoren nur sehr selten auf einen Bankenwettbewerb, in dem die Stapled Finance anbietende Bank nur einer (wenn auch meist gut platzierter) unter mehreren Anbietern ist.

Ein Verkäufer sollte daher grundsätzlich nur dann auf ein Stapled Finance zurückgreifen, wenn diese Erfolgsvoraussetzungen gegeben sind. Zudem empfiehlt es sich (wie auch auf der Käuferseite) in Hinblick auf die vielen Unsicherheiten des Prozesses stets zwei Stapled Finance Banken bis zum erfolgreichen Abschluss im Prozess zu halten: Aufgrund der Dauer des Prozesses und der dabei regelmäßig auftretenden Neuheiten bzw. allfälligen (positiven wie negativen) Überraschungen bzw. neuen Erkenntnisse und Entwicklungen kann eine Bank mitunter das Ursprungsangebot nicht ohne jegliche Adaptierungen aufrecht erhalten. So führt eine überraschend gute oder aber schlechte aktuelle Geschäftsentwicklung (Current Trading) nicht selten zu einer Angebotsanpassung; nur besonders stabile Unternehmen mit geringen saisonellen Schwankungen sind daher besonders gute Stapled Finance Kandidaten. Zudem macht aufgrund des hohen Aufwandes auf Seiten des Verkäufers und der Stapled Finance anbietenden Bank bzw. für den M&A-Berater (i.d.R. Notwendigkeit einer Vendor Due Diligence usw.) Stapled Financing von vornherein nur bei Transaktionen mit relativ hohen Unternehmenswerten bzw. Transaktionsvolumina einen Sinn (größer als 50 Mio. Euro bzw. Verschuldungsvolumina jenseits der 30 Mio. Euro).

6.4   Sonderform OpCo/ProCo LBOs

In den letzten zwei bis drei Jahren haben sich in Europa vermehrt Mischformen zwischen reinen Cashflow basierten und Asset basierten Buy-outs herausgebildet, die als sog. OpCo/ProCo Transaktionen bezeichnet werden. Dabei werden aus steuerlichen Gründen (insb.

Vermeidung von Grunderwerbsteuern[111] bei gleichzeitiger steuerneutraler Aufdeckung stiller Reserven im Immobilienvermögen zwecks Erhöhung der dann steuerlich relevanten Abschreibungsbasis) und/oder zwecks Erhöhung des Verschuldungsniveaus in der Kaufpreisfinanzierung vereinfacht gesprochen zwei (Gruppen von) Kaufgesellschaften gegründet bzw. verwendet:

Zum einen – wie üblich – die Kaufgesellschaft für das operative Zielunternehmen, zum anderen eine Kaufgesellschaft zum Ankauf von Sachanlagevermögen (i.d.R. entweder Grundstücke und gegebenenfalls daraufbefindliche Assets wie Produktionsanlagen, Hochregallager etc. oder aber Einzelhandels- bzw. Retail-Outlets). Diese vereinfachte Grundstruktur (von der es zahlreiche und zum Teil erheblich abweichende Varianten gibt) ist Abbildung 41 anschaulich dargelegt:

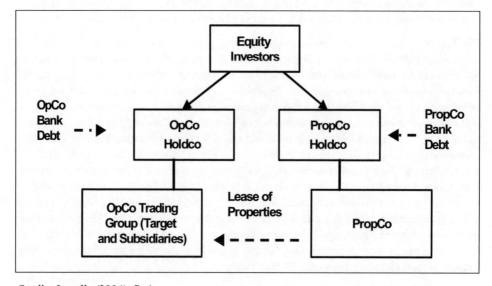

Quelle: Lovells (2004), S. 4
Abbildung 41: *Typische Grundstruktur einer OpCo/PropCo-Transaktion*

Aus rechtlichen bzw. zeitlichen Gründen wird zumeist zuerst eine (kurzfristige) Brückenfinanzierung (Bridge Facility) zur Kaufpreisfinanzierung herangezogen, die dann durch eine entsprechend dauerhafte bzw. endgültige Finanzierungsstruktur abgelöst wird. Dabei wird zumeist ein Sale-Leaseback zwischen der OpCo (operativen Gesellschaft) und der PropCo

---

[111] Zu allgemeinen Techniken der Vermeidung von Grunderwerbsteuern bei Unternehmenskäufen (jenseits der OpCo/PropCo-Strukturen) vgl. z.B. Schönweiß (2004) und Bogenschütz (2004), S. 351 ff; so kann beim Erwerb einer inländischen Kapitalgesellschaft mit Immobilieneigentum die Grunderwerbsteuer z.B. dadurch vermieden werden, dass eine Personengesellschaft, an der der Erwerber höchstens zu 94,9 Prozent beteiligt ist und bei der die restlichen Anteile von fremden Dritten gehalten werden, ein Paket an der Zielgesellschaft von 5,1 Prozent erwirbt, während der Erwerber (die Erwerbergesellschaft) unmittelbar die verbleibenden 94,9 Prozent Anteile am Zielunternehmen erhält – siehe z.B. Bogenschütz (2004), S. 354.

(Besitzgesellschaft) vorgenommen, wobei für die entsprechenden aufströmenden Garantien und Sicherheiten in vielen Staaten erst nach einigen organisatorischen Zwischenschritten (in Großbritannien beispielsweise nach dem Abschluss des sog. Whitewash Procedure) gesorgt werden kann.

Die mögliche Erhöhung des Fremdmittelanteils in der Kaufpreisaufbringung ergibt sich daraus, dass Immobilienfinanciers i.d.R. niedrigere Eigenmittelquoten für den Ankauf von bestehenden Immobilien verlangen als dies die LBO-Financiers für den Ankauf des Zielunternehmens tun. So sind Loan-to-Value-Verhältnisse (LTVs) von 80 bis 85 Prozent in der Immobilienfinanzierung typisch[112], bei LBOs sind diese LTVs wie dargestellt üblicherweise eher bei 60 bis 75 Prozent. Folglich stehen Eigenmittelquoten von 10 bis 20 Prozent in der Immobilienfinanzierung Eigenmittelquoten von 25 bis 40 Prozent in der LBO-Finanzierung gegenüber. Zudem weisen derartige Immobilienfinanzierungen i.d.R. günstigere Konditionen als LBO-Akquisitionsdarlehen auf.

Genau dies wird durch die kombinierten Akquisitionsfinanzierungs- und Immobilienfinanzierungsstrukturen in OpCo/PropCo-Strukturen ausgenutzt. Zudem sollen bei diesen Strukturen wie erwähnt auch steuerliche Vorteile insbesondere bezüglich der Vermeidung von Grunderwerbssteuern (in Deutschland die 3,5 Prozent-ige Grunderwerbssteuer) bei gleichzeitigem – steuerneutralen – Heben von stillen Reserven zwecks dann resultierender Erhöhung der steuerlich anrechenbaren Abschreibungsbasis (i.d.R. über Sale-Leaseback Transaktionen) erreicht werden. Zur Erlangung dieser steuerlichen Ziele der Grunderwerbsteuervermeidung bzw. -minimierung werden in Deutschland Grundstücke oft vor Durchführung eines Unternehmenskaufs in eine von der Grundstückskapitalgesellschaft bzw. operativen Gesellschaft (OpCo) neugegründete Personengesellschaft (PropCo) ausgegliedert und anschließend Anteile an der Kapitalgesellschaft in Höhe von weniger als 95 Prozent auf den Käufer (die Erwerbergesellschaft) übertragen. Die Übertragung von Grundstücken vom Gesellschafter auf eine Personengesellschaft mit Gesamthandsvermögen ist zwar ein nach § 1 Abs. 1 GrEStG steuerbarer Vorgang, nach §§ 5 und 6 GrEStG ist die Übertragung jedoch in der Höhe steuerbefreit, in welcher der Gesellschafter an der Gesellschaft beteiligt ist.[113]

Während bei einer echten Trennung der Finanzierungsarten unterschiedliche Finanzierungspartner zur Verfügung stehen, ist bei (primär steuerlich und nur subsidiär Leverage motivierten) atypischen („unechten") OpCo/PropCo Strukturen zumeist eine Identität der finanzierenden Banken (und der gegebenenfalls vorgesehenen sog. Institutionellen Investoren wie CDOs, Hedge Fonds etc.) gegeben.

Selbst bei den echten OpCo/PropCo Strukturen wird zunächst aus Gründen der Erhöhung der Abschluss- bzw. Transaktionssicherheit i.d.R. der gesamte Kauf von einem Hause (und dessen Akquisitions- und Immobilienabteilungen mit jeweils seperaten Genehmigungen und Final Take Auflagen) fremdfinanziert (Fully Underwriting), und erst im Zuge einer Syndizierung zwei unterschiedliche Banken- bzw. Finanzierungskonsortien aufgestellt.

---

[112] Dies zeigt sich auch bei den für Immobilienfinanzierungen typischen, für LBOs aber untypisch hohen LTVs (bis zu ca. 90 Prozent) bei den erwähnten Wohnungsportfolio-LBOs wie z.B. Viterra oder Gagfah.

[113] Schönweiß (2004), S. 294 bzw. detaillierter S. 294 ff

Bei den *„echten" OpCo/PropCo Strukturen* (mit getrennten Finanzierungssphären und -partnern) ist daher auf eine saubere Trennung der beiden Finanzierungssphären (*so genanntem Ringfencing*) zu achten, wonach sich negative Aspekte in der einen Sphäre (z.B. beim operativen Unternehmen und seiner Kaufgesellschaft OpCo-Holding) nur in wenigen unvermeidlichen Fällen auch negativ auf die andere Risikosphäre (Immobilienunternehmen bzw. PropCo-Holding) durchschlagen sollten. So wird im Rahmen des regelmäßig vorgenommenen Ringfencing in der Vertragsdokumenttion vorgesehen, dass nur Zahlungsstörungen (payment defaults) bei den OpCo-Akquisitionsdarlehen auch zu einem Kündigungsrecht der PropCo-Gläubiger führen können; ansonsten soll es zu keinen derartigen sog. Cross-Defaults zwischen den OpCo- und den PropCo-Darlehensverträgen kommen. Im Gegenteil ist es üblich, dass die PropCo für den Fall einer Underperformance der OpCo eine „Step-in"- Option zur Beendigung des Lease Agreements erhält. Zudem muss Klarheit darüber bestehen, wer für den Instandhaltungsaufwand und Verbesserungen an den Immobilien zuständig ist. Diese Klarheit wird in den Miet- und Pachtvereinbarungen (Lease Agreements) oft über entsprechende Covenants erreicht, die die OpCo zu derartigen Verhaltsweisen (insb. Übernahme der Instandhaltung) verpflichten.

All diese Konstruktionselemente sind in der Praxis allerdings nur dann möglich und besonders relevant, wenn die Assets auch eine echte, von dem LBO-Unternehmen (OpCo) *unabhängige Drittverwendungsmöglichkeit* ausweisen; nur dann können beide Risikosphären als separierbar betrachtet werden, nur dann machen daher auch höhere LTVs und niedrigere Margen und damit „echte" OpCo/PropCo-Strukturen einen ökonomischen Sinn. Zudem müssen selbst bei Erfüllung dieser Voraussetzungen einige Zusatzaspekte seitens des Finanzinvestors beachtet werden, die u.U. der Vorteilhaftigkeit echter OpCo/PropCo-LBO-Strukturen entgegenstehen – beispielhaft seien nur drei wesentliche Aspekte erwähnt:

■ Die trotz aller Trennungsbemühungen immanent enge Verwobenheit der Risikosphären zwischen OpCo und PropCo bewirkt, dass die Handlungsfreiheit des Finanzinvestors eingeschränkt wird; so bedürfen viele Transaktionen im operativen Bereich nicht nur der Zustimmung der OpCo-Gläubiger bzw. -Financiers, sondern auch die der PropCo-Financiers.

■ In diesem Zusammenhang ist desweiteren zu bedenken, dass die Immobilienfinanzierer nicht immer ausreichende Erfahrung für die Erfordernisse einer LBO-Akquisitionsfinanzierung bzw. des Investors aufweisen; dadurch können auch sinnvolle Vorgänge in der Sphäre des operativen Unternehmens bzw. des Finanzinvestors u.U. in Gefahr geraten, nicht die erforderliche Zustimmung der PropCo-Financiers zu erhalten und daher gefährdet werden.

■ Weiters ist zu bedenken, dass die OpCo-Kreditgeber im Falle der Kündigung und der Verwertung auf keine (ausreichenden) Assets zurückgreifen können, um das Unternehmen weiter zu betreiben; diese stehen im Eigentum der Immobiliengesellschaft (PropCo) und werden nur solange zur Verfügung gestellt, als die operative Gesellschaft ihre Miet- und Pachtverpflichtungen auch im Insolvenzfall der OpCo uneingeschränkt nachkommt. Diese Tatsache verteuert ceteris paribus die Akquisitionsfinanzierung.

Aus den genannten Gründen wird in einer OpCo/PropCo-Struktur auch unter günstigsten Voraussetzungen zwar eine höhere Verschuldung als bei einem reinen LBO möglich sein, der Leverage wird aber dennoch unter dem Niveau liegen, das sich bei einer sog. Securitisation (siehe dazu bezüglich der Whole Business Securitisation unter 7.11.4) ergeben kann. Letztere hat aber im Vergleich zu OpCo/PropCo-Strukturen den Nachteil, dass sie wesentlich unflexibler ist, insb. was vorzeitige Tilgungen betreffen, die bei Securitisations u.U. prohibitiv teuer sein können.

Beispiele für OpCo-PropCo LBOs in den letzten Jahren sind etwa Debenhams, Vendex, NCP, Fraikin oder Travelodge.

6.5   Akquisitionsfinanzierungen und Rekapitalisierungen bzw. Refinanzierungen

In den letzten zwei Jahren ist ein Teil-Exit der Finanzinvestoren aus LBO-Unternehmen über Rekapitalisierungen zu einem immer wichtigeren Phänomen in der Akquisitionsfinanzierung geworden. Dies ist Abbildung 42 über die Verteilung der Leveraged Loans auf Anlassfälle in 2005 zu entnehmen:

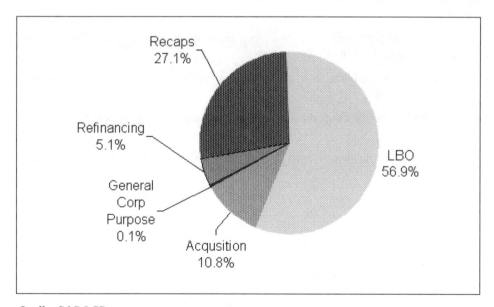

Quelle: S&P LCD

Abbildung 42: Verteilung der Volumina europäischer Leveraged Loans auf Anlassfälle in 2005

Knapp ein Drittel des Volumens an Leveraged Loans in 2005 entfiel auf Recaps und Refinanzierungen. In Deutschland entfielen bei LBOs mit einem Unternehmenswert von über 100 Mio. Euro laut Statistiken der Royal Bank of Scotland[114] in 2005 gar 47 Prozent und damit knapp die Hälfte des LBO-Akquisitionsfinanzierungsvolumens (ohne Real-Estate-Portfolio-Transaktionen) auf Recaps.

Mit Recaps sind die teilweise oder gar vollständige Rückzahlung der ursprünglichen Eigenmittel an den Investor während aufrechter Beteiligung an dem Zielunternehmen gemeint. Diese Rückführung wird regelmäßig über die Erhöhung der Fremdmittel finanziert und führt daher in konsolidierter Gruppen-Betrachtung zu einer Rekapitalisierung der Unternehmensgruppe (genau genommen zumeist der Kaufgesellschaft, insb. wenn diese noch nicht mit dem Zielunternehmen verschmolzen ist). Da diese Rückführung von Eigenmitteln wirtschaftlich betrachtet wie eine Dividende zu betrachten ist, spricht man von *Dividend Recaps*.[115]

Die Mittel für die Dividend Recaps können aus Ausschüttung vorhandener Liquidität und/oder durch Neuaufnahme von verzinslichen Fremdmitteln stammen. Häufig wird diese Neuaufnahme dazu genützt, die gesamte bestehende Finanzierungsstruktur abzulösen. Bei bloßen Refinanzierungen erhöht sich im Gegensatz zu den Rekapitalsierungen die Höhe der Finanzverbindlichkeiten nicht, vielmehr wird nur deren Struktur neu geordnet. Diese Neuordnung bezieht sich zumeist insb. auf die Laufzeit, den Grad der Seniorität und – i.d.R. damit zusammenhängend – die Margenhöhe.

Drei Hauptgründe sind in der Finanzierungspraxis für derartige Rekapitalsierungen/Recaps anzufinden:

- Besonders gute wirtschaftliche Entwicklung, insb. starker Anstieg des EBIT(A) und der freien Cashflows des LBO-Unternehmens

- Weitgehende Entschuldung, insb. bei Investment Grade Status zur Eigenkapitalmaximierung des Investors

- Leveragearbitrage, die durch die Zunahme aggressiverer Finanzierungsstrukturen ermöglicht wird

Der letzte Punkt ist für den rasanten Anstieg der Dividend Recaps der letzten zwei Jahre hauptverantwortlich.

---

[114] Vgl. König (2006), S. 103.

[115] Genau genommen gibt es neben der hier im Mittelpunkt stehenden proaktiven Form von Dividend oder Leveraged Recaps auch eine defensive Form, die entweder (insb. von börsennotierten Unternehmen) eingesetzt wird, um (ganz oder teilweise mit Fremdmittel finanzierte) feindliche Übernahmen zu erschweren oder aber um einer Underperformance der Unternehmensgruppe durch Anpassung der Kapitalstruktur zu begegnen.

Der enorme Bedeutungszuwachs der Recaps in Europa ist auch aus Abbildung 43 zu erkennen.

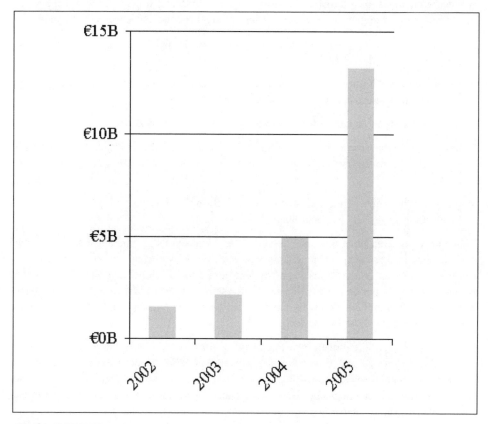

Quelle: S&P LCD
Abbildung 43: *Volumen europäischer Recaps 2002 bis 2005 in Mrd. Euro*

In 2005 erfolgten Zahlungen von Sonderdividenden (i.d.R. zur Ablösung von Gesellschafter-darlehen und immer wieder auch darüber hinaus) an die Finanzinvestoren im Ausmaß von 13,2 Mrd. Euro und damit mehr als dem Doppelten des hohen Niveaus von 5 Mrd. Euro in 2004. Durchschnittlich betrug die Auschüttung 127 Prozent des Ursprungsengagements, in 2004 war dieser Anteil noch bei 76,8 Prozent, in 2003 nur bei 66,1 Prozent. Der Zeitraum zwischen Ursprungsengagement und Recap lag im Schnitt bei 1,8 Jahren, nachdem dieser in 2002 noch bei 2,3 Jahren lag.

Finanzinvestoren nutzen immer öfter die derzeitige überaus investorenfreundliche Verfassung der europäischen Märkte für Akquisitionsfinanzierungen, um sich bereits bei den ursprüngli-chen LBO über sog. Embedded Recap Provisions die vertragsrechtliche Basis für spätere Rekapitalisierungen bei Einhaltung gewisser Rahmenbedingungen (z.B. Einhaltung bestimm-ter Verschuldungs/EBITDA-Relationen bzw. bestimmter EBITDA-Niveaus) zu sichern. Die

Einräumung derartiger oder ähnlicher[116] Klauseln ist nur vor dem Hintergrund einer extremen Marktliquidität für Akquisitionsfinanzierungen zu erklären, folglich dürften diese Klauseln bei einer diesbezüglichen Veränderung der Marktgegebenheiten wieder verschwinden.

Bei den Dividend Recaps können hinsichtlich des Ausmaßes der Rückführung der Eigenmittel vier unterschiedliche Szenarien unterschieden werden:

- Der Investor erhält nur einen Teilbetrag der ursprünglichen Eigenmittel zurück und bleibt noch mit einem substanziellen Anteil an Eigenmitteln kommitiert.

- Der Investor erhält de facto alle Eigenmittel zurück (über 90 bis zu 100 Prozent).

- Der Investor erhält mehr als 100 Prozent der ursprünglichen Eigenmittel, jedoch weniger als die üblicherweise angestrebte innere Verzinsung (üblicherweise IRR von > 25 Prozent) zurück.

- Der Investor erzielt bereits mit dem Dividend Recap eine normalerweise befriedigende Rendite von 25 Prozent p.a. oder übertrifft diese sogar.

Während für Banken ohne Spezialabteilungen für Akquisitionsfinanzierung regelmäßig nur die erste der vier Varianten in Betracht kommt, ist es für die Mehrzahl der Akquisitionsfinanzierungsspezialisten grundsätzlich kein Problem, Investoren auch bei den Varianten 2 und 3 zu unterstützen, da bei diesen der Finanzinvestor sein Ziel noch nicht erreicht hat und insoweit trotzdem kommitiert bleibt. Es handelt sich eben ökonomisch gesehen erst um einen Teil-Exit und keinen vollständigen Exit.

Die Variante 4 ist für die großen Investmentbanken (insb. angelsächsischer Prägung) und für viele national spezialisierte Akquisitionsfinanzierer ebenfalls kein Problem, wenn diese von einem ausreichenden sog. „Implied Equity" (siehe dazu gleich unten) ausgehen können, ein guter LBO-Kandidat vorliegt und die grundsätzliche Syndizierbarkeit angenommen werden kann. Letzteres setzt – abgesehen von den allgemeinen Erfolgskriterien für LBOs und einem guten aktuellen Geschäftsverlauf – einen guten Trackrecord des LBO-Unternehmens und dessen Managements bezüglich Entschuldung und Wertsteigerung sowie einen angemessenen Verschuldungsgrad voraus. Für einige Banken aus dem deutschsprachigen Raum mit Akquisitionsfinanzierungsexpertise ist diese vierte Variante dagegen nicht mehr darstellbar und daher eine Rekapitalisierung in diesem Fall gar nicht oder nur im Rahmen des für die klassische Unternehmensfinanzierung Üblichen (also grundsätzlich Finanzierungen mit einem Verhältnis Netto-Gesamtverschuldung bzw. Total Net Debt zu EBITDA unter 3,0 bis 3,5) möglich. Dazu kommt noch, daß die rechtlichen Schranken für derartige Recaps durch die Kapitalerhaltungsvorschriften der §§ 30 und 31 GmbHG und das – eine Durchgriffshaftung der Ge-

---

[116] Ein besonderes interessantes Beispiel ist der Recap von Ahlsell: Danach war ein „fast-track" Verkaufsmechanismus dergestalt möglich, dass die Finanzierungsstruktur trotz Mehrheitseigentümerwechsel (Change-of-Control) innerhalb von 12 Monaten nach dem Recap ohne vorzeitige Pflichtsondertilgung (Mandatory Prepayment) bestehen bleiben konnte, falls der Käufer ein Private-Equity Investor mit bestimmten Charakteristika ist. Ähnliche Überlegungen gelten auch für sog. Qualified IPOs oder kurz QIPO-Regelungen in LBO-Akquisitionsfinanzierungsverträgen, nach denen Akquisitions(re)finanzierungen unter bestimmten Voraussetzungen auch nach einem Exit in Form eines IPOs weiter bestehen können.

sellschafter bzw. der beherrschenden Gesellschafter-Gesellschafter (faktische Gesellschafter oder mittelbare Gesellschafter bei zwischengeschalteten Holdings) auslösende – Verbot des existenzvernichtenden Eingriffs besonders relevant werden.[117]

Das in der *Praxis bei Recaps so wichtige Konzept des Implied Equity* basiert auf der Abschätzung des Unternehmenswertes (üblicherweise auf Basis von EBITDA-Multiples oder EBIT-Multiples für vergleichbare Unternehmen) nach Abzug der Finanzschulden (verzinslichen Verbindlichkeiten).

Zur Verdeutlichung diene folgendes, sehr vereinfachtes Beispiel (ohne Transaktionskosten):

AKTIVA	PASSIVA	%
37 Gesellschaftsanteile	10 EK	27
	12 Mezzanine	32
	15 Senior Loan	41

Quelle: Eigene Darstellung
Tabelle 15: *Bilanz der Erwerbergesellschaft (NewCo) vor Recap (alle Beträge in Mio. Euro)*

Die Bilanz der NewCo weist nach dem Recap folgende Struktur auf:

AKTIVA	PASSIVA	%
37 Gesellschaftsanteile	2 EK	5
	5 Mezzanine	14
	30 Senior Loan	81

Quelle: Eigene Darstellung
Tabelle 16: *Bilanz der Erwerbergesellschaft nach Recap*

Die Gesellschaft weise ein EBITDA von 8 Mio. Euro auf, annahmegemäß völlig vergleichbare Unternehmen wurden vor kurzem mit EBITDA-Multiples von 7 bewertet bzw. verkauft, d.h. der Unternehmenswert kann bei dieser sehr vereinfachten Betrachtung auf Basis dieses Transaction Multiples mit 56 Mio. Euro angenommen werden.

AKTIVA	PASSIVA	%
56 Gesellschaftsanteile	21 Implied Equity	38
	5 Mezzanine	9
	30 Senior Loan	54

Quelle: Eigene Darstellung
Tabelle 17: *„Pro Forma Bilanz Erwerbergesellschaft "*

Anstelle der buchmäßigen EK-Quote von 5 Prozent beträgt die implizierte Eigenkapital-Quote 38 Prozent. Diese liegt wieder auf einem für eine Akquisitionsfinanzierung normalerweise ausreichenden Ausmaß.

---

[117] Vgl. zu diesen im Detail zuletzt u.a. Weitnauer (2005).

Ob man aber an eine derartige implizite EK-Quote glaubt oder glauben darf, ist wie erwähnt unter den Akquisitionsspezialisten nicht unumstritten. Schließlich fehlt hier bei der „Back of the Envelope"-Bewertung der eigentliche Markttest durch den Kauf bzw. eine Bewertung eines neuen Investors.

Unabhängig von den aufgezeigten Fragen nach der jeweiligen Bankenpolitik und den jedenfalls zur Anwendung kommenden allgemeinen Erfolgsfaktoren der Akquisitionsfinanzierung (vgl. dazu Kapitel 4) gelten folgende *zusätzliche spezifische Erfolgsfaktoren,* die im Einzelfall bei Leveraged Recaps von jeder Bank besonders beachtet werden sollten:

■ Entscheidend für Banken ist es, dass der Finanzinvestor (und das am Unternehmen beteiligte Management) weiterhin ein hohes Interesse (Committment) an der Beteiligung hat; der Investor sollte daher entweder noch nicht auf seine Zielrendite gekommen sein oder aber der Implied Equity Value sollte – trotz Mindestzielrenditenerzielung – nachhaltig und in ausreichender Höhe sein, um noch einen hinreichenden Zusatzanreiz für den Investor (und ggf. auch das Management) darzustellen

■ Als Risikoausgleich für die Eigenmittelreduzierung sollte der dynamische Verschuldungsgrad nachhaltig niedriger sein als in der Ausgangssituation (und innerhalb allfälliger Leveragebenchmarks der finanzierenden Bank für derartige Unternehmen); diese Nachhaltigkeit kann letztlich nur aus einer in der Zwischenzeit erfolgten nachhaltigen Wertsteigerung des Zielunternehmens oder einem geringeren Leverage bei konstanter (stabiler) Wertentwicklung des Zielunternehmens resultieren

■ Der dynamische Verschuldungsgrad sollte idealerweise auch dann nicht höher sein als in der Ausgangssituation, wenn aufgrund der besseren Kenntnis des Buy-out-Unternehmens (zumal in einer LBO-Umgebung) die bereits den ursprünglichen LBO finanzierende Bank der Auffassung ist, dass die Risikostruktur bei Recap im Vergleich zur Ausgangssituation trotz Eigenmittelreduzierung nicht erhöht ist. Es darf in diesem Zusammenhang nicht vergessen werden, dass sich infolge des Recaps die Gesamtlaufzeit der Finanzierung (zumeist deutlich) erhöht

Besondere Vorsicht ist daher bei den Dividend Recaps angesagt, die nur aufgrund einer Leveragearbitrage erfolgen; hier ist häufig kein fairer bzw. attraktiver Ertrags-Risiko-Ausgleich für die finanzierenden Banken (und Institutionellen Investoren) gegeben.

6.6   Akquisitionsfinanzierungen in Krisensituationen

Schuldenbasierte Akquisitionsfinanzierungen im Bereich des spekulativen Risikobereichs bzw. Subinvestment Grade (Rating von BB+ oder schlechter) sind von Haus aus riskante Unterfangen, die trotz genauer Prüfung in Form von Due Diligence Prozessen seitens der Investoren und der finanzierenden Banken immer wieder auch scheitern können. Kommt es zu einer deutlichen und anhaltenden Abweichung der Planung und damit zu Brüchen von Auflagen (Covenants), so ergibt sich – für den regelmäßigen Fall der Fortführbarkeit der Unternehmen (sog. Going Concern) – die Notwendigkeit der Restrukturierung des Unternehmens und der Kapitalstrukur. Einfache Anpassungen der (finanziellen) Covenants sind dafür nicht mehr ausreichend, da diese nur für kurzfristige und relative gering ausgeprägte Schwächephasen in Frage kommen. Eine Rekapitalisierung des Unternehmens und damit eine wesentliche Änderung in der Kapitalstrukutr des Unternehmens sind in solchen Fällen unausweichlich.

Wie in einem solchen Falle einer Restrukturierung vorgegangen wird bzw. werden kann, soll anhand eines vereinfachten (aber realen, anonymisierten) Beispiels dargestellt werden:[118]

1997 wurde ein Retail-Unternehmen im Zuge eines LBOs erworben. Die Finanzierungsstruktur war dabei von vornherein aggressiv: Ein hoher Anteil an nachrangigen Anleihen war in Form von Step-up-Notes vorgesehen, bei denen in den ersten drei Jahren keine Cash-Zinsen zu zahlen waren, sondern eine Kapitalisierung der Zinsen erfolgte. Aufgrund erheblicher Planabweichungen in den Folgejahren konnten die Fremdmittel nicht mehr bedient werden.

Aktuelle Kapitalstruktur	Per 30/09/00 in USD Mio.	Verhältnismäßiger Anteil
Senior Term Loan	100,0	25 %
Senior Subordinated Step-up Notes	250,0	62 %
Preferred Stock	50,0	13 %
Common Equity	0,0	n.a.
Gesamt	400,0	100 %

Quelle: Amsterdam Institute of Finance/ABN Amro (2000)
Tabelle 18: Kapitalstruktur per 30.9.2000

Kennzahlen	
Zinsdeckungsgrad EBITDA/Total Interest	0,9
Bereinigter Zinsdeckungsgrad (EBITDA-Capex)/Total Interest	0,7
Verschuldungsgrad Total Debt/EBITDA	7,0

Quelle: Amsterdam Institute of Finance/ABN Amro (2000)
Tabelle 19: Finanzielle Kennzahlen per 30.9.2000

---

[118] Die folgende Darstellung folgt anhand eines Beispiels in Amsterdam Institute of Finance/ABN Amro (2000).

Die Kapitalseite wurde in den folgenden fünf Schritten neustrukturiert.

1. Bestimmung des Unternehmenswertes (Enterprise Value)

Werte in USD Mio.	Going Concern	Liquidation Value
Geschätztes EBITDA 2000	50,0	50,0
Angenommenes Transaktionsmultiple	6,0 x	4,5 x
Unternehmenswert	300,0	225,0
Ausstehende Senior Verschuldung	– 100,0	– 100,0
Restwert für Anleihegläubiger	200,0	125,0
Subordinierte Ansprüche	250,0	250,0
Restwert/Subordinierte Ansprüche	80,0 %	50,0 %

Quelle: Amsterdam Institute of Finance/ABN Amro (2000)
Tabelle 20: *Enterprise Value Bestimmung und Vorteilsvergleich*

Wie sich zeigt, ist eine Going-Concern-Betrachtung (dieses grundsätzlich fortführbaren und profitablen Unternehmens) in diesem Falle die für die Gläubiger der Finanzverbindlichkeiten im Vergleich zur Unternehmensliquidation klar attraktivere Vorgangsweise. Die Tabellen 18 bis 20 zeigen auch die für Restrukutrierung typische Ausgangssituation, in der der Unternehmenswert unter dem Wert der Finanzverbindlichkeiten liegt und folglich eine Überschuldung vorliegt.

2. Allokation (Zuordnung) der Werte auf die bestehenden Gläubiger der Finanzverbindlichkeiten und die Anteilseigner

Diese Zuordnung war das Ergebnis harter Verhandlungen unter den Gläubigern der Finanzverbindlichkeiten und den Anteilseignern und sah wie folgt aus:

Werte in USD Mio.	(Geschätze) Ansprüche	Angebotener Betrag	% des (geschätzten) Anspruchs
Banken	100,0	100,0	100,0
Anleihegläubiger	250,0	175,0	70,0
„Vorzugsaktionäre"	50,0	25,0	50,0
Gesamtwert (Going Concern)		300,0	

Quelle: Amsterdam Institute of Finance/ABN Amro (2000)
Tabelle 21: *Allokation der Ansprüche*

3. Bestimmung der Art der Verteilung der Ansprüche anhand der Verschuldungsfähigkeit

Die Verschuldungsfähigkeit wird hier vereinfacht anhand eines gewünschten Zinsdeckungsgrads ermittelt; selbstverständlich spielen in der Praxis die Erzielung von bestimmten erwünschten Kennzahlen-Werten eine ebenso zentrale Rolle wie eine detaillierte (neue) Planungsrechnung mit entsprechenden Szenarien (Management/Investor Case; Bank Case oder Base Case und Downside Case) und Sensibilitätsrechnungen.

Werte in USD Mio.	Konservativer Ansatz[119]	Aggressiver Ansatz
Ziel-Zinsdeckungsgrad	1,8 x	1,5 x
Geschätztes EBITDA 2000	50,0	50,0
Gesamtzinsaufwand	27,8	33,3
Bestehende Bankzinsen (12%)	– 12,0	– 12,0
Verfügbarer Zinsaufwand für Nachrang-Verschuldung	15,8	21,3
Angenommener Zins auf Nachrangschuld	15,0 %	15,0 %
Impliziter Betrag an neuer Nachrangschuld	105,2	142,2
Gesamter Nachranganspruch	175,0	175,0
Angeboter Betrag an neuer nachrangiger Schuld	– 105,2	– 142,2
Residualanspruch	69,8	32,8

Quelle: Amsterdam Institute of Finance/ABN Amro (2000)
Tabelle 22: *Verschuldungsfähigkeit und Zuordnung von Ansprüchen*

4. Zuordnung des Eigenkapitals

Werte in $ Mio.	Konservativer Ansatz	Aggressiver Ansatz
Unternehmenswert (Going Concern)	300,0	300,0
Weniger Bankschuld	– 100,0	– 100,0
Weniger neue Nachrangschuld	– 105,2	– 142,2
Verfügbares (impliziertes) Eigenkapital für Allokation	94,8	57,8
Residualanspruch Nachranggläubiger	69,8	32,8
Zuordenbares Eigenkapital für "Vorzugsaktionäre"	25,0	25,0

Quelle: Amsterdam Institute of Finance/ABN Amro (2000)
Tabelle 23: *Zuordnung des Eigenkapitals*

Kapitalstruktur (Wert in USD Mio.)	Vor Rekapitalisierung	In %	Nach Rekapitalisierung (konservativer Ansatz)	In %
Senior Bankverschuldung	100,0	25,0	100,0	33,3
Subordinierte Verschuldung	250,0	62,5	105,2	5,1
Gesamt-Verschuldung	350,0	87,5	205,2	68,4
Preferred Equity	50,0	12,5	0,0	0,0
Common Equity	0,0	0,0	94,8	31,6
Gesamte Kapitalisierung	400,0	100,0	300,0	100,0

Quelle: Amsterdam Institute of Finance/ABN Amro (2000)
Tabelle 24: *(„pro forma") Kapitalstruktur des rekapitalisierten Unternehmens*

---

[119] Aus den in Abschnitt 4.8 ersichtlichen Benchmarks für erfolgreiche Akquisitionsfinanzierungen ist ableitbar, dass die Darstellung in diesem Beispiel auch durchaus als nicht konservativ eingestuft werden könnte (bzw. u.E. sollte), wodurch der „aggressive Ansatz" dann unter Umständen als ein äußerst aggressiver Ansatz zu würdigen wäre.

Die Neuverteilung der Anteile am Unternehmen zeigt sich wie folgt:

Werte in USD Mio.	Implied Equity	Prozentuale Verteilung
Nachrangige Anleihegläubiger	69,8	73,6 %
Preferred Stockholder	25,0	26,4 %
Gesamte Anteileigner	94,8	100,0 %

Quelle: Amsterdam Institute of Finance/ABN Amro (2000)
Tabelle 25: *Neuverteilung der Unternehmensanteile*

5. Bestimmung der Asset Recovery

Werte in USD Mio.	Geschätzter Anspruch	Anteilige Recovery	Debt Value	Equity Value	Total Value
Bankschulden	100,0	100,0 %	100,0		100,0
Prozentualer Anteil			100,0 %	0,0 %	33,3 %
Nachrangschulden	250,0	70,0 %	105,2	69,8	175,0
Prozentualer Anteil			60,1 %	39,9 %	58,3 %
Preferred Stock	50,0	50,0 %	0,0	25,0	25,0
Prozentualer Anteil			0,0 %	100,0 %	8,3 %
Unternehmenswert					300,0

Quelle: Amsterdam Institute of Finance/ABN Amro (2000)
Tabelle 26: *Bestimmung der Asset Recovery*

Die obige Darstellung ist auch für den Markt für Nonperforming Loans (NPL) im Allgemeinen relevant. Der deutsche Markt, mit einem Volumen von geschätzten 160 bis 320 Mrd. Euro zweitgrößter NPL Markt der Welt, ist in den letzten Jahren deutlich in allen Subsegmenten (d.h. Single-Name-, Basket- und Portfolio-Transaktionen bei Unternehmens-, Konsumenten- oder Immobilienkrediten/Hypothekendarlehen oder Anleihen) gewachsen.[120] Für Banken ist es mittlerweile kein Tabuthema mehr, Problemkredite zu veräußern (prominentes Beispiel: KarstadtQuelle). So wurden alleine in 2004 geschätze 12 Mrd. Euro und 2005 ca. 13 Mrd. Euro an Problemkrediten veräußert. Kurzfristig wird in diesem Markt in Deutschland noch ein leichtes Wachstumspotenzial (auf bis zu 15 bis 20 Mrd. Euro p.a.) gesehen.

Vor allem für spezialisierte Distressed Debt Investoren wie insbesondere Investmentbanken (wie Deutsche Bank, CSFB Goldman Sachs oder Morgan Stanley) oder – zum Teil auch aus deren Umfeld stammende – Opportunity-Funds (wie z.B. Cerberus, Oaktree oder Lone Star) bzw. Hedgefonds (wie z.B. Citadel oder D.E. Shaw) ergibt sich dabei ein interessantes und potenziell äußerst attraktives Wachstumsfeld. Die Investoren versuchen dabei, sich in bestehende Finanzierungen sowohl auf der Senior Debt als auch auf der subordinierten Debt Seite mit hohen Abschlägen (Disagios) einzukaufen. Im Zuge der Restrukturierung wird dann von

---

[120] Zu einer aktuellen Studie über den Distressed Debt Markt in Deutschland vgl. u.a. Schalast/Daynes (2005) und Froitzheim et al. (2006); zum Distressed Debt Markt (und der Sicht der Banken) vgl. ferner zuletzt z.B. Kuhlwein/Richthammer (2006).

den an der Gewinnung der Unternehmenskontrolle ausgerichteten Investoren[121] versucht, den Unternehmenswert und so die Werthaltigkeit der gekauften Ansprüche wieder zu steigern. So sollen im Ergebnis – unterstützt durch den meist nur geringen Eigenmittelanteil von NPL-Investoren von ca. 25 Prozent – Senior-Loan-Ansprüche und -risiken für die Investoren zu mezzanineartigen Verzinsungen führen, Mezzanine-Ansprüche sollen Private-Equity typische Verzinsungen von jenseits 20-25 Prozent p.a. erzielen.

In unserem obigen Beispiel könnte sich beipielsweise ein Hedgefonds in die subordinierte Finanzierung zu einem Abschlag von 30 Prozent (über Abtretung) einkaufen und im Falle des Gelingens der Restrukturierung und der Realisierung eines Unternehmenswerts von 300 Mio. Euro durch Unternehmensverkauf Renditen erzielen, die üblicherweise nur Private-Equity Investoren erwarten können. Dies gälte umso mehr, wenn beispielsweise im Gefolge der Restrukturierung der ursprüngliche Unternehmenswert von 400 Mio. Euro (oder gar mehr) realisiert würde.

Gleiches wie oben dargestellt gilt ceteris paribus grundsätzlich auch für die Eigenkapitalseite, wenn Turnaround-Investoren (wie Alchemy, Apollo, Nordwind Capital, Orlando, Arques, Compass Partners, Adcuram, usw.) versuchen, im Zuge einer Restrukturierung den inneren Wert eines Unternehmens zu realisieren. Kaufen sie sich zum Unternehmenswert im Zeitpunkt der Unternehmenskrise ein, dann können sie bei erfolgreicher Restrukturierung überaus beachtliche Renditen erzielen. Wenn z.B. ein Turnaround-Investor in unserem obigen Beispiel das Unternehmen zu 300 Mio. Euro Unternehmenswert kauft und dabei ein Drittel Eigenmittel einsetzt und das Unternehmen nach drei Jahren Restrukturierung zu 400 Mio. Euro verkauft, dann hat er selbst ohne zwischenzeitliche Entschuldung den Eigenkapitaleinsatz verdoppelt und so eine IRR von 26 Prozent p.a. erzielt.

Ein aktuelles Beispiel für einen erfolgreichen Turnaround eines größeren deutschen Mittelständlers war der Kauf der Moeller-Gruppe durch Advent: Bereits ca. eineinhalb Jahre nach Erwerb konnte das Unternehmen im Juli 2005 zu einem deutlich höheren Unternehmenswert im Rahmen eines Secondary Buy-out an Doughty Hanson veräußert werden, die kolportierte IRR für Advent belief sich auf einen hohen dreistelligen Betrag. Nach Aussagen des Managements selbst wäre ohne den Restrukturierungserfolg von Advent das Unternehmen wahrscheinlich in eine existenzgefährdende Lage gekommen. (Ein weiteres Beispiel für einen Turnaround durch einen Einstieg eines Investors ist Wolf Garten.) Ähnlich positv war laut Medienberichten der Einstieg der Distressed Debt-/Turnaround-Spezialisten von Goldman Sachs bei der zwischenzeitlich insolventen Drogerie-Kette „Ihr Platz", einem ehemaligen Familienunternehmen der Familie Frömbling. Durch den jüngst erfolgten Einstieg von Kingsbridge Capital beim – laut Medienberichten in Schwierigkeiten geratenen – Modelleisenbahnbauer Märklin konnte das Unternehmen (jedenfalls vorläufig) stabilisiert werden.

Hierin zeigt sich eine weitere wichtige positive Funktion von Private-Equity: Die Rettung von angeschlagenen (oder insolventen) Unternehmen durch Turnaround-Investments. Auch

---

[121] Daneben gibt es auch jene Investoren in NPL bzw. Distressed Debt, die eine Art von Arbitrage betreiben und auf eine baldige Refinanzierung zu geringeren (oder im Extremfall gar keinen) Abschlägen als den Abschlägen zu ihrem Einstiegszeitpunkt setzen.

diese Funktion wird in der öffentlichen Diskussion über die Rolle von Finanzinvestoren zumeist nicht ausreichend gewürdigt[122].

Aufgrund der nur eingeschränkten Vorhersehbarkeit der Cashflows (die meist zu optimistisch prognostiziert werden)[123] in Turnaround-Situationen eignen sich derartige Unternehmenskäufe grundsätzlich nur für moderat geleveragte Finanzierungsstrukturen. Hohe Verschuldungsgrade sind erst nach einem nachhaltigen Abschluss der Restrukturierung – bei Vorliegen der allgemeinen Voraussetzungen für hohe Verschuldungsgrade – wieder sinvoll.

Der *Einstieg der NPL/Distressed Debt Investoren* erfolgt *häufig* über so genannte *Debt-Equity Swaps*. Dies geschieht in Deutschland[124] meist durch die Umwandlung von Forderungen gegenüber der Zielgesellschaft in Eigenkapital im Zuge einer Sachkapitalerhöhung (unter Bezugsrechtsausschluss)[125]. Ein bisher erfolgreiches Beispiel dafür ist der Allgäuer Strumpfhersteller Kunert AG, weitere sehr aktuelle und erfolgreiche Beispiele sind die Drogeriekette Ihr Platz und der Herrenausstatter Bäumler AG. Zurzeit sollen laut Medienberichten[126] auch bei zwei größeren Akquisitionsfinanzierungen im Automobilzulieferbereich, die vor einigen Jahren im Zuge von Private-Equity gesponserten LBOs erfolgten, Debt-Equity Swaps unmittelbar bevorstehen (TMD Fricton und Kiekert). Weitere Beispiele für einen Debt-Equity Swap sind laut Medienberichten die Vereinigte Deutsche Nickel-Werke AG (VDN) und der Folienhersteller Treofan.

Der Sachkapitalerhöhung bedarf zu ihrer Wirksamkeit eines Gesellschafterbeschlusses und der Eintragung im Handelsregister. Dieser Kapitalerhöhung geht in aller Regel ein Kapitalschnitt durch eine vereinfachte Kapitalherabsetzung voraus. Über die Debt-Equity Swaps können Überschuldungssituationen beseitigt und die Fremdkapital-Eigenkapitalrelationen deutlich verbessert werden.

Durch die neuen (Mit-)Eigentümer wird allerdings regelmäßig die Unternehmensführung und -kultur deutlich geändert. Bei Familienunternehmen kommt es nicht selten zu einem (sukzessiven oder sofortigen) „Hinausdrängen" des bisherigen (Familien-)Eigentümers. Die oft angelsächsisch geprägten Vorgehensweisen der NPL-Investoren wie Hedge Fonds oder aber vieler Turnaround-Investoren führen dabei zu erheblichen kulturellen Konflikten („cultural

---

[122] Gleiches gilt für die Zurverfügungstellung von Liquidität in Situationen, in denen traditionelle Kreditgeber und Mezzanine-Investoren verhalten bzw. zögerlich sind – die Zurverfügungstellung von subordinierten Mitteln insb. durch NPL-Investoren soll z.B. laut Medienberichten in 2005 zur (zumindest vorübergehenden) Stabilisierung eines größeren deutschen Automobilzulieferers wesentlich beigetragen haben.

[123] Vgl. u.a. Altman/Hotchkiss (2006), S. 87 f mit Literaturhinweisen.

[124] Vgl. zum unmittelbar folgendem u.a. Ashurst (2005); bei Schuldverschreibungen gelten Sonderbestimmungen, auch diese sind u.a. in Ashurst (2005) kurz ausgeführt.

[125] Der Bezugsrechtsausschluss erfolgt entweder – angesichts der Unternehmenskrise – durch freiwilligen Verzicht der Altgesellschafter oder unter Ausschluss des Bezugsrechts der bestehenden Anteilseigner im Rahmen des Kapitalerhöhungsbeschlusses. Soweit die Satzung der Gesellschaft innerhalb der gesetzlichen Grenzen keine anderen Mehrheitserfordernisse vorsieht, beschließen die Gesellschafter die Kapitalerhöhung mit Ausschluss des Bezugsrechts mit einer Dreiviertelmehrheit bezüglich des vertretenen Kapitals. Bei der AG muss zusätzlich die Mehrheit der Stimmrechte den Beschluss unterstützen.

[126] FTD vom 19.07.2006.

clashes"), die künftig noch des öfteren zu erheblichen Spannungen im deutschen Mittelstand führen[127] und derzeit noch unterschätzt werden.

Alles in allem dürften aber wohl die positiven Aspekte durch NPL-Investoren und Turnaround-Investoren (wie Unternehmensanierungen bzw. Steigerung der Wettbewerbsfähigkeit von Unternehmen) die damit einhergehenden Nachteile (z.B. oft kurzfristiger Beschäftigungsabbau, immer wieder auch in Verbindung mit Verlagerung von Produktionen in Niedriglohnländer) überwiegen[128], auch wenn der Turnaround den Finanzinvestoren nicht immer gelingt (aktuelles Beispiel: der insolvente Industriebodenhersteller Rinol AG).

Häufig ist es allerdings bei kleineren und vorübergehenden Problemen im Zuge von Akquisitionsfinanzierungen von LBOs völlig ausreichend, durch kleinere Restrukturierungstranchen ("Restructuring Facilities") die erforderlichen neuen Finanzmittel zur Durchführung von Restrukturierungsmaßnahmen (wie z.B. Produktionsverlagerungen in Billiglohnländer und den damit verbundenen Mitarbeiterabbau und ggf. sogar Werksschließungen) zur Verfügung zu stellen. Die angesprochenen Debt-Equity Swaps und ähnliche NPL-Maßnahmen können dadurch oft verhindert werden.

---

[127] Vgl. dazu auch den manager-magazin Artikel vom Mai 2006, „Gottkönigs Absturz" von Michael Freitag und Ulric Papendick über den Aufstieg und Niedergang des Industriebodenherstellers Rinol AG.

[128] Zum Phänomen und Investment in corporate financial distress vgl. die umfassende und aktuelle Arbeit (in 3. Auflage) von Altman/Hotchkiss (2006); zur Unternehmensfinanzierung in und nach der Restrukturierung in der deutschsprachigen Literatur vgl. zuletzt z.B. Blatz/Kraus/Haghani (2006).

7. Produkte und Strukturierung der Akquisitionsfinanzierung

Bei einem fremdfinanzierten Unternehmenskauf wird das Transaktionsvolumen durch haftendes Eigenkapital und Fremdkapital (Senior Loans) bereitgestellt. Häufig werden auch noch Mischformen bzw. hybride Kapitalformen wie Mezzanine-Finanzierungen oder Vendor Loans verwendet. Dies soll anhand eines kleinen in Abschnitt 5 kurz eingeführten Fall-Beispiels näher erläutert werden:

Mittelherkunft	in EUR Mio.	in % von Transaktionsvolumen
Eigenkapital	79	38 %
Fremdkapital	129	62 %
Transaktionsvolumen	**208**	**100 %**

Quelle: Eigene Darstellung
Tabelle 27: *Mittelherkunft*

Mittelverwendung	in EUR Mio.	in % von Transaktionsvolumen
Kaufpreis	200	96 %
Transaktionsnebenkosten	8	4 %
Transaktionsvolumen	**208**	**100 %**

Quelle: Eigene Darstellung
Tabelle 28: *Mittelverwendung*

In unserem Fallbeispiel (basierend auf einem schuldenfreien Unternehmen) mit einem Transaktionsvolumen von 208 Mio. EUR) werden 38 Prozent durch Eigenkapital und 62 Prozent durch Fremdkapital finanziert. Mit der Annahme, dass das Unternehmen debt/cash free[129]

---

[129] Das debt/cash free Konzept zur Kaufpreisermittlung hat sich in der Praxis bewährt, um das Problem der Bestimmung des – grundsätzlich dem Verkäufer zustehenden – Cashflows zwischen dem Zeitpunkt der Vertragsunterzeichnung und dem Zeitpunkt des Übergangs der Geschäftsanteile (Closing) zu überwinden: Als Unternehmensgesamtwert wird der Wert des Eigenkapitals definiert, den das Unternehmen ohne Schulden und liquiden Mitteln aufweisen würde. Durch Abzug der Nettofinanzverbindlichkeiten (zinspflichtiges Fremdkapital minus liquide Mittel) vom (zeitinvariant unterstellten) Unternehmensgesamtwert ergibt sich der vorläufige Kaufpreis. Der endgültige Kaufpreis ergibt sich im Zeitpunkt des Closings aus dem Abzug der tatsächlichen Nettoverschuldung vom (selben) Unternehmenswert. Um die Gestaltungsspielräume, die diese Kaufpreisformel eröffnet, von vorneherein zu beschränken, werden in der Praxis einige Vorkehrungen getroffen – vgl. zu alledem z.B. Richter (2005), S. 213 ff. Dies betrifft bei Unternehmenskäufen jedenfalls meist den Bereich des Nettoumlaufvermögens (= Vorräte + Kundenforderungen – Lieferantenverbindlichkeiten), das sich – für die Aufrechterhaltung desselben Kaufpreises – in gewissen Korridoren bewegen oder aber z.B. gewisse Mindestwerte erreichen muss; ferner erstrecken sich derartige Abrechnungsmechaniken immer wieder auf Bereiche wie Pensionrückstellungen oder Veränderungen bei Sachanlagen bzw. auf die Sicherung eines gewissen Mindesteigenkapitals. Die entsprechenden Werte werden i.d.R. mittels einer Abrechnungsbilanz (Stichtagsbilanz) ermittelt, d.h. auf Basis des Jahresabschlusses, falls der Übergabestichtag auf das Ende des Geschäftsjahres fällt, sonst auf Basis eines dafür nötigen Zwischenabschlusses. Wird ein ensprechend zugesicherter Working Capital (WC)- oder Eigenkapital-Wert nicht erreicht, so erfolgt meist eine Kaufpreisanpassung im Ausmaß dieser (Mindestziel-)Abweichung.

erworben wird, beträgt der dynamische Verschuldungsgrad bzw. Leverage (= Total Net Debt/EBITDA) bei einem EBITDA von 46 Mio. Euro (siehe Seite 85) bei der Vertragsunterzeichnung 2,8.

Bei der Bestimmung des Verschuldungsgrads einer Tranksaktion wird in der Marktpraxis stets die tatsächliche Netto-Verschuldung („funded net debt" zum Zeitpunkt des Closing) in bezug zu Ertragsgrößen (i.d.R. EBITDA) gesetzt. Diese Konvention ist gerade wenig erfahrenen Akquisiteuren häufig unbekannt. Aus dieser Unkenntnis ergeben sich mitunter Anwendungsprobleme und Missverständnisse, die im Extremfall sogar zu Finanzierungslücken führen können. Im Einzelnen sind dabei folgende Zusammenhänge besonders beachtenswert und praxisrelevant:

■ Die Kaufpreise werden in der Regel auf Basis eines Erwerbs ohne Cash/verzinsliche Verschuldung bestimmt. Insoweit verzinsliche Schulden und/oder Cash Bestände mitübernommen werden, kommt es zu einer entsprechenden Anpassung der Summe, die für den Erwerb der Geschäftsanteile zu zahlen ist.

■ Die Akquisitionskredite werden daher häufig zu einem Gutteil auch zur Ablösung bestehender langfristiger und ggf. auch kurzfristiger Finanzverbindlichkeiten verwendet. Die regelmäßig mitstrukturierte Betriebsmittellinie wird in der Regel nur zur Abdeckung kurzfristiger unterjähriger Betriebsmittelbedarfe strukturiert. Bestehende mittel- und langfristige Kredite werden daher meist nicht durch die Ziehung der Betriebsmittellinie bei Funding, sondern durch die Akquisitionskredite abgelöst.

■ Nur in dem Ausmaß, in dem eine derart verwendete Betriebsmittellinie bei Funding gezogen ist, wird im Normalfall diese Ausnützung bei der Bestimmung der Ausgangs-Verschuldung hinzugerechnet. Besser wäre es dagegen anstelle der zufälligen Momentaufnahme die durchschnittliche Ausnutzung einer derartigen BML der Ausgangsverschuldung hinzuzurechnen; dies ist allerdings nicht der Marktstandard.

■ Umgekehrt wird ein gelegentlich vorgenommenes Overfunding (das zumeist aus Vorsichtsgründen bzw. zur Abdeckung kurzfristig auftretender atypischer Bedarfe vorgesehen wird) meist von der Bruttoverschuldung abgezogen.

Im Folgenden werden ausgehend von der Bestimmung der Schuldendienstfähigkeit die *wichtigsten Instrumente der Akquisitionsfinanzierungen für LBOs näher dargestellt.* Diese decken sich zum Großteil auch mit denen für die Akquisitionsfinanzierung durch strategische, nicht primär exit-orientierte Investoren (wie Unternehmen, Industrieholdings, Family Offices oder Gesellschafter im Zuge von Owner Buy-outs). Teilweise (insbesondere bei Mezzanine Finanzierungen) weichen diese aber in ihrer Ausgestaltung von den Instrumenten für Corporate Buy-outs (CBOs) ab, teilweise kommen für CBOs auch andere Instrumente in Frage. Schließlich ist auch die relative Gewichtung der einzelnen Instrumente unterschiedlich.

Diese Unterschiede resultieren aus den z.T. unterschiedlichen Ausgangs- und Interessenslagen zwischen LBOs und CBOs: Während reine Finanzinvestoren primär an der Erzielung einer möglichst hohen Rendite (IRR) ihrer Investments in Unternehmen interessiert sind und diese Rendite – vor dem Hintergrund ihnen nur zeitlich befristet zur Verfügung stehender Fondsmittel – spätestens nach einer gewissen Zeit realisiert werden muss, weisen strategische Investoren i.d.R. aufgrund der Going Concern Perspektive keinen limitierten Anlagehorizont auf.

Folglich sind die Instrumente für die Akquisitionsfinanzierung immer auch zugleich Mittel der allgemeinen Unternehmensfinanzierung. Dies gilt vor allem dann, wenn die Akquisitionsfinanzierung über die Bilanz des akquirierenden Unternehmens dargestellt wird. In diesem Fall sind die Aspekte der Akquisitionsfinanzierung und der Unternehmensfinanzierung nicht zu trennen. Aber auch bei einem Erwerb über eine Erwerbergesellschaft ist die Akquisitionsfinanzierung bei CBOs stets in die allgemeine Unternehmensfinanzierung eingebettet. So nehmen zahlreiche Unternehmen mit Investment Grade Rating Kredite und Anleihen zu Zwecken der allgemeinen Unternehmensfinanzierung auf, vor allem um sie künftig für noch nicht ausreichend konkretisierten Akquisitionsfinanzierungen einzusetzen. (Meist gibt es für derartige Finanzierungen entweder keine Covenants oder aber nur solche, die verhindern, dass der Kreditnehmer in den Bereich des Subinvestment Grade abrutscht; bei Corporate Bonds im Bereich Investment Grade sind ohnedies nur wenige, relativ „harmlose" Incurrence Covenants[130] üblich).

Deshalb ist es stets auch schwierig, allgemeingültige Darstellungen von Instrumenten der Akquisitionsfinanzierung für CBOs vorzunehmen, zumindest solange nicht der reine Akquisitionsfinanzierungsaspekt isoliert wird, was meist nicht (ohne weiteres) möglich bzw. sinnvoll ist.

Eine enge indirekte Verknüpfung zwischen allgemeiner Unternehmensfinanzierung und Akquisitionsfinanzierung ergibt sich auch über das Phänomen des so genannten *Event Risk*: Unter Event Risk versteht man die plötzliche, unerwartete Verschlechterung der Bonität eines Kreditnehmers/Emittenten, die insbesondere durch Schulden finanzierte M&A-Transaktionen, LBOs, „Restrukturierungen" (Leveraged De-capitalisation, Sonderdividenden, Teilverkäufe von Unternehmensbereichen) und ähnliche Vorgänge ausgelöst wird.

Während (vernünftige) mit Schulden finanzierte M&A-Transaktionen meist nur eine Bonitätsverschlechterung um einen Notch (eine Ratingstufe, z.B. von BBB+ auf BBB) oder zwei Notches bedeuten, beträgt die Bonitätsverschlechterung von Investment Grade geratenen Unternehmen durch LBOs meist 4-6 Notches (Beispiel: S&P stufte das Rating der niederländischen Mediengruppe VNU nach der im Mai 2006 erfolgten 79-prozentigen Annahme des Übernahmeofferts für das Gesamtunternehmen von insgesamt 8,7 Mrd. Euro eines Investorenkonsortium namens Valcon – zusammengesetzt aus AlpInvest, Blackstone, Carlyle, Hellman & Friedman, KKR und Thomas H. Lee Partners – um vier Stufen auf B+ herab; bei Corporate Restructurings ist die Bonitätsverschlechterung dagegen nicht zu verallgemeinern und stets nur auf den Einzelfall bezogen zu bestimmen).[131]

Um sich gegen diese signifikanten Risiken abzusichern, gibt es eine Reihe von Mechanismen, die in Kreditverträgen oft (mit Ausnahme bei den besten Bonitäten, insbesondere bei

---

[130] Bei Incurrence Covenants bzw. Incurrence Tests wird ein Unternehmen nur verpflichtet, bestimmte, für die HYB-Anleihegläubiger risikoerhöhende Maßnahmen (wie die Aufnahme neuer Bankkredite) zu unterlassen, nicht aber bestimmte Ertrags- bzw. Finanzkennzahlen laufend einzuhalten, wie dies bei den sog. Financial Covenants bei LBOs üblich ist. Daher kann auch aus einer Underperfomance – im Gegensatz zu den Kreditgläubigern bei LBOs im Falle von Financial Covenants Verletzungen – kein Kündigungsrecht für die HYB- Anleihegläubiger abgeleitet werden.

[131] Vgl. dazu u.a. Tawadey/Engineer/Lorenzen/Shah/Hardy (2006), S. 39.

großen börsennotierten Unternehmen wie z.B. Siemens) vorgesehen sind: Insbesondere sind dies Change of Control (CoC)-Klauseln, Negative Pledge-Klauseln, Restriktionen für Teilverkäufe des Unternehmens und Mindesteigenkapitalquoten. Seltener bzw. nur deutlich abgeschwächt[132] sind diese hingegen bei Corporate Bonds anzutreffen, was schon häufig zu bösen Überraschungen geführt hat.

Auch in jüngster Vergangenheit waren gerade auch LBO bedingte Ratingverschlechterungen (u.a.) für Bondsinvestoren zu verzeichnen (Beispiele: LBO-Übernahmeangebote für ISS, TDC oder VNU). Deshalb werden immer häufiger zumindest *Change of Control-Klauseln in Verbindung mit einem Rating Trigger* in den Bond Indentures verankert (Beispiele: Sixt; Wienerberger; BAA; KPN; SCA; Scania; Rexam; Valeo; Clariant)[133]: Bei diesen kann der Anleihegläubiger i.d.R. dann kündigen, wenn der mehrheitliche Eigentumswechsel zu einer Bonitätsverschlechterung (von typischerweise) in den Bereich Subinvestment Grade (Rating von BB+ oder schlechter) führt. Ein weiteres probates Mittel gegen Event Risks sind Ratingbased Coupon Step-ups (aktuelles Beispiel: Rexam Bonds), wenn sie auch sehr selten sind.

Bei den ergänzenden Unterschieden zwischen Akquisitionsfinanzierungen von LBOs und CBOs seien nur die Wichtigsten angeführt:

■ *Einige Instrumente mit besonders langer oder unendlicher Laufzeit kommen von vorneherein nur für CBOs in Betracht.* Dies gilt ganz besonders für eine Produktinnovation, die 2005 ihren Durchbruch als Instrument der Unternehmens- und der Akquisitionsfinanzierung schaffte, nämlich *Corporate Hybrid Debt bzw. Corporate Hybrids:* Nachdem Anfang 2005 Moody's – in Gefolge dann auch S&P und Fitch – die Beurteilungskriterien für Corporate Hybrids transparent machten und eine großzügigere Eigenkapitalanerkennung einräumten (Moody's hob die allgemeine Eigenkapitalanrechnungsmöglichkeit nach einem „Basket" Konzept auf bis zu 100 Prozent an), erfolgten ab Mitte 2005 eine ganze Reihe von bedeutenden Emissionen mit einem Gesamtvolumen in 2005 von ca. 7 Mrd. Euro.

In Rekordzeit haben sich *Corporate Hybrids* mittlerweile – aufgrund ihrer vielfältigen Vorteile[134] – beinahe *zu einem Standardinstrument der Unternehmens- und Akquisitionsfinanzierung Anleihe-emissionsfähiger Unternehmen entwickelt.* Dies bringt z.B. Jean-Francois Mazaud, Leiter der DCM Origination von Société Générale, prägnant folgendermaßen zum Ausdruck: „A hybrid is now considered systematically for any issuer with substantial acquisition financing needs and compatible credit story…".[135]

---

132 So sind Negative Pledge Klauseln bei Corporate Bonds üblicher Weise beschränkt auf „relevant indebtedness", wodurch Bankschulden ausgeklammert und oft nur „no better bonds" erfasst werden.

133 Vgl. dazu z.B. Tawadey/Engineer/Lorenzen/Shah/Hardy (2006), S. 32 f.

134 Ratingoptimierte Stärkung der Eigenkapitalbasis (nach IFRS bzw. IAS 32 sind Hybrids u.U. zu 100 Prozent als Eigenkapital anrechenbar; hohe Eigenkapitalanrechnung seitens der Ratingagenturen) bzw. Verbesserbarkeit des Verschuldungsgrads mit vergleichsweise geringen Kosten auch wegen der steuerlichen Abzugsfähigkeit des Zinsaufwandes, Verbreiterung der Investorenbasis und damit Verringerung der Abhängigkeit von Banken sowie Nachweis der Kapitalmarktfähigkeit mit einem Eigenkapitalinstrument und damit klarer Vertrauensbeweis des Kapitalmarkts in die Bonität des Unternehmens.

135 Zitiert nach dem Artikel von Helen Bartholomew, M&A drives issuance, S.10 in Debt Capital Markets, IFR Special Report April 2006.

Auch wenn keine Standardstruktur existiert, sind doch folgende Elemente charakteristisch:[136]

- Nachrangigkeit gegenüber allem anderen Fremdkapital
- Ultralange (z.b. 100 oder 1.000 Jahre) oder unendliche Laufzeit (Perpetual) mit Call-Optionen des Emittenten i.d.R. nach 10 Jahren (Non-Call 10) und step-up der Zinsmargen danach, um das Unternehmen zur (vorzeitigen) Rückzahlung zu incentivieren bzw. eine risikoadäquate Verzinsung zu erzielen
- Fixer Kupon bis zum erstmöglichen Rückübernahmezeitpunkt, danach variabler Kupon (Fix-to-Floating Rate Note)
- Möglichkeit des Emittenten, Kuponzahlungen abhängig von der wirtschaftlchen Entwicklung aufzuschieben bzw. ausfallen zu lassen (Deferral Machanismus)
- Verpflichtung des Emittenten zur Refinanzierung des Hybrids mit einem gleichrangigen oder einem noch eigenkapitalnäheren Instrument bei Rücknahme oder Fälligkeit (Replacement Language).

Der Eigenmittel(ähnliche)-Charakter der Hybrids kommt auch darin zum Ausdruck, dass ihr (externes) Rating typischerweise zwei bis drei Stufen unter dem des Kreditnehmerratings bzw. des Senior Ratings liegt.

TUI hat mit seiner Emission die Tür für Hybrids von Emittenten des unteren Investment Grade bzw. des High Yield Bereichs geöffnet, Otto tat selbiges mit seiner 150 Mio. Euro Emission im Juli 2005 für nicht geratete Unternehmen. Mithin stehen Hybrids praktisch allen anleiheemissionsfähigen Unternehmen als Instrument der Unternehmens- und Akquisitionsfinanzierung zur Verfügung, obgleich ihr dauerhafter Durchbruch von einigen Marktteilnehmern noch angezweifelt bzw. als offene Frage angesehen wird.[137] Im ersten Quartal 2006 waren es M&A-Finanzierungsanlässe, die die Emission von Hybrids prägten (Beispiel: Vinci's 500 Mio. Euro Emission im Zuge der Akquisitionsfinanzierung von Autoroutes du Sud de la France, ASF; Vattenfall's 1 Mrd. Euro Perpetual non-call 10 Hybrid-Emission soll als quasi equity bolt-on Akquisitionen finanzieren). Auch Linde plant die Übernahme des britischen Wettbewerbers BOC u.a. mit einem Hybrid von 1,6 Mrd. Euro zu (re-)finanzieren.

- ■ Umgekehrt gibt es Instrumente der Akquisitionsfinanzierung, die in der Unternehmensfinanzierung nur eher selten anzufinden sind: Hauptgründe dafür sind die umfangreiche Einräumung von Sicherheiten (alle wesentlichen Assets aller Gesellschaften der Unternehmensgruppe des Zielunternehmens) im Rahmen der LBO-Finanzierung und die hohe Bedeutung des Exits für den Investor und die Akquisitionsfinanzierung. Folglich sind umfangreiche nachrangig besicherte Finanzierungsformen wie Second Liens und Mezzanine Loans (insb. solche mit Equity Kicker) in der allgemeinen Unternehmensfinanzierung wie

---

[136] Vgl. dazu und zu Corporate Hybrids allgemein den sehr guten Überblicksartikel von Hampl/Sarges/Niethammer (2006).

[137] Durchaus kritisch z.B. Tawadey/Engineer/Lorenzen/Shah/Hardy (2006), S. 27 ff, für die Hybrids nur für Unternehmen interessant (weil günstig) sind, die Eigenmittel bzw. Equity benötigen, da sie ansonsten nur teures Fremdkapital wären.

auch – mit Abstrichen und dann nur bei Finanzierungen im Subinvestment Grade – in der Finanzierung von Übernahmen durch Strategen deutlich seltener anzutreffen als bei LBOs.

■ Aufgrund der Bedeutung eines raschen und möglichst jederzeit möglichen Ausstiegs kommt auch der jederzeitigen Rückzahlbarkeit der Fremdmittel eine deutlich höhere Bedeutung zu als in der allgemeinen Unternehmensfinanzierung und der Übernahmefinanzierung strategischer Investoren (insb. Unternehmen). Folglich werden für LBO-Finanzierungen häufig Mezzanine-Darlehen auch dann vorgezogen, wenn High Yield Bonds – was meist der Fall ist – eigentlich günstiger wären (diese sind nämlich meist 5 Jahre lang nicht rückzahlbar bzw. non-callable). Daher sind auch Produktinnovationen wie Mezzanine Notes, die eine erleichterte Refinanzierung im Falle des Exits des Investors ermöglichen, bisher praktisch nur für LBOs relevant.

Infolge der im Allgemeinen nicht gegebenen vorzeitigen Rückzahlbarkeit kommen folglich auch die in den letzten Jahren (als Instrument der allgemeinen Unternehmensfinanzierung) in Mode gekommenen Standard-Mezzanine in Form der Programm-Mezzanine (insbesondere Standardgenussrechte; bekanntestes Beispiel sind die verschiedenen PREPS-Programme der HVB) von vornherein nicht als ein geeignetes Instrument der LBO-Finanzierung in Betracht.

■ Die traditionellen Mezzanine-Instrumente der allgemeinen Unternehmensfinanzierung wie z.B. Genussrechte, typische und atypische stille Gesellschaften, aber auch Wandel- und Optionsanleihen, unterscheiden sich von den Mezzanine-Instrumenten, die in der Akquisitonsfinanzierung für LBOs zur Anwendung kommen. Aufgrund der Exit-Orientierung der Finanzinvestoren kommen Darlehen mit Warrants bzw. Equity Kicker (Optionsdarlehen) eine große Bedeutung für LBO-Finanzierungen zu, ein derartiges Element ist bei Mezzanine-Finanzierungen in der allgemeinen Unternehmensfinanzierung vergleichsweise selten anzutreffen.

Aufgrund Stärke und Stabilität der freien Cashflows eignen sich für LBO-Finanzierungen nachrangige (besicherte) Darlehen als Mezzanine-Instrument ganz besonders, bei den meist nicht gut für LBOs geeigneten sonstigen Unternehmen spielen dagegen wegen des Fehlens dieser Voraussetzung und der häufigen Eigenkapitalschwäche eigenkapitalnähere und liquiditätsschonendere Mezzanine-Instrumente eine größere Rolle. Die gerade für börsennotierte Unternehmen wichtigen Convertible Bonds (Wandelanleihen) spielen bei den i.d.R. nicht börsennotierten LBO-Unternehmen klarerweise nur eine vergleichsweise äußerst untergeordnete Bedeutung (eine Ausnahme ist z.B. Frankreich, wo seit langem Wandelanleihen bzw. -darlehen eine wichtige Rolle für LBO-Finanzierungen spielen).

■ Schließlich sind die Instrumente der Akquisitionsfinanzierung immer dann nicht vergleichbar, wenn die Akquisitionsfinanzierung von der Bonität her im Investment Grade anzusiedeln ist. Dann unterscheiden sich auch Senior Loans mit ggf. gleicher Laufzeit und Tilgungsstruktur deutlich voneinander: Dies betrifft nicht nur so wichtige Aspekte wie Zinsmargen und Up-front Fees, sondern insbesondere den Umfang an Sicherheiten und an Covenants und Undertakings.

7.1   Bestimmung der Schuldendienstfähigkeit

Die richtige Gewichtung des Fremdkapitals im Verhältnis zum Eigenkapital ist ein entscheidender Erfolgsfaktor beim Unternehmenskauf. Eine Finanzierungsstruktur, die nicht gewährleistet, dass das Unternehmen die Schulden zurückführen kann, gefährdet die Überlebensfähigkeit des Unternehmens und somit den Erfolg der gesamten Transaktion.

Die Höhe der Fremdfinanzierung hängt bei LBOs primär von der Schuldendienstfähigkeit (d.h. das Verhältnis freier Cashflow zu Tilgungen + liquiditätswirksame Zinsen) des gekauften Unternehmens während des entsprechenden Finanzierungszeitraums ab. Bei extern gerateten Unternehmen steht dagegen für die Bestimmung der Debt Capacity im Rahmen einer Akquisitionsfinanzierung das angestrebte Rating nach der Transaktion im Mittelpunkt:[138] Weitere wichtige Faktoren sind das Risikoprofil der Transaktion sowie das Syndizierungsumfeld.

Um die Schuldendienstfähigkeit zu ermitteln, werden von den Banken, die die Akquisitionsfinanzierung begleiten, aufbauend auf den vorhandenen Informationen (Managementplanung, Financial Due Diligence, Markt Due Diligence usw.) Finanzierungsmodelle erstellt, die mit Bilanz- und GuV-bezogenen Annahmen den voraussichtlichen zur Bedienung des Schuldendienstes zur Verfügung stehenden Cashflow (= freier Cashflow) im Rahmen einer Vorschaurechnung in einem so genannten Bank Case ermitteln. In einem so genannten Downside Case wird die Planung einem Stress Test unterzogen und festgestellt, ob und inwieweit bei ungünstiger Entwicklung die Bedienbarkeit der Schulden gegeben ist.

Der freie Cashflow (FCF) kann – wie in 1.1. dargelegt – ausgehend vom EBITDA – vereinfacht und unter Ausklammerung von a. o. Effekten – wie folgt pro forma bestimmt werden:

---

[138] Soll etwa bei einem Unternehmen mit einem BBB-Rating auch nach dem schuldenfinanzierten Unternehmenskauf über die Bilanz des kaufenden Unternehmens ein Rating im Bereich des Investment Grade erzielt werden, so sind grundsätzlich in konsolidierter Sicht nur jene finanziellen Verschuldungskennzahlen darstellbar, die zumindest ein Rating von BBB- ermöglichen; diese sind von Branche zu Branche aufgrund unterschiedlicher operativer Risiken (oft höchst) unterschiedlich.

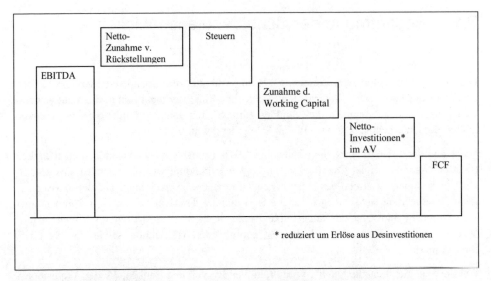

Quelle: Eigene Darstellung
Abbildung 44: *Vereinfachte Ermittlung des freien Cashflows*

Da es sich bei dem Fremdkapital (Akquisitionsdarlehen) um langfristige Darlehen (i. d. R. von fünf bis neun Jahren) handelt, ist neben der absoluten Höhe die Stabilität und die Planbarkeit der zukünftigen freien Cashflows von entscheidender Bedeutung.

Das letztendlich umgesetzte Fremdkapital-zu-Eigenkapital-Verhältnis bestimmt sich, wie in 1.2 dargestellt, aus dem Spannungsfeld der verschiedenen Interessensschwerpunkte der involvierten Parteien. Die meisten LBOs weisen eine Eigenkapitalquote von 30 – 40 Prozent auf. Je kleiner der Buy-out, desto ceteris paribus höher ist die Eigenmittelquote. Die Eigenmittelquote korreliert positiv mit dem Risikogehalt des LBO-Unternehmens.

All dies führt in der Praxis im Allgemeinen zu Finanzierungsstrukturen, bei denen nicht nur ein Darlehen vorhanden ist, sondern mehrere Tranchen mit verschiedenen Laufzeiten, Tilgungsstrukturen und Konditionen zum Einsatz kommen.

Der tatsächlich realisierte Kauf- bzw. Verkaufspreis wird somit maßgeblich von der Schuldendienstfähigkeit des Unternehmens bestimmt, für die vorhandene werthaltige Assets zur Besicherung nur eine hilfreiche oder mitunter notwendige, aber keine hinreichende Bedingung sind.

7.2   (Wirtschaftliches) Eigenkapital

Der (wirtschaftliche) Eigenkapitalanteil setzt sich im Allgemeinen aus Einzahlungen in das Stammkapital bzw. Grundkapital sowie Kapitalreserven und Gesellschafterdarlehen zusammen.

In der Regel verlangen die Finanzinvestoren ein finanzielles Commitment des Managements – typischerweise in der Höhe des ein- bis zweifachen Jahresnettogehalts.

In dem aufgeführten Fallbeispiel hat das Managementteam des zu akquirierenden Unternehmens 2 Mio. Euro an Eigenkapital eingebracht und 12 Prozent des Stammkapitals erhalten.

	in EUR Mio.	in % Transaktionsvolumen	in % vom Stammkapital
Management	2		12 %
Finanzinvestor	15		88 %
Stammkapital	**17**	**8 %**	**100 %**
Gesellschafterdarlehen	62	30 %	
Summe Eigenkapital	**79**	**38 %**	
Fremdkapital	129	62 %	
Transaktionsvolumen	**208**	**100 %**	

Quelle: Eigene Darstellung
Tabelle 29: *Aufbringung des Eigenkapitals im Beispielfall*

Der Anteil des Stammkapitals der NewCo an den insgesamt aufzubringenden Eigenmitteln wird bewusst gering gehalten. Das restliche notwendige Eigenkapital decken (abgesehen von auch lohnsteuertechnisch motivierten Einzahlungen in die Kapitalreserven) die Finanzinvestoren in Form von Gesellschafterdarlehen ab.

Dies führt in Hinsicht auf die Beteiligungsstruktur zu einer Besserstellung des Managements, das mit einem im Vergleich zum gesamten Eigenkapitalfinanzierungsaufwand kleinen Kapitalbeitrag eine relativ große Beteiligung am Stammkapital der Erwerbergesellschaft (in unserem Beispiel eine GmbH) erhalten kann (so genanntes Sweet Equity, vgl. Kapitel 2.2.2).

Die Zinsen des nachrangigen (eigenkapitalnahen) Gesellschafterdarlehens werden i. d. R. vollständig kapitalisiert (Payment in Kind bzw. PIK). Erst wenn das Fremdkapital vollständig getilgt wurde, kann das Gesellschafterdarlehen im Normalfall zusammen mit den aufgelaufenen Zinsen zurückgeführt werden. In letzter Zeit gibt es allerdings auch vereinzelt und dies insb. bei Largecap-LBOs Regelungen, die unter gewissen Umständen liquiditätswirksame Zinszahlungen auf Gesellschafterdarlehen aus dem Excess-Cashflow zulassen.

7.3   Verkäuferdarlehen (Vendor Loan), Earn-out und Rückbeteiligungen

Wenn die Kauf- und Verkaufspreisvorstellungen trotz intensivster Verhandlungen nicht zum Einklang gebracht werden können, scheitert entweder die Transaktion, oder aber es kommen Instrumente zur Anwendung, die die offene Lücke schließen können.

In der Praxis kommen dabei – abgesehen von Mezzanine – vor allem drei Instrumente zur Anwendung, die im Folgenden wegen ihrer großen praktischen Bedeutung kurz dargestellt werden sollen.

7.3.1   Verkäuferdarlehen

Eine erste Möglichekeit einer Überbrückungshilfe für unterschiedliche Kaufpreisvorstellungen besteht darin, dass der Verkäufer durch ein – meist nachrangiges – Darlehen einen Teil des Kaufpreises stundet (*Verkäuferdarlehen bzw. Vendor Loans oder Seller Notes*) und somit das zu finanzierende Transaktionsvolumen reduziert.

Durch den häufig vereinbarten Rangrücktritt des Verkäufers im Insolvenzfall hinter allen anderen verzinsten Fremdkapitalforderungen wird der Vendor Loan bei der Strukturierung oft als (wirtschaftliches) Eigenkapital betrachtet (insbesondere, wenn auch die Zinsen kapitalisiert werden und insofern strukturell subordiniert sind). Ähnlich wie beim Mezzanine-Kapital besteht auch hier eine Vielzahl an Möglichkeiten der Ausgestaltung.

Häufig wird der Nachrang des Vendor Loans auf die Zinszahlung und Rückführung des Darlehens erweitert, d.h. die Zinsen werden vollständig kapitalisiert und das Darlehen kann erst nach der vollständigen Rückführung des Fremdkapitals (Senior Loans, Mezzanine) zurückbezahlt werden (vollständiger Nachrang bzw. Complete Subordination). Mitunter werden liquiditätsmäßige Zinszahlungen aus dem Excess-Cashflow zugelassen. Immer wieder sieht man in der Praxis aber auch Konstruktionen von Verkäuferdarlehen, bei denen diese während der Laufzeit der Senior- (und der gegebenenfalls vorliegenden) Mezzanine-Darlehen zurückgeführt werden. Insoweit wird der allfällige (für den Insolvenzfall) vorgesehene Nachrang des Verkäuferdarlehens während des Fortbestands (Going Concern) des Unternehmens beseitigt. In diesem Fall muss die Finanzierungsstruktur entsprechend konservativer konzipiert werden, da dann der Vendor Loan während des Fortbestands des Unternehmens wie eine unbesicherte, verzinsliche, amortisierende (Senior-) Finanzverbindlichkeit betrachtet werden muss, die die Verschuldungsmultiples erhöht.

Wenn das Verkäuferdarlehen anstelle der Überbrückung einer Kaufpreislücke eine Finanzierungslücke überwinden soll, was z.B. in Zeiten nur sehr limitierter Verfügbarkeit von Akquisitionsfinanzierungen (wie Ende 2001 bis Anfang 2003) der Fall sein kann, wird das Verkäuferdarlehen meist ähnlich wie eine subordinierte Finanzierung (Mezzanine) ausgestaltet. Dies manifestiert sich in der gesamten Vertragsgestaltung, insbesondere in dann möglichen (Financial) Covenants. In diesem Fall kann auch eine uneingeschränkte Übertragbarkeit des Verkäuferdarlehens (und damit eine gewisse potenzielle Liquidität in diesem Instrument) vorgesehen sein.

7.3.2   Earn-outs

In einzelnen Fällen wird die Überwindung unterschiedlicher Kaufpreisvorstellungen von Verkäufer und Käufer auch durch einen *ergebnisabhängig strukturierten Teil der Kaufpreiszahlung (Earn-out)* erreicht. Diese Möglichkeit einer nur bedingten, von den künftigen Ergebnissen des Unternehmens abhängigen Kaufpreiszahlung kommt vor allem dann zum Tragen, wenn der oder die Verkäufer, der (die) zum Zeitpunkt des Verkaufs häufig als der (die) zentrale(n) Manager des Unternehmens ist (sind), noch eine gewisse Zeit im Unternehmen als Manager aktiv an entscheidender Stelle (insb. als Geschäftsführer) mitwirkt (mitwirken) bzw. mitwirken soll(en). Dies kann insbesondere bis zur ausreichenden Einarbeitung der neuen Geschäftsführung für eine kurze Übergangszeit von üblicherweise ein bis drei Jahren erforderlich bzw. zumindest sinnvoll sein.

Überdies sollten die vorhandenen Unternehmensstrukturen zwecks Vergleichbarkeit mit den bisherigen Ergebnissen zunächst im Wesentlichen unverändert fortbestehen. Dabei besteht allerdings die Gefahr, dass die kurzfristige (den Earn-out erhöhende) Ertragsmaximierung auf Kosten der langfristigen Ertragsmaximierung zu sehr in den Vordergrund rückt (z.B. durch Verzicht auf langfristig sinnvolle Investitionen).

Bei der Ausgestaltung des Earn-out (bzw. eines Verkäuferdarlehens) ist von vornherein – neben der Entschärfung des gerade aufgezeigten Zielkonflikts zwischen Earn-out-Maximierung und langfristiger Ertragsmaximierung – darauf zu achten, dass aus der Auszahlung des Earn-out (bzw. der Abschichtung des Verkäuferdarlehens) keine Finanzierungslücke entsteht. Dies bedeutet zumeist, dass eine entsprechende Senior-Fazilität oder Mezzanine-Fazilität zur Verfügung gestellt werden muss oder diese Zahlungen aus dem Excess-Cashflow zugelassen werden.

7.3.3   Rückbeteiligungen des Verkäufers

Neben Verkäuferdarlehen und Earn-out Lösungen kommt in der Praxis als weitere Überbrückungshilfe zwischen unterschiedlichen Verkauf- und Kaufpreisvorstellungen die *Rückbeteiligung des Verkaufers an der Kaufgesellschaft (NewCo)* in Betracht. Dieser Lösung steht die zunächst nur mehrheitliche (z.B. 51 oder 75 Prozent) Übernahme der Gesellschaftsanteile von den bisherigen Alleineigentümern wirtschaftlich gleich. Dieser Ansatz bietet sich insbesondere dann an, wenn der Verkäufer noch an der künftigen Wertsteigerung partizipieren möchte und dem Unternehmen noch in einer untergeordneten Weise (z.B. als Beirat) zur Verfügung steht.

In manchen Staaten muss bei der Rückbeteiligung darauf geachtet werden, dass die Abzugsfähigkeit der Zinsen auf die Akquisitionsdarlehen gewahrt bleibt; so bestehen z.B. in Frankreich diesbezüglich aufgrund der „charasse rule" strenge Anforderungen (dort reicht bereits für die Nichtabzugsfähigkeit der Akquisitionsfinanzierungszinsen das Erreichen der – direkten oder indirekten – Sperrminorität, bei Sociétés Anonymes also 33 Prozent, falls der Rückbeteiligungsanteil zugleich der höchste – direkte oder indirekte – Anteil aller Gesellschafter am Zielunternehmen ist).

In der Praxis werden die drei aufgezeigten Instrumente immer wieder auch kombiniert, was sich auch aus dem fallweisen Zusammentreffen der unterschiedlichen Anwendungsvoraussetzungen erklären lässt. So ist es nicht unüblich, dass der verkaufende geschäftsführende Altgesellschafter für eine Übergangszeit die Geschäftsführung beibeihält und dann nur noch als Beirat bzw. Berater dem Unternehmen verbunden bleibt. Während in der ersten Phase (ein bis drei Jahre) ein Earn-out sinnvoll sein kann, kommt für die Zeit der reinen Beratungstätigkeit die Abschichtung eines Verkäuferdarlehens und – falls beidseitig erwünscht – von vorneherein eine Rückbeteiligung in Betracht.

7.4 Vorrangiges Fremdkapital (Senior Debt)

In unserem Beispiel aus Kapitel 5 bzw. zu Beginn von Kapitel 7 betrachten wir den Fall, dass sich das Fremdkapital von 129 Mio. Euro ausschließlich aus Senior-Tranchen, d.h. vorrangigen und zumeist auch vorrangig besicherten Darlehen, zusammensetzt. Die Vorrangigkeit bezieht sich nicht nur auf die Rangfolge der Gläubigeransprüche im Verhältnis zu nachrangigen Ansprüchen aus Mezzanine-Kapital, Vendor Loans, Gesellschafterdarlehen usw., sondern kommt bei Akquisitionsfinanzierungen regelmäßig auch in der vorrangigen Besicherung dieser (vorrangigen) Rückzahlungsansprüche mit allen wesentlichen Vermögensgegenständen des Zielunternehmens (und der dazugehörigen Tochtergesellschaften) und der Kaufgesellschaft (d.h. der Gesellschaftsanteile am Zielunternehmen) zum Ausdruck.

Die vorrangig und umfassend (alle wesentlichen Assets des Zielunternehmens und ihrer Tochterunternehmen) besicherten, verzinslichen Darlehen sind langfristige Finanzierungsquellen mit typischen Laufzeiten von fünf bis neun Jahren.

Als Sicherheiten dienen neben der Verpfändung der Anteile an der Zielgesellschaft (Sicherheit der NewCo), die im Fall der Insolvenz mitunter wertlos sind, Personalsicherheiten und Sachsicherheiten bezüglich aller wesentlichen Assets der Zielgesellschaften und ihren operativen Tochterunternehmen (erstrangige Grundschulden, Verpfändung des sonstigen Anlagevermögens, Abtretung von Forderungen aus Lieferungen und Leistungen, Verpfändung der Vorräte und Verpfändung bzw. Abtretung wesentlicher sonstiger Assets des Umlaufvermögens, Abtretung wichtiger Ansprüche des Käufers gegenüber dem Verkäufer aus dem Kaufvertrag usw.).

Allgemein unterscheidet man bei den Senior Loans zwischen

- Senior-Term-Loan-A-Tranchen (Tilgungskredit, meist mit sechsmonatigem Tilgungsrythmus)
- Senior-Term-Loan-B-Tranchen (endfälliger Kredit)
- Senior-Term-Loan-C-, -D- usw. Tranchen (ebenfalls endfällige Kredite)
- Revolving Credit Facilities (Revolver, Betriebsmittellinien)

Die endfälligen Senior-Term-Loan-Tranchen (B, C, D usw.) werden in der Praxis auch als institutionelle Tranchen bezeichnet, da sie bei größeren LBOs im Rahmen der von der finanzierenden Bank eingeleiteten Syndizierung primär für Institutionelle Investoren (z.B. CDOs/CLOs oder Credit Funds) und nicht primär für die akquisitionsfinanzierenden Banken vorgesehen werden (sog. Carve-outs). Sie weisen stets jeweils eine um ein weiteres Jahr längere Laufzeit als die Amortisationstranche A auf, d.h., zum Beispiel bei einer siebenjährigen Laufzeit von Tranche A läuft eine B-Tranche acht Jahre und die C-Tranche neun Jahre. Im Pricing liegt die Zinsmarge für diese auch als Alphabet Loans bezeichneten Senior-Loan-Tranchen von Tranche zu Tranche üblicherweise um 50 Basispunkte bzw. 0,5 Prozent p.a. höher. Bei den in letzter Zeit bei großen LBOs immer wieder als D Tranchen auftretenden Second-Lien Loans (mitunter auch als sog. Stretched Senior Debt bezeichnet) handelt es sich um zweitrangig besicherte Senior Loans mit Zinsmargen von im Durchschnitt 450-600 Basispunkte (d.h. 4,5-6,0 Prozent p.a.- vgl. dazu näher 7.5.). Term Loan A und der Revolver werden auch als Pro Rata Debt bezeichnet und verbleiben üblicherweise zur Gänze bei den Banken. Diese Tranchen weisen üblicherweise dieselbe Laufzeit und dieselbe Zinsmarge (und dasselbe Margin Ratchet) auf.

Kreditlinien	Senior Term Loan A	
	Senior Term Loan B	
	Betriebsmittellinie	
Kreditnehmer	Senior Term Loan A	Erwerbergesellschaft (NewCo)
	Senior Term Loan B	Erwerbergesellschaft (NewCo)
	Betriebsmittellinie	Operative Gesellschaften
Verwendungszweck	Senior Term Loan A	Teilfinanzierung d. Kaufpreises
	Senior Term Loan B	Teilfinanzierung d. Kaufpreises
	Betriebsmittellinie	Betriebsmittelbedarf
Betrag	Senior Term Loan A	100 Mio. Euro
	Senior Term Loan B	29 Mio. Euro
	Betriebsmittellinie	10 Mio. Euro
Laufzeit	Senior Term Loan A	7 Jahre
	Senior Term Loan B	8 Jahre
	Betriebsmittellinie	7 Jahre
Rückzahlung	Senior Term Loan A	Halbjährliche Tilgungsraten
	Senior Term Loan B	Endfällig
	Betriebsmittellinie	Endfällig
Zinssatz	Senior Term Loan A	Euribor + 2,25 % p.a.
	Senior Term Loan B	Euribor + 2,75 % p.a.
	Betriebsmittellinie	Euribor + 2,25 % p.a.

Quelle: Eigene Darstellung
Tabelle 30: *Typische Grundstruktur von LBO-Senior Loans (dargestellt anhand des Beispiel-Unternehmens)*

In unserem Beispiel wird das Akquisitionsdarlehen durch zwei Senior-Term-Loan-Tranchen bereitgestellt. Zusätzlich wird eine Betriebsmittellinie zur Verfügung gestellt. Wesentliche Eckpunkte der Akquisitionsfinanzierung sind anhand eines kurzen Term Sheets dargestellt (ein ausführliches Term Sheet zu unserem Fallbeispiel ist in Anlage 1 dargestellt).

Bei der Strukturierung ist im Verhältnis zwischen dem Amortisationskredit und den endfälligen Tranchen (Senior Term Loan B, C ...) bei den großen, angelsächsisch geprägten LBOs häufig ein Überwiegen der endfälligen Tranchen anzutreffen.

Die diesbezüglich aggressiveren Finanzierungsstrukturen sind jedenfalls im Midcap-LBO-Markt (für mittelständische Unternehmen mit Unternehmenswerten von 15 bis 250 Mio. Euro) deutlich seltener anzutreffen, da hier das Risikoprofil im Durchschnitt höher ist und zudem die Kaufpreise nicht so sehr durch Auktionen bis an die Grenze der Darstellbarkeit bzw. Finanzierbarkeit ausgereizt sind, wie dies bei den Largecap-LBOs (mit Unternehmenswerten über 250 Mio. EUR) regelmäßig der Fall ist.

Aus Sicht des Autors ist es sinnvoll, bei der Strukturierung von zumindest der Smaller Midcap-LBOs (Unternehmenswerte zwischen 15 und 125 Mio. Euro) darauf zu achten, dass der LBO-Kandidat bei planmäßiger Tilgung nach spätestens fünf Jahren einen marktüblichen Verschuldungsgrad aufweist und zudem der Anteil der Tilgungskredite bei der Senior-Loan-Ausgestaltung eindeutig – d.h. ein Anteil von idealerweise zumindest 70 Prozent an den Akquisitionskrediten (ohne Revolver) – dominiert. Nur dergestalt kann im Allgemeinen eine weitere wichtige Praxis-Daumenregel erfüllt werden, dass die Ausgangsverschuldung nach fünf Jahren halbiert sein soll. Diese Praxisregel stellt zumindest für LBOs bei Mittelstandsunternehmen zumeist zurecht implizit auf eine Rückkehr in den Bereich des Investment Grades in einem noch plan- bzw. überschaubaren Zeitrahmen von fünf Jahren ab, bei der eine (allfällige) Refinanzierung der dann noch ausstehenden Verbindlichkeiten grundsätzlich problemlos möglich sein sollte.

All dies gilt zumindest für den Großteil der Unternehmen im Bereich Small- und Midcap-LBOs, da hier typischerweise die operativen Risiken höher sind als bei den Largecap-Unternehmen. Bei Largecap-LBOs (und häufig auch bei Larger Midcap-LBOs) kann – wie unter 4.8 ausgeführt – von diesen Maßstäben (z.B. bezüglich des Grads an Endfälligkeit der Akquisitionsfinanzierung) zumeist abgewichen werden, da diese Unternehmen oft eine höhere operative Stabilität aufweisen und zudem ein liquider Markt für Akquisitionsfinanzierungen besteht; so ist bei diesen Unternehmen eine Refinanzierbarkeit der Akquisitionsfinanzierung viel eher gegeben als bei den (Smaller) Midcap-LBOs.

Zwecks Risikobegrenzung sehen die Standard-Akquisitionskreditverträge in der Regel auch die Verpflichtung vor, einen Anteil von üblicherweise 50 bis maximal 75 Prozent der Gesamtverschuldung durch *Zins-Hedging* für einen Zeitraum von meist drei bis vier Jahren gegen Zinsänderungsrisiken abzusichern. Weiterhin sind zum selben Zweck (Risikobegrenzung für die Akquisitionsfinanciers) so genannte *Excess-Cashflow-Klauseln (auch Cash-Sweep-Klauseln)* regelmäßig Bestandteil der Akquisitionskreditverträge: Diese sehen vor, dass der Excess-Cashflow (d.h. der freie Cashflow nach Schuldendienst) zu einem Anteil von üblicherweise bis zu 75 Prozent in den ersten zwei Jahren oder bis zum Erreichen eines bestimmten Leveragewertes (meist auf Basis Total Net Debt/EBITDA), danach zu einem Anteil von 50 Prozent zu Pflichtsondertilgungen verwendet wird[139]. Bei diesen wie auch bei allen anderen Pflichtsondertilgungen *(Mandatory Prepayments)* ist regelmäßig ebenfalls zwecks Risikobegrenzung vorgesehen, dass die Tilgungen in umgekehrter Reihenfolge der Fälligkeit erfolgen (so genannte *Inverse Order of Maturity*). Demselben Schutzzweck für die Kreditnehmer dienen zahlreiche Auflagen, von denen an dieser Stelle nur die *Ausschüttungssperre* (Verbot der Ausschüttung oder anderer Zahlungen an direkte oder indirekte Gesellschafter der Unternehmensgruppe vor vollständiger Erfüllung der Verpflichtungen aus dem Kreditvertrag) erwähnt sei.

Nur der Vollständigkeit halber sei an dieser Stelle auf eine Neuentwicklung im Largecap-LBO-Markt hingewiesen, die eine gewissen wenn auch bislang sehr seltene Kapitalmarkt-Alternative zu den Senior Loans bzw. vorrangigen Krediten bei großen Buy-outs darstellen kann: gemeint sind sog. First Lien Notes (1st Lien Notes). Derartige Anleihen sind erstrangig besichert und weisen aufgrund der Anleihen-typischen bloßen Incurrence Covenants[140] eine große Flexibilität für die Buy-out-Unternehmen auf. Aufgrund ihrer endfälligen Struktur kann eine Tilgungsstruktur nur synthetisch durch entsprechend viele Tranchen mit unterschiedlichen Laufzeiten erreicht werden. Ein Beipiel für die Anwendung dieser First Lien Notes war die Cablecom Transaktion im März 2005.

7.5 Second Lien Loans/Notes

Unter Second Lien versteht man nachrangig besicherte Finanzierungen (insb. Second Lien Loans, aber auch Second Lien Notes/Bonds und z.B. auch Seller Notes). *Im Gegensatz zu der Nachrangigkeit in der Besicherung (Lien Subordination) ist hierbei der Rückzahlungsanspruch in der Regel nicht subordiniert.* Die Second Lien Tranchen sind hinsichtlich des Rangs der Rückzahlungsansprüche in einem Gleichrang (pari passu) Verhältnis zu den Senior Loans. Letzteres unterscheidet das Second Lien von den traditionellen nachrangigen Finanzierungsformen *Mezzanine und High Yield Bonds,* die sich gerade durch die vertragliche und/oder strukturelle Nachrangigkeit der Rückzahlungsansprüche (so genannte *Payment Subordination*) auszeichnen.

Dieser Unterschied kommt dann wirtschaftlich zum Tragen, wenn keine ausreichenden dinglichen Sicherheiten zur Abgeltung der offenen Rückzahlungsansprüche bestehen. Dieser strukturelle Vorteil des Investors führt für die Kreditnehmer dazu, dass Second Lien Finanzierungen grundsätzlich günstiger (im Schnitt 450 bis 600 Basispunkten bzw. 4,5 bis 6,0 Prozent Marge über Refinanzierungskosten bei Laufzeiten von 8 bis 10 Jahren; zurzeit ist der Durchschnittswert laut S&P-Statistiken bei ca. 5,25 Prozent) sind als Mezzaninefinanzierungen (im

---

[139] In den letzten zwei Jahren werden die Excess-Cashflow-Klauseln bei den größeren LBOs zunehmend bei Rating-Verbesserungen eingeschränkt bzw. komplett ausgehöhlt.

[140] Zu diesen vgl. FN 130.

Durchschnitt liegt die Marge bei den warrentless Mezzaninen bei ca. 950 -1150 Basispunkten bzw. 9,5 -11,5 Prozent p.a.).

Ein *Nachrang beim Rückzahlungsanspruch (Payment Subordination)* – wie bei Mezzanine typisch – führt dazu, das der subordinierte Anspruchsberechtige im Verwertungsfall alle erhaltenen Mittel an den vorrangigen Anspruchsberechtigten abgeben muss, bis dieser alle seine Ansprüche befriedigt sieht. Bei einer *reinen Nachrangigkeit in der Besicherung (Lien subordination)* bezieht sich diese Art von Unterordnung dagegen nur auf die aus der Sicherheitenverwertung erzielbaren Erlöse, nicht aber auf darüber hinausgehende Erlöse. Bei einer reinen Sicherheitensubordination – wie idealtypisch bei Second Liens – gibt es folglich auch i.d.R. keine Auszahlungssperre (payment blockage) von Zinsen und allfälligen Tilgungen für den Fall des Vorliegens eines Kündigungsgrundes bei den bevorrechtet besicherten Krediten (sog. Senior Loan Default).

Aus den dargelegten Gründen ist es für den bevorrechtet besicherten Senior Lender daher nur dann akzeptabel, nachrangige Besicherungen bezüglich derselben Assets zu akzeptieren, wenn es sich um ein sog. Silent Second Lien handelt, d.h. die Sicherheitenverwertung weitestgehend unbeeinträchtigt vom Second Lien Financier erfolgen kann bzw. darf. Wie „silent" die Second Lien Finanzierungen sind, ergibt sich aus dem Intercreditor Agreement mit den Senior Lendern. In Europa ist im Gegensatz zu den USA eine Auszahlungssperre bei LBOs üblich, da es in Europa kein Pendant zur Chapter 11 Konzepts eines „moratorium on payments" gibt.

Neben der aufgezeigten Nachrangigkeit weisen Second Lien Loans in Europa typischerweise folgende weitere Charakteristika auf[141]:

- Endfällige Tranchen mit sechs bis zwölf Monaten längeren Laufzeiten als Term Loan C

- Variable Verzinsung mit Margen von zumindest 1-1,5 Prozent über denen der C-Loans (diese sind üblicherweise mit 3,25 Prozent p.a. verzinst)

- Vorzeitige Rückzahlbarkeit in den ersten zwei Jahren nur mit geringen oder (zurzeit bei Large Caps LBOs) keinen Prepayment Penalties

- Recht zur Ablehnung von freiwilligen Tilgungen

- Gearing/Fixed Charge Coverage Ratios mit 10 Prozent mehr Spielraum als bei den sonstigen Senior Loans

- 50,1 Prozent Mehrheiten als normalem Zustimmungserfordernis

Im Jahre 2004 hat der Siegeszug der Second Lien Loans im Bereich der Akquisitionsfinanzierungen auch Europa erfasst, im Jahre 2005 erfolgte sogar noch eine Zunahme des Wachstumstempos. Dies lässt sich anhand Abbildung 45 demonstrieren:

---

[141] Vgl. dazu auch u.a. Ashurst (2006a), S. 51 f.

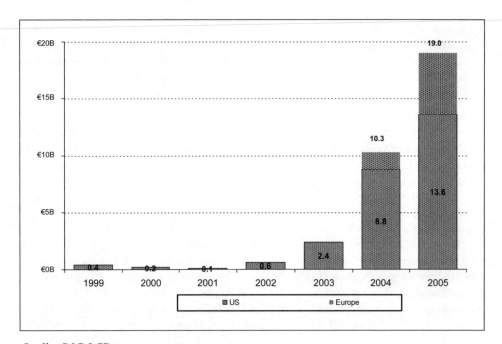

Quelle: S&P LCD
Abbildung 45: *Volumenentwicklung bei Second Liens in Mrd. Euro*

Second Lien werden – wie u.a. Erhebungen von Fitch (2006a) ergaben – *überwiegend als „Stretched Senior"* (d.h. in Verbindung mit anderen nachrangigen Finanzierungsformen wie Mezzanine oder HYBs) und eindeutig weniger als „Quasi-Mezzanine" (d.h. als nachrangigste Fremdkapital-Finanzierungsschicht) eingesetzt. Aus dieser aktuellen Entwicklung der Anwendung von Second Lien lässt sich auch ableiten, das Second Lien nicht das Mezzanine ablösen wird, sondern vielmehr eine ergänzende Finanzierungsschicht im Ertrags-Risiko-Spektrum darstellt, die üblicherweise sowohl ergänzend zu Senior Loans als auch zu Mezzanine Loans eingesetzt wird.[142]

Die Hauptinvestoren in Second Liens sind – direkt oder indirekt – Hedgefonds, CDOs/CLOs, Investmentfonds und Versicherungen, insb. diejenigen Institutionellen Investoren, für die Investments in subordinierte Papiere ausgeschlossen sind. Durch die Nichtsubordination der Rückzahlungsansprüche dürfen diese Art von Institutionellen Investoren in Second Lien Loans investieren und können daher höhere Margen als bei den institutionellen Tranchen (Tranchen B und C) der Senior Loans erzielen. Ob die Second Lien auch nachhaltig zu einer etablierten Finanzierungsschicht in Europa bzw. den USA werden, wird etwa von S&P aufgrund der derzeitig hohen impliziten Recovery Erwartungen (im Falle von Leistungsstörungen bzw. Events of Default) der Investoren bezweifelt, erscheint aber aus heutiger Sicht als wahrscheinlich.

---

[142] Vgl. dazu näher FitchRatings (2006a), S. 2f.

Im europäischen LBO-Markt hielt diese Art der Finanzierung im Zuge der Cognis Transaktion in der ersten Jahreshälfte 2004 Einzug. Während bei den ersten LBOs mit Second Lien häufig noch mezzanine-artige Strukturen (d.h. neben lien subordination auch payment subordination) anzutreffen waren, hat sich mittlerweile vom Grundtypus her das US Modell relativ weitgehend durchgesetzt, d.h. es gibt nur mehr eine reine Lien Subordination.

Allerdings ist de facto aufgrund der i.d.R. längeren Laufzeiten als bei den Senior Loans eine gewisse Subordination über die Laufzeitstruktur gegeben. Zudem weist die europäische Spielart einige (die Senior Lender tendenziell begünstigende) Spezifika auf, so gibt es – wie erwähnt – z.B. ähnlich wie beim (europäischen) Mezzanine – im Gegensatz zu den USA – zumeist temporäre Auszahlungssperren bzw. Payment Blockage Regelungen (zwischen 90 und 179 Tagen) im Falle von Kündigungsgründen (Events of Default) bei den Senior Secured Loans. Die Beschränkungen bei Kündigungsrechten im Falle von Second Lien Kündigungsgründen (Events of Defaults) durch Stillhalteperioden bzw. Enforcement Standstill Regelungen ähneln in Europa – im Unterschied zu den USA, wo diese temporären Beschränkungen i.d.R. ganz fehlen – denen von (europäischen) Mezzanine (d.h. 90 Tage für Payment Defaults, 120 Tage für Financial Covenant Defaults und 150 Tage für sonstige Defaults). Falls neben Second Liens auch noch Mezzanine Loans in der Akquisitionsstruktur anzutreffen sind, verkürzen sich die erwähnten Sperrfristen (z.B. auf 60 Tage bei den Standstill Perioden) gegenüber den Standard-Mezzanine-Fristen (bei Standstill Provisions wie gesagt 90/120/150 Tage), um auch darin die Seniorität der Second Liens gegenüber den Mezzanine Loans zum Ausdruck zu bringen.

Ähnlich – wenn auch in etwas geringerem Ausmaß – wie beim (europäischen) Mezzanine sind auch Prepayment Penalties (Vorfälligkeitsentschädigungen) in den ersten Jahren üblich, mitunter gibt es bei Second Lien Finanzierungen auch einen Ausschluss von vorzeitigen Tilgungen in den ersten ein bis zwei Jahren. Dabei ist allerdings zu beachten, das diese Vorfälligkeitsentschädigungen nach deutschem Recht grundsätzlich nicht oder nur sehr eingeschränkt zulässig sind[143]; deshalb sollten nach Auffassung von Diem diese nur dann vorgesehen werden, wenn der Akquisitionsfinanzierungsvertrag einer Rechtsordnung wie z.B. der englischen unterliegt, nach der diese zulässig sind; oder aber es wird in einem dem deutschen Recht unterliegenden Akquisitionsfinanzierungsvertrag im Rahmen einer Teilrechtswahl auf jene Vertragsbestimmung, die die Vorfälligkeitsentschädigung regelt, entsprechendes Recht (z.B. englisches Recht) angewandt.

Die typischen Vorteile von Second Liens für den Kreditnehmer sind:

■ Second Liens sind günstiger als Mezzanine

■ Second Liens haben keine Warrants (Optionsscheine) bzw. Equity Kicker (d.h. Optionsrechte zu Vorzugskonditionen auf Gesellschaftsanteile) und folglich auch keine Equity Dilution (Verwässerungs-)Problematik

---

[143] Vgl. dazu genauer z.B. Diem (2005), S. 131.

- Second Liens sind als Private Debt Instrument im Unterschied zu den High Yield Bonds (HYBs) transaktionsgünstiger

- Second Liens sind für den Kreditnehmer sichere Finanzmittel ohne Platzierungsrisiko (im Unterschied zu HYBs)

- Vorzeitige Tilgungen sind meist nur mit sehr geringen (geringer als bei Mezzanine und vor allem HYBs) Einschränkungen möglich (häufig: Non Callability von einem Jahr bzw. Prepayment Penalties von i.d.R. 2 Prozent im Jahr eins und 1 Prozent im Jahr zwei)

Die typischen Vorteile für die arrangierende Bank (Mandated Lead Arranger) bzw. die Investoren sind:

- Second Liens reduzieren die Senior Debt Leverage Multiples und erleichtern insoweit die Syndizierung bzw. ermöglichen gar den Deal, indem sie höhere Leverages ermöglichen (typischerweise liegen die Second Lien/EBITDA Multiples bei ca. 0,4-0,8 x EBITDA)

- Second Liens eröffnen eine attraktive Investitionsmöglichkeit für Institutionellen Investoren, die (bezüglich Rückzahlung) in nicht subordinierte Finanzierungsschichten mit höheren Margen als die für die B und C Tranchen üblichen (275-325 Basispunkte) investieren können.

Bisher sind die Second Lien Loans im Wesentlichen auf den Largecap-LBO-Markt beschränkt; nur in diesem Markt ist auch die ausreichende Liquidität für die Institutionellen Investoren vorhanden. Im Midcap-Markt kommen Second Liens bisher gelegentlich und dann meist nur als sog. Junior Loans vor, wobei hier in der Regel anstelle der Institutionellen Investoren die arrangierenden Banken (sog. One Stop Shop) und nach erfolgter Syndizierung die Sub-Underwriter und Participant Banken als Investoren treten.

Zusammenfassend können die Kostengünstigkeit und die Flexibilität des Instruments vor dem Hintergrund einer hohen Anlagebereitschaft von Institutionellen Anlegern (insb. Hedge Fonds) für eine relativ hochverzinsliche, und relativ wenig risikoreiche (vom Rückzahlungsanspruch her nicht subordinierte und subsidiär besicherte) Finanzierungsschicht als die Hauptgründe für den derzeitigen (und wohl auch anhaltenden) Siegeszug der Second Lien Fazilitäten angeführt werden. Second Lien Loans sind daher eine interessante und auch vielversprechende Finanzierungsschicht, die bei LBOs einen nahtlosen Übergang im Ertrags-Risiko-Spektrum zwischen den Senior Loans mit Margen von 200 bis 375 Basispunkte und den Margen für Mezzanine Loans (>950 bis 1150 Basispunkte) bzw. High Yield Bonds ermöglicht.

7.6   Mezzanine Finanzierungen

Beim Mezzanine handelt es sich um Finanzierungsformen, die in vielerlei Hinsicht (insbesondere Risiko, Rendite) eine Zwischenstellung zwischen Eigen- und Fremdkapital einnehmen (hybride Finanzierung) und somit die Vorteile von Fremdkapital (wie die steuerliche Abzugsfähigkeit von Zinsen) und von Eigenkapital (z.B. Haftungsfunktion) kombinieren können[144]. Das Mezzanine-Kapital ist neben Vendor Loans bzw. Earn-outs (sowie allfälligen Rückbetei-ligungen) die zweite wichtige Alternative zur Überwindung unterschiedlicher Kaufpreisvor-stellungen seitens des Verkäufers und Käufers. Im Unterschied zum Vendor Loan bzw. Earn-out dient Mezzanine allerdings einer sofortigen (d.h. im Zeitpunkt des Closing) und ohne Bedingungen erfolgenden Kaufpreiszahlung.

Mezzanine-Kapital kommt ganz allgemein immer dann in Betracht[145], wenn

■ jenseits des aufbringbaren Senior-Loan-Volumens (z.B. zur Überwindung von Kaufpreis-finanzierungslücken) Finanzmittel in Anspruch genommen werden sollen,

■ noch genügend Cashflow-Potenzial für eine weitere Kapitalschicht vorhanden ist, die in den ersten Jahren zumindest für die Bedienung des Zinsdienstes ausreicht,

■ ein ausreichendes und realisierbares Wertsteigerungspotenzial im Unternehmen vorhanden ist und

■ keine (signifikante) Verdünnung (Dilution) des Eigenkapitals sowie

■ generell keine (relevante) Mitbestimmung durch externe Kapitalgeber im Unternehmen erfolgen soll.

Laut Statistiken von Initiative Europe kamen Mezzanine Loans in den ersten drei Jahren dieses Jahrtausends (nach Geschäftsjahr verschieden) bei ca. 40 – 55 Prozent der LBOs zur Anwendung. Je kleiner die LBOs sind, desto seltener trifft man „echte" Mezzanine-Strukturen an. Unter Einschluss der Smallcap-LBOs, die oft nicht veröffentlicht und auch von der Initiative-Europe-Statistik nicht systematisch erfasst werden, dürfte die Anzahl der Mez-zanine aufweisenden LBOs deutlich unter diesen Werten (und eher bei einem geschätzten Drittel) liegen.

Durch die Vielzahl von verschiedenen Gestaltungsmöglichkeiten handelt es sich bei Mezza-nine um ein äußerst flexibles Finanzierungsinstrument, das während der letzten Jahre sehr stark an Bedeutung gewonnen hat, wie Abbildung 46 über das Mezzanine-Volumen bei euro-päischen LBOs verdeutlicht:

---

[144] Vgl. zu diesen umfassend z.B. Achleitner/Einem/Schröder (2004); Häger/Elkemann-Reusch (2004) sowie Müller-Känel (2004) und zuletzt z.B. Bösl/Sommer (2006).

[145] Siehe Mittendorfer (2000), S. 170.

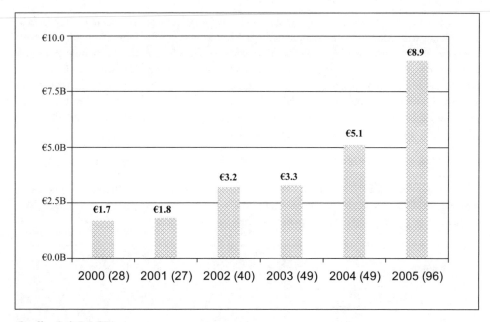

Quelle: S & P LCD
Abbildung 46: Mezzanine-Volumen in Europa in Mrd. Euro (inklusive Anzahl der Deals)

Wie aus Abbildung 46 zu erkennen ist, erfuhr das Mezzanine Kapital bei europäischen LBOs in den letzten Jahren einen enormen Aufschwung und erreichte in 2005 mit 8,9 Mrd. Euro einen neuen Rekordwert, obwohl dem Mezzanine durch Second Lien Loans und durch investorenfreundlichere High Yield Bonds-Strukturen und hybride Instrumente wie Floating Rate Notes oder Mezzanine Notes (vgl. dazu näher unten) eine zunehmende Konkurrenz erwuchs. Gegenüber 2001 verfünffachte sich das Mezzanine-Volumen in Europa, alleine gegenüber 2003 mehr als verzweieinhalbfachte sich das Volumen. Das durchschnittliche Mezzanine-Volumen der erfassten 96 Transaktionen belief sich in 2005 auf 92,3 Mio. Euro.

Elf der 96 Fazilitäten in 2005 waren über 200 Mio. Euro. Der Trend zu immer größeren Mezzanine-Transaktionen kam in 2005 auch in der bisherigen Rekordtransaktion zum Ausdruck, die GBP 460 Mio. (676 Mio. Euro) Mezzanine Fazilität für Gala's Akquisition von Coral. Durch die immer größeren Mezzanine-Transaktionen wird Mezzanine zunehmend für High Yield Bonds auch in einer Größenordnung zu einer Konkurrenz, die bisher den HYBs vorbehalten schien. Das atemberaubend schnelle Wachstum der Mezzanine Darlehen ist Ausdruck des allgemeinen explosionsartigen Wachstums an Akquisitionsdarlehen für LBOs, die sich laut S&P mit 103,5 Mrd. Euro in 2005 gegenüber dem bisherigen Rekordvolumen von 43,8 Mrd. Euro in 2004 mehr als verdoppelten.

Allerdings gibt es für die Mezzanine-Investoren in der aktuellen Marktentwicklung auch eine andere Seite der Medaille: Der Druck auf die Margen und auf den Verzicht des Equity Kickers nimmt stetig zu, auch weil zum Mezzanine eine Reihe von Konkurrenzprodukten

(Second Lien, Mezzanine Notes und High Yield Bonds bzw. HYBs) bestehen und die Überliquidität auf dem Markt der Institutionellen LBO-Investoren auf die Preise bzw. Margen bzw. auch die Durchschnittsbonität sowie Strukturelemente zum Schutz der Investoren (wie Prepayment Penalties) der Mezzanine Tranchen drückt. Der drastische Rückgang der Durchsetzbarkeit der attraktiven Equity Kicker (die normalerweise Ansprüche zwischen 3 und 5 Prozent der Gesellschaftsanteile begründen) von (laut S&P) 2001 66,7 Prozent aller Mezzanine auf (laut S&P) nur mehr 10,7 Prozent im ersten Quartal 2006 zeigt den ertragsmäßigen Gegenwind für die Mezzanine-Investoren deutlich auf.

Der kontinuierliche Margenverfall zeigte sich in 2005 besonders deutlich, gingen doch laut Statistiken von Fitch – vergleiche FitchRatings (2006 b) – für die warrantless Mezzanine (d.h. Mezzanine ohne Equity Kicker) die Durchschnittsmarge (Cash-Zins + PIK coupon) von 11,2 Prozent in 2003 und noch 11,0 Prozent in 2004 auf 10,1 Prozent zurück. Auch nach S&P Statistiken zeigt sich ein kontinuierlicher Margen-Verfall bei Mezzanine seit 2003:

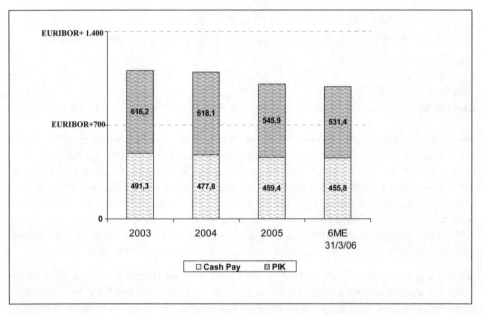

Quelle: S&P LCD
Abbildung 47: *Margenentwicklung für Mezzanine ohne Equity Kicker (Warrentless Mezzanine) in Europa*

Dabei ist ferner zu bedenken, dass gleichzeitig der Gesamtverschuldungsgrad (Total Debt/EBITDA) laut FitchRatings (2006b) von 4,9 in 2003 und 5,2 in 2004 auf 5,9 in 2005 stieg. Folglich wundert es auch nicht, dass in 2005 laut FitchRatings (2006b) bei Mezzanine wieder ein deutlicher Anstieg der Kündigungsgründe wegen Zahlungsstörungen (Payment Defaults) von den (für die letzten Jahre) Tiefstwerten Ende 2004 von ca. 1 Prozent auf ca. 3 bis 3,5 Prozent in 2005 festzustellen war.

Im Kontext eines fremdfinanzierten Unternehmenskaufs wird Mezzanine-Kapital als Sammelbegriff für verschiedene Finanzierungsformen verwendet, denen gemeinsam ist, dass sie gegenüber den vorrangigen Akquisitionsdarlehen (Senior-Darlehen) nachrangig sind. Die Nachrangigkeit bezieht sich sowohl auf die Hierarchie der Gläubigeransprüche als auch regelmäßig auf die Hierarchie bei der Besicherung (Mezzanine sind zumeist zweitrangig bzw. nachrangig besichert).

Mezzanine-Kapital kann somit ergänzend zum vorrangigen Senior-Darlehen und dem haftenden Eigenkapital bereitgestellt werden, um die Preisvorstellungen des Verkäufers zu befriedigen und zugleich die Interessen der Senior Loan Financiers (Darstellbarkeit einer vorrangigen Kreditfinanzierung) und der Eigenkapitalinvestoren (Renditeziele) zu wahren.

Da die Nachrangigkeit mezzaniner Finanzierungselemente nicht gesetzlich geregelt ist, muss sie entweder vertraglich oder strukturell (Finanzierung auf einer NewCo-Ebene über der die Senior-Loan-Akquisitionsdarlehen aufnehmenden NewCo) bewirkt werden.

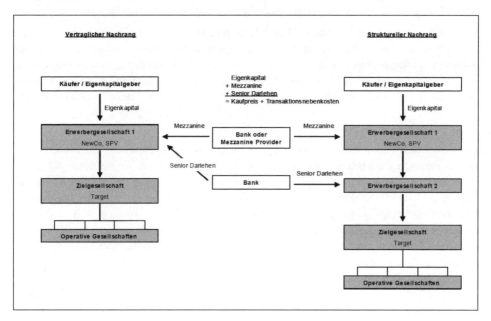

Quelle: Eigene Darstellung
Abbildung 48: *Strukturelle und vertragliche Nachrangigkeit in der Akquisitionsstruktur*

Aus der (im ökonomischen Kern) typischen dreistufigen Akquisitionsstruktur ist eine vierstufige geworden. Die strukturelle Nachrangigkeit manifestiert sich für Gläubiger einer Mutter- bzw. Holding-Gesellschaft gegenüber den anspruchsberechtigten Gläubigern der (meist) operativen Gesellschaften darin, dass Erstere nur Ansprüche auf ein (im Insolvenzfall meist weitgehend wertloses) Beteiligungsvermögen haben, während Letzteren Ansprüche gegenüber dem auch im Insolvenzfall stets noch werthaltigen Betriebsvermögen zukommen.

Damit sind die Gläubiger der Mutter- bzw. Holding-Gesellschaft gegenüber den Gläubigern der Tochtergesellschaften wirtschaftlich ähnlich gestellt, als hätten sie auf der Ebene der Tochtergesellschaft vorrangige Eigenkapitalansprüche (Preferred Equity) begründet. Der strukturelle Nachrang per se führt bei sonst völlig gleichartig ausgestalteten Finanzprodukten zu einem Preisnachteil von ca. 60-150 Basispunkten (d.h. 0,6 bis 1,5 Prozent p.a.). In eigenen Intercreditor Agreements wird die Nachrangigkeit (unabhängig davon, ob sie vertraglich oder strukturell ist) bzw. ganz allgemein das Verhältnis zwischen Senior-Debt-Banken und Mezzanine-Investoren gesondert und umfassend geregelt. Durch die darin geregelten Mechanismen ist für die Mezzanine Darlehensgeber gesichert, dass sie bei Verhandlungen zwischen Unternehmen und Senior Lendern stets auch „am Tisch sitzen".

Aus der Sicht der Senior Lender übernimmt die Mezzanine-Tranche somit in beiden Fällen – wirtschaftlich betrachtet – einen eigenkapitalähnlichen Charakter, d.h., dass im Insolvenzfall die vorrangig besicherten Darlehen (Senior-Darlehen) zuerst befriedigt werden und die Mezzanine-Ansprüche gegenüber dem Kreditnehmer zur Erhöhung der Anteile (Quoten) der Senior Lender an den Erlösen in einem Insolvenz- bzw. Konkursszenario dienen.

Die Nachrangigkeit des Mezzanine-Kapitals gegenüber der Senior-Darlehen bezieht sich allerdings i. d. R. nicht nur auf die Besicherung (besonders relevant im Insolvenzfall), sondern wird normalerweise auf die Rückzahlung und auf die laufenden Zinszahlungen erweitert. Üblicherweise handelt es sich bei Mezzanine-Darlehen im Zusammenhang mit Akquisitionsfinanzierungen um partielle nachrangige (so genannte Inchoate Subordination) Darlehen, da Zinszahlungen so lange und so weit zulässig sind, bis ein Kündigungsgrund (so genannter Event of Default) bezüglich der Senior Loans eintritt.

Gegenüber dem vom Finanzinvestor und dem Management aufgebrachten Eigenkapital nehmen Mezzanine-Darlehen jedoch einen Fremdkapitalcharakter an, da sie einen Rückzahlungsanspruch begründen, vorrangig bedient werden und zudem zur steuerlichen Abzugsfähigkeit der darauf entfallenden Zinsen führen. In dem Ausmaß, in dem die Mezzanine-Darlehen zweitrangig besichert sind, tritt eine – oft übersehene – Vorrangigkeit in der Anspruchsbefriedigung aus den Erlösen der besicherten Assets gegenüber allen sonstigen unbesicherten Gläubigern ein. Man spricht daher auch bei dieser (standardgemäßen) Art von Mezzanine von Senior Subordinated Debt. Diese Senior Subordinated Debt kann im Einzelfall sogar zu einer Bonitätseinstufung bei externen Ratings gelangen, die über der des Kreditnehmers (dem so genannten Implied Creditor Rating) bzw. dem für die Senior Unsecured Loans liegen kann. (Für typische US-Mezzanine Loans, die im Gegensatz zu den europäischen Mezzanine im Rahmen von LBOs bzw. Akquisitionsfinanzierungen typischerweise unbesichert sind, gilt übrigens das genaue Gegenteil.)

Die Rückführung des zeitlich befristeten, endfälligen Mezzanine-Kapitals erfolgt typischerweise erst dann, wenn alle Senior-Darlehen vollständig getilgt wurden. Die Laufzeit des Mezzanine-Darlehens ist daher so gut wie immer um ein Jahr länger als die der längst laufenden Senior-Loan-Tranche.

Um die Liquidität des Unternehmens zu schonen, werden die Zinszahlungen häufig in einen laufend zahlungswirksamen (EURIBOR + laufende Cash-Zinsmarge) und einen kapitalisierten Anteil (auch roll-up oder Payment in Kind bzw. PIK genannt) aufgeteilt. Der kapitalisierte Zinsbetrag wird erst am Ende der Laufzeit mit der Rückführung der gesamten Linie ausbezahlt. Bei besonders nachrangigen Mezzanine-Darlehen (so genannten Junior Subordinated Debt), die die Liquidität vollständig schonen, werden die gesamten Zinsen laufend nur kapitalisiert (reine PIK; bei diesen besteht dann keine partielle, sondern eine vollständige Nachrangigkeit gegenüber dem Senior Debt). Bei zyklischen Unternehmen sind zudem – wenn auch sehr selten – „Pay if you can"-Konstruktionen (PIC) anzutreffen, bei denen typischerweise die Zinszahlungen bis zu zwei Jahre ausgesetzt werden können, ohne dass ein Event of Default mit entsprechendem Kündigungsgrund eintritt.

Das aufgrund der vielschichtigen Nachrangigkeit erhöhte Ausfallrisiko der Mezzanine- gegenüber den Senior-Kapitalgebern spiegelt sich im Renditeanspruch wider: In der Praxis liegt die IRR-Erwartung für das eingesetzte Kapital bei ca. 15 – 20 Prozent.

Um auf derart hohe Renditen zu kommen, lässt sich der Mezzanine-Kapitalgeber oft das Recht einräumen über einen so genannten Equity Kicker (bzw. Warrant) an der Wertsteigerung des Unternehmens teilzunehmen. Hierbei handelt es sich um das Recht des Kapitalgebers, eine Beteiligung an dem Unternehmen zu festgelegten Bedingungen (häufig erst im Zeitpunkt des Exits) zu erwerben.

Mezzanine-Finanzierungen, die keine Equity-Komponente beinhalten, werden auch als High-Yield-Variante des Mezzanine bezeichnet. Diese auch so genannten Warrentless Mezzanine weisen zur Kompensation für den Wegfall des Equity Kicker eine höhere Verzinsung auf und sind aufgrund der steigenden Bedeutung Institutioneller Investoren (CDOs usw.) und dem Vorteil des Wegfalls der Verwässerung (Dilution) des Eigenkapitals stark im Kommen: Ihr Anteil an allen Mezzanine-Finanzierungen im Leverage Loan Bereich liegt laut Statistiken von S&P im ersten Quartal 2006 bei knapp 90 Prozent (Tendenz steigend).

Greifen wir auf unser Fallbeispiel zurück, könnte das Term Sheet unter der Annahme der Bereitstellung einer Mezzanine-Tranche von 19 Mio. Euro (Warrantless Variante) wie in Tabelle 31 aussehen:

Kreditlinien	Senior Term Loan A	
	Senior Term Loan B	
	Mezzanine	
	Betriebsmittellinie	
Kreditnehmer	Senior Term Loan A	Erwerbergesellschaft (NewCo)
	Senior Term Loan B	Erwerbergesellschaft (NewCo)
	Mezzanine	Erwerbergesellschaft (NewCo)
	Betriebsmittellinie	Operative Gesellschaften

Verwendungszweck	Senior Term Loan A	Teilfinanzierung d. Kaufpreises
	Senior Term Loan B	Teilfinanzierung d. Kaufpreises
	Mezzanine	Teilfinanzierung d. Kaufpreises
	Betriebsmittellinie	Betriebsmittelbedarf
Betrag	Senior Term Loan A	90 Mio. Euro
	Senior Term Loan B	20 Mio. Euro
	Mezzanine	19 Mio. Euro
	Betriebsmittellinie	10 Mio. Euro
Laufzeit	Senior Term Loan A	7 Jahre
	Senior Term Loan B	8 Jahre
	Mezzanine	9 Jahre
	Betriebsmittellinie	7 Jahre
Rückzahlung	Senior Term Loan A	Halbjährliche Tilgungsraten
	Senior Term Loan B	Endfällig
	Mezzanine	Endfällig
	Betriebsmittellinie	Endfällig
Zinssatz	Senior Term Loan A	Euribor + 2,25 % p.a.
	Senior Term Loan B	Euribor + 2,75 % p.a.
	Mezzanine	Euribor + 11,0 % p.a. (5 % p.a. Cash Interest; 6 % p.a. PIK)
	Betriebsmittellinie	Euribor + 2,25 % p.a.

Quelle: Eigene Darstellung
Tabelle 31: *Term Sheet für ein Warrantless Mezzanine*

Gelegentlich werden die Warrentless Mezzanine bei großen LBOs auch als weitere Mezzanine-Tranche zu einer klassischen Mezzanine-Tranche mit Equity Kicker angeboten (Dual-Tranche-Mezzanine).[146]

7.7   High Yield Bonds

Das Pendant zur High-Yield-Variante des Mezzanine auf dem Kapitalmarkt ist der High Yield Bond bzw. HYB. Im Einzelnen unterscheiden sich die typischen Mezzanine-Darlehen von den europäischen High Yield Bonds wie in Tabelle 32 dargestellt.

---

[146] Vgl. FitchRatings (2003c).

Kriterium	Mezzanine-Kapital	High Yield Bonds
Mindestvolumen	Keines	Ca. 150 Mio. EUR
Laufzeit	8 bis 11 Jahre	8 bis 12 Jahre
Zinssatz	EURIBOR + Marge (300 bis 450 Basispunkte Cash Interest; 300 bis 450 Basispunkte PIK bzw. Roll-up Spread); beim Warrentless Mezzanine erhöht sich die Cash- und die PIK-Marge jeweils um ca. 150 -200 Basispunkte.	Fixzinssatz; 400 bis 800 Basispunkte Cash Spread über Refinanzierungskosten (derzeit in Summe im Schnitt 7-11 %)
Equity-Komponente	Häufig (Equity Kicker)	In der Regel keine
Sicherheiten	Zweitrangig	In der Regel keine (neuerdings mitunter auch zweitrangige)
Vorzeitige Tilgung	Jederzeit zulässig (in den ersten zwei bis drei Jahren allerdings häufig mit Aufschlägen – als so genannte Prepayment Penalty bzw. Vorfälligkeitsentschädigung)	Überwiegend in der ersten Hälfte der Laufzeit unzulässig bzw. nur teilweise zulässig (bei IPOs über so genannten Equity Clawbacks), danach kündbar (callable) mit abnehmender Vorfälligkeitsentschädigung (als so genannte Redemption Premium); in den ersten Jahren nur d. Möglichkeit von Tender-Verfahren
Nachrang	Meist nur vertraglich	In der Regel strukturell; neuerdings auch vertraglich
Investitionsfokus	Laufende Verzinsung + eventuell Kapitalgewinne (Capital Gains)	Laufende Verzinsung
Funding	Sicher	Abhängig von Marktbedingungen
Pricing	Sicher	Abhängig von Marktbedingungen
Investorenbasis	Bekannt (wenige Einzelinvestoren)	Unbekannt, viele Investoren
Liquidität	Gering	Hoch
Rating	Keines	Empfehlenswert bzw. notwendig

Quelle: Mittendorfer, R. (2000), S. 175, mit geringen Adaptierungen
Tabelle 32: *Vergleich Mezzanine und High Yield Bonds*

Diese Art von Hochzinsanleihen für Non-Investment-Grade-Bonitäten (BB+ bzw. Ba1 und schlechter) ist – wie aus Tabelle 32 ersichtlich ist – nur bei großen LBOs eine ernst zu nehmende Alternative zum Mezzanine-Kapital. Mindestvolumina von ca. 150 Mio. Euro schränken den Anwendungsbereich von HYBs von vornherein drastisch ein.

Bei dem typischen Finanzierungsanteil von subordinierten Finanzierungsschichten an LBOs von ca. 15 – 20 Prozent sind HYBs in der Praxis nur bei LBOs mit Unternehmenswerten von mehr als 750 Mio. bis 1 Mrd. Euro anzufinden. Zudem wurde der Anwendungsbereich von HYBs bei LBOs in den letzten Jahren dadurch eingeschränkt, dass mittlerweile in Europa für

LBOs Mezzanine von bis zu 700 Mio. Euro (GBP 460 Mio. Mezzanine Tranche im Buy-out von Gala/Coral im Herbst 2005), u.U. sogar bereits 1 Mrd. Euro und mehr darstellbar sind und die Finanzinvestoren die vielen Vorteile des Mezzanine (Flexibilität, Stabilität, Vertraulichkeit usw.) im Verlauf eines LBOs schätzen gelernt haben. Gerade wenn ein Exit innerhalb der ersten drei Jahre angestrebt oder sehr realistisch ist, kommen klassische HYBs de facto nicht in Betracht (sondern allenfalls Mezzanine Notes oder Floating Rate Notes, FRNs – siehe dazu gleich unten), besteht doch für diesen Zeitraum i.d.R. keine Callability (vorzeitige Künd- bzw. Rückzahlbarkeit).

Darüber hinaus wurden die HYBs in den letzten Jahren auch dadurch stark in den Hintergrund gedrängt, dass die strukturellen Nachteile europäischer HYB-Strukturen (insbesondere struktureller Nachrang, keine nachrangigen Sicherheiten) im Jahre 2002 bei der Vielzahl an Leistungsstörungen (die Ausfallquote bei Hochzinsanleihen betrug z.B. 2002 13,9 Prozent) schlagend wurden.

Ende 2002 drohten die HYB-Investoren sogar in einem offenen Brief mit einem „Streik" und verlangten – im Zuge des Brake-Brothers-LBO – die Anpassung der (bisher strukturell nachrangigen) HYB-Strukturen an die typischen Merkmale der amerikanischen HYBs bzw. der europäischen Mezzanine.

Aufgrund struktureller Vorteile war die Verwertungsrate (Recovery Rate) der US-High Yield Bonds 2001 mit 30 Prozent fast dreimal so hoch wie bei den europäischen Pendants (11 Prozent), 2002 mit 22 Prozent immerhin noch um ca. 50 Prozent höher als in Europa (15 Prozent). Aus in Abbildung 49 dargestellter Rangfolge (Rankings) der Ansprüche wird ersichtlich, woraus diese höchst unterschiedlichen Recovery Rates zwischen den USA und Europa primär resultieren:

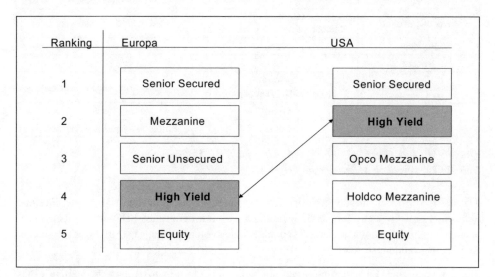

Quelle: FitchRatings (2003d)
Abbildung 49: *Hierarchie der Finanzierungsschichten im Vergleich Europa/USA*

Tatsächlich wurde den Ansprüchen nach Neustrukturierung der HYBs seitens der Investoren im Jahr 2003 in einigen Transaktionen weitgehend entsprochen und so eine Zäsur im europäischen HYB-Markt eingeläutet: Den Auftakt dazu gab die LBO-Transaktion bezüglich Focus Wickes, eines UK DIY Retailers, bei deren Strukturierung 2003 erstmals eine Mezzanine Note (festverzinsliche Anleihe mit vorzeitiger Tilgbarkeit nach einem Jahr im Falle eines Exit- Events und einem Pricing über dem von HYBs und unter dem von Mezzanine) emittiert wurde. Seitdem sind eine Reihe von ähnlich strukturierten Bonds emittiert worden, so dass aus Sicht der Rating-Agentur Fitch von einem „Re-Inventing" des europäischen High Yield gesprochen werden kann.[147]

Neben den Strukturvorteilen für HYB Investoren eines nur mehr vertraglichen Nachrangs und der Einräumung von zweitrangigen Sicherheiten, die zusammengenommen zu einer (ceteris paribus) Verbilligung der HYBs von ca. 100 bis 150 Basispunkten (d.h. 1 bis 1,5 Prozent p.a.) führen, ist hier insbesondere die Herausbildung von so genannten Bifurcated Call Provisions (zweigleisige Kündigungsrechte) zu erwähnen, die die vorzeitige Kündbarkeit der Anleihen im Exit-Fall (Verkauf bzw. IPO) mit der grundsätzlichen Unkündbarkeit der Anleihen in den ersten Jahren der Laufzeit verbinden. Dieses Kündigungsrecht im Exit-Fall wurde den High-Yield-Investoren von Focus Wickes mit einem Yield-Aufschlag in einer Größenordnung von geschätzten 150 bis 175 Basispunkten (d.h. 1,5 bis 1,75 Prozent p. a.) abgegolten. Um den Interessen der Senior Lender, die diese Entwicklung mit Argusaugen verfolgten, entgegenzukommen, werden bei diesen neuartigen HYB-Konstruktionen bzw. Mezzanine Notes häufig Ausgestaltungen vorgenommen, die die Gefahr von frühzeitigen Kündigungen durch die High-Yield-Investoren bei Leistungsstörungen bzw. Bedienungsproblemen wieder relativieren (Zweidrittelmehrheit wie bei Mezzanine als Kündigungsvoraussetzung, keine Vollstreckungsrechte bezüglich der zweitrangigen Sicherheiten, nur Incurrence-based Covenants[148] usw.).

In Zukunft ist durch die aufgezeigte Neustrukturierung der High Yield Bonds bei LBOs und ihre Vorteile für Investoren und Private-Equity-Häuser mit einer weiteren starken Belebung dieses Finanzinstruments bei LBOs über 750 Mio. bis 1 Mrd. Euro Transaktionsvolumen zu rechnen, zumal auch diese neue Art von HYBs typischerweise kostengünstiger als Mezzanine Loans sind und die arrangierenden Banken zweimal verdienen können (zuerst beim Bridge Loan und dann bei der HYB Emission). Dies zeigte sich bereits im ersten Halbjahr 2004 und diese Tendenz setzte sich in der Folgezeit fort. So verzeichneten die HYBs in 2004 mit einem Emissionsvolumen von 29,4 Mrd. Euro ein Rekordjahr (+80 Prozent gegenüber 2003), das in 2006 sogar noch übertroffen werden dürfte. Ca. drei Viertel des HYB-Emissionsvolumens von 28 Mrd. Euro in 2005 entfielen auf LBO-Transaktionen.

Aus Abbildung 50 ist die kontinuierliche Zunahme der Bedeutung von HYBs seit Mitte der der 90er Jahre (mit Ausnahme der schwierigen Jahre für HYBs in Europa 2001 und 2002) auch im globalen Kontext zu entnehmen.

---

[147] Vgl. FitchRatings (2003a) und (2003b).
[148] Zu diesen vgl. die Erläuterung in FN 130.

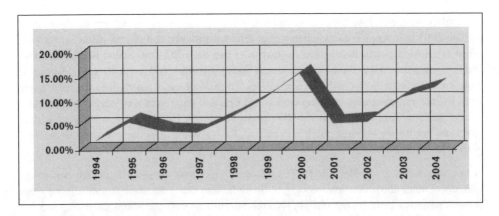

Quelle: CSFB Higgh Yield Research
Abbildung 50: *European high-yield issuance as percentage of global high-yield issuance*
(1994 bis 2004)

Die erwähnten strukturellen Verbesserungen der Ausgestaltung von HYBs waren – neben der allgemeinen Zunahme des LBO- und M&A-Geschäfts in diesem Zeitraum – ein entscheidender Faktor dafür, dass sich das Volumen aus ausstehenden HYBs in Europa in den letzten zehn Jahren auf über 120 Mrd. US-Dollar mehr als Verzehnfachte.

Die nach wie vor bestehenden großen Vorteile des Mezzanine wie die extrem hohe Flexibilität, die Stabilität (Gewissheit der Mittelaufbringung durch Underwriting des Mezzanineversus Platzierungsrisikos bei HYBs) und die Vertraulichkeit (dies gilt insbesondere in Phasen der Restrukturierung und bei Recaps, aber auch schon am Beginn einer Transaktion, da man sich aufwändige Road Shows und Rating-Prozesse erspart) sollten dennoch dazu führen, dass der Siegeszug des Mezzanine in Europa in den nächsten Jahren auch in der Akquisitionsfinanzierung bei größeren LBOs (Unternehmenswerte von bis zu 4 oder 5 Mrd. Euro) anhält. Dazu werden bei allgemein gesunkenen Renditeerwartungen für Mezzanine vor allem die ständigen Produktinnovationen bei Mezzanine Debt wie z.B. *Junior Mezzanine* (mit den Strukturmerkmalen drittrangige Sicherheiten, Incurrence Covenants[149], PIK Zinsen und Warrants und eingeschränkten Acceleration Rights für Kündigungen bei IRR Ansprüchen im Bereich von ca. 20 Prozent) beitragen. Bei kleineren LBOs und mittelgroßen LBOs ist der High Yield Bond ohnedies, wie gezeigt, kein Konkurrent für das Mezzanine.

Während aus den dargelegten Gründen sowohl Mezzanine als auch HYBs gut nebeneinander bestehen können, ist mit einer weiteren Zunahme hybrider Instrumente (bzw. hybrider Elemente in den Grundformen HYB und Mezzanine) zu rechnen, die dazu führen werden, dass die *Unterschiede zwischen Mezzanine und HYBs tendenziell weiter abnehmen werden.* Neben

---

[149] Zu diesen vgl. die Erläuterung in FN 130.

den bereits erwähnten *Mezzanine Notes* sind hier insbesondere *„Floating Rate Notes"*[150] (variable Verzinsung und verbesserte Callability bzw. Non-Callability von nur einem oder zwei Jahren und einem Pricing wie beim HYB) und die tief subordinierten PIK Notes (als Public Debt Instrument – siehe gleich unten) bzw. auch die soeben angeführten Junior Mezzanine (tief subordiniertes, meist drittrangig besichertes Private Debt Instrument ohne regelmäßige Cash Payments und damit vollständiger Endfälligkeit auf HoldCo Ebene) zu erwähnen.

7.8 (HoldCo) PIK Notes

Zwischen November 2004 und Februar 2005 erfolgte im europäischen High-Yield Markt eine starke Belebung einer bereits in den 80er Jahren in den USA entwickelten Sonderform von High Yield Bonds in der Form von tief subordinierten Pay-in-kind („PIK") High Yield Notes, die von Holdinggesellschafen (HoldCos) von hochgeleveragten Unternehmen begeben wurden. Die tiefe Subordinierung der PIK Fazilitäten kommt einerseits im strukturellen Nachrang gegenüber den sonstigen Fremdkapitalgebern des Kreditnehmers zum Ausdruck, der durch keinerlei Sicherheitengewährung oder credit support durch die Unternehmen aus dem Konzernverbund der Kreditnehmer abgemildert wird. Zum anderen manifestiert sich die tiefgehende Subordination darin, dass anstelle von cashmäßigen Zinszahlungen die Verzinsung cashfrei durch die Begebung weiterer derartiger PIK Notes durch die Holdinggesellschaft (bzw. durch einen roll-up der Zinsen) erfolgt. Anhand foldender schematischer und vereinfachter Darstellung der HoldCo PIK Notes kann das Ausmaß der Subordination und die Nachrangigkeit gegenüber den typischen High Yield Investoren von Akquisitionsfinanzierungen gut nachvollzogen werden:

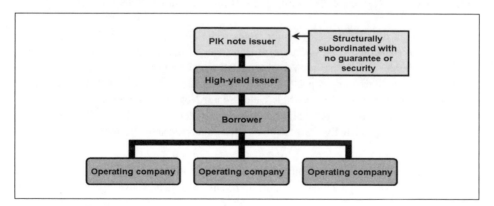

Quelle: Edwards (2005)
Abbildung 51: *Grundstruktur von PIK Notes bei LBOs*

---

[150] FRNs wurden beispielsweise als Hybrid-Instrument zwischen HYBs und Mezzanine beim LBO von ATU durch KKR im November 2004 von den Arrangern HVB und Morgan Stanley eingesetzt: Die zehnjährige FRN hatte eine klassische Callability, wie sie bei Mezzanine typisch ist.

Am konkreten Beispiel der Refinanzierung der Akquisitionsfinanzierung des deutschen Chemieunternehmens Cognis (ursp. ein Henkel-Tochter-Unternehmen) kann dieser typische strukturelle Unterschied zwischen den Senior Loans, den vertraglich nachrangigen Second Lien Loans/Notes (bzw. alternativ den Mezzanine Loans), den gemischt strukturell bzw. vertraglich nachrangigen High-Yield Bonds (bzw. Senior Notes) und den strukturell vollständig nachrangigen HoldCo PIK Notes verdeutlicht werden:

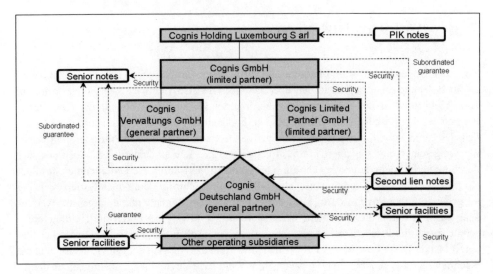

Quelle: Darstellung nach Edwards (2005)
Abbildung 52: *Struktur der Refinanzierung der Akquisitionsfinanzierung von Cognis*

Im Gegensatz zu den (High Yield) Senior Notes weist die PIK Note keine (subordinierten) aufströmenden Sicherheiten bzw. Garantien (Upstream Guarantees) auf. Eine Befriedigung der PIK Noteholder kann daher im Verwertungsfall nur dann und insoweit erfolgen, als alle Gläubiger der Kreditnehmer-Gruppe (inklusive der Banken und damit der Senior Loan Lender) sowie darüber hinaus auch der High Yield (Senior Notes) Gläubiger erfolgt. Dies ist im Falle einer Insolvenz oder einer Fälligstellung der Kredite seitens der Banken wegen zur Kündigung berechtigenden Events of Default (Kündigungsgründen) äußerst unwahrscheinlich.

Durch die sehr tief subordinierte Struktur sind die HoldCo PIK Notes daher sehr Eigenkapital nah ausgestaltet, was sich auch darin manifestiert, das sie üblicherweise zwei bis drei Stufen unter dem (langfristigen) Emittenten (bzw. HoldCo) Rating geratet werden und deren Begebung normalerweise – bei i.d.R. längeren Laufzeiten als die Senior und Subordinated Loans und Bonds – auch keinerlei negative Auswirkungen auf das Rating dieser verzinslichen Verbindlichkeiten und das Kreditnehmerrating haben[151].

---

151 Zum Rating von HoldCo PIK Notes und zu deren typischen Ausgestaltung vergleiche z.B. FitchRatings (2005a).

Der Hauptanwendungszweck der HoldCo PIK Notes, für die es auch ein Private Debt Pendant in Form von HoldCo PIK Loans gibt, ist die (teilweise oder vollständige) Finanzierung von Dividend Recaps. Bei den Dividend Recaps nehmen die Private-Equity Investoren einen Teil oder gar alle ihre ursprünglichen Eigenmittel (und u.U. sogar noch darüber hinaus) in Form einer Sonderdividende aus dem Unternehmen (siehe Abschnitt 6.5). Die Attraktivität für die grundsätzlich sehr riskanten Anleihen besteht in der hohen Verzinsung: So wiesen z.B. die HoldCo PIK Notes für die Anfang 2005 begebenen Papiere Margen im Ausmaß von 850 bis 900 Basispunkten über den Refinanzierungszinssätzen aus, die typische Laufzeit betrug dabei 10 Jahre.

Relativierend ist allerdings festzuhalten, das die HoldCo PIK Notes typischerweise sehr niedrige Ratings aufweisen (i.d.R. im CCC Bereich) und daher äußerst risikobehaftet sind. In diesem Zusammenhang sei daher nochmals auf die bereits gegenüber dem Verschuldungsmaßstab EBITDA seitens Warren Buffets vorgebrachte Kritik an PIK Instrumenten wie PIK Notes erinnert, der bereits Ende der 80er Jahre auf die Gefahr von Strukturen hinwies, die sich wegen ihrer Aggressivität nur auf z.T. nicht cashmäßiger Basis darstellen lassen.

7.9 Brückenfinanzierungen (Bridge Finance)

Gelegentlich wird im Zuge von Übernahmefinanzierungen auch ein Teil der Finanzierung auf Basis einer Brückenfinanzierung gewährt. Diese soll die Klammer zwischen einer erforderlichen Ausgangsfinanzierung zur Ermöglichung der Übernahme und der endgültigen Finanzierungsstruktur nach erfolgreicher Übernahme darstellen.

Diese Zwischenlösung ist immer dann von Nöten, wenn die endgültige Übernahme(finanzierungs)struktur aus zeitlichen und/oder rechtlichen und/oder sonstigen, faktischen Gründen erst eine gewisse Zeit nach dem Closing (Übergang der Gesellschaftsanteile) möglich ist. In der Praxis sind dabei vor allem drei Situationen besonders erwähnenswert, die auch in Kombination auftreten können:

■ *Zwischenfinanzierung einer späteren Kapitalmarktfinanzierung:*
Dabei geht es zumeist um die zeitliche Überbrückung bis zu einer erfolgreichen Anleihenemission, gelegentlich auch einer Kapitalerhöhung durch Aktienemission bzw. Bezugsrechte (Rights Issue) oder einer Kombination von beidem.

■ *Zwischenfinanzierung bis zu einem Asset Stripping:*
Falls nicht betriebsnotwendige Vermögenswerte (z.B. unbenutzte Grundstücke und/oder Fabrikgebäude) oder aber nicht strategisch erwünschte Geschäftsbereiche unmittelbar nach dem Kauf vom neuen Eigentümer veräußert werden sollen, kann zur Überbrückung bis zum Assetverkauf eine Brückenfinanzierung als Teil der Akquisitionsfinanzierung strukturiert sein. Diese Bridge Fazilität wird dann durch die Erlöse aus dem Assetverkauf abgelöst.

■ *Zwischenfinanzierung bis zum Zugriff auf vorhandene liquide Mittel:*
Aus regelmäßig rechtlichen Beschränkungen (u.a. aus Kapitalerhaltungsregeln, hier insbesondere bei Aktiengesellschaften) ist es dem Käufer oftmals verwehrt, auf vorhandene, im Unternehmen nicht benötigte liquide Mittel zuzugreifen. Zur Überbrückung bis dahin wird bei Bedarf von den Akquisitionsfinanzierern ein Brückenkredit strukturiert, der innerhalb kurzer Laufzeit aus diesen (z.B. nach entsprechender Umgründungen oder Herbeiführung der erforderlichen Beschlüsse) dann freien und nicht benötigten liquiden Mitteln abzulösen ist.

Bei Bridge Finanzierungen ist stets darauf zu achten, dass aus der Zwischenfinanzierung keine Dauerlösung wird. Daher sind die Brückenkredite regelmäßig zeitlich beschränkt und die Zinsmarge steigt zumeist während der Laufzeit bis zum Laufzeitende stetig und mitunter drastisch an. Dadurch wird ein massiver Anreiz für den Käufer geschaffen, die Überbrückungsfinanzierung möglichst rasch abzuschichten. Für den Fall, dass dies nicht gelingt, ist nicht selten eine Art „Rollover" Bestimmung dergestalt vorgesehen, dass aus der Überbrückungsfinanzierung ein subordiniertes Darlehen wird. Auch dies ist anreizkonform (da die subordinierten Kredite sehr teuer und daher schnell abzulösen sind), sichert aber die Finanzierung über den Überbrückungszeitraum hinaus auf sinnvolle Weise ab. Ohne diese „Rollover"-Bestimmungen kann für das Unternehmen eine sehr unangenehme und u.U. unangebrachte Verhandlungssituation entstehen, die möglichst von vornehern auf die dargestellte oder eine ähnliche Art zu vermeiden ist.

In der Praxis kommen immer wieder auch Kombinationen der dargestellten Hauptanwendungsbereiche für Bridge Loans zur Anwendung. Aktuelle Beispiele dafür sind die Finanzierung des Erwerbs der Kunz-Gruppe durch die Pfleiderer AG und die allgemeine Neuordnung der Finanzen der Pfleiderer AG im Zuges eines syndizierten Großkredits zuzüglich einer Bridge Fazilität sowie die Brückenfinanzierung des 12,4 Mrd. Euro Erwerbs des britischen Konkurrenten BOC durch die Linde AG. Während bei Pfleiderer die Brückenfinanzierung durch eine Kombination aus Asset Stripping (zwischenzeitlich erfolgter Verkauf von Pfleiderer Track Systems an Axa Private-Equity) und eine Kapitalerhöhung zurückgeführt wird, soll der Bridge Loan für Linde durch eine Kombination aus mehreren Instrumenten abgelöst werden: Kapitalerhöhung von 1,4 bis 1,8 Mrd. Euro, die Aufnahme von Hybridkapital, die Begebung von Anleihen, die Aufnahme von Bankdarlehen und Veräußerung von Aktiva wie die Gabelstaplersparte (über Verkauf oder IPO).

7.10 Zusammenfassende Darstellung der Instrumente der LBO-Finanzierungen

Zusammenfassend seien im Folgenden die diversen Instumente der LBO-Finanzierungen im Zusammenhang dargestellt:

Der Ertrags-Risiko-Zusammenhang klassischer Instrumente der Akquisitionsfinanzierung kann anhand Abbildung 53 dargestellt werden, in der die Risikoprofile typischer Finanzierungsinstrumente vor dem Hintergrund von typologischen Entwicklungsszenarien (Best-Case-Szenario, usw.) der Tilgungsfähigkeit von LBO-Unternehmen dargestellt werden.

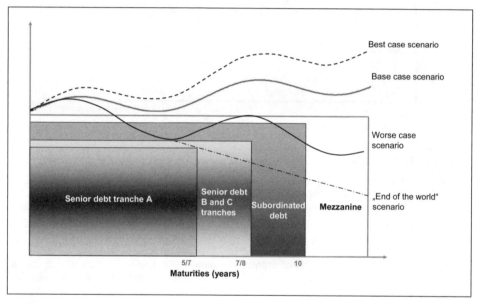

Quelle: Darstellung nach Vernimmen (2005), S. 918
Abbildung 53: *LBO-Finanzierungsinstrumente und Entwicklungsszenarien*

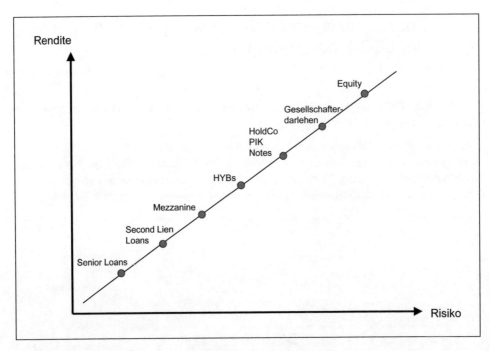

Quelle: Eigene Darstellung
Abbildung 54: *Akquisitionsfinanzierungsinstrumente im Ertrags-Risiko-Zusammenhang*

Beim Vergleich HYBs und Mezzanine kann nur im Anlassfall festgestellt werden, wie der relative Ertrags-Risiko-Zusammenhang ist. Dies gilt sowohl für Fälle, wo die Mezzanine Loans durch HYBs abgelöst werden, als auch für LBOs, in denen beide Instrumente parallel und dauerhaft eingesetzt werden sollen.

Das traditionelle Spektrum an Finanzierungsinstrumenten für LBOs hat sich in den letzten Jahren durch Produktinnovationen wesentlich erweitert, was anhand Abbildung 55 besonders deutlich zu Tage tritt.

Abbildung 55 verdeutlicht zudem auch die mehrfach dargelegte Tendenz der Annäherung der Anleihen (Bonds/Notes) und Darlehens (Loans)- Instrumente im europäischen LBO-Markt, die sich mittlerweile – ab einer gewissen, für Anleihen in Frage kommenden Größenordnung – praktisch in jedem Finanzierungstyp alternativ gegenüberstehen.

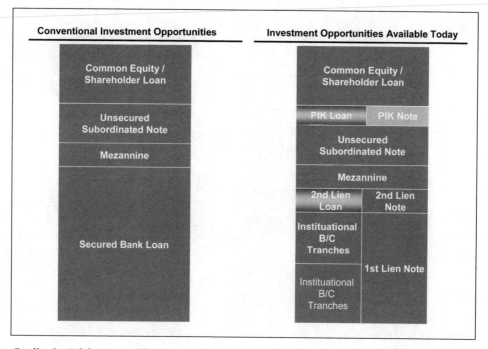

Quelle: *In Anlehnung an Thorneycroft M., How Do Bonds Fit Into the Capital Structure?, Vortrag auf der IFR Konferenz „Financing Leveraged Buy-outs" vom 1. und 2.11.2005 in London mit geringer Adaptierung*

Abbildung 55: *Konventionelle und neue Finanzierungsinstrumente für LBO's*

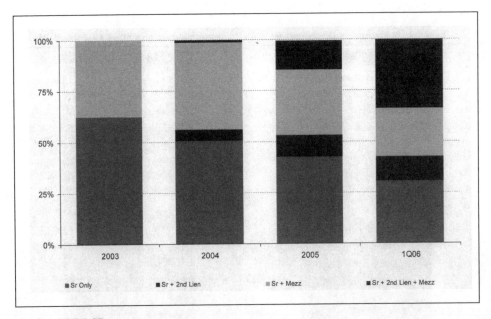

Quelle: S&P LCD
Abbildung 56: *Akquisitionsstrukturen bei europäischen Leveraged Loans*

Dass die Zunahme der Finanzierungsmöglichkeiten auch tatsächlich genutzt wird, zeigt die in Abbildung 56 dargestellte Zunahme der vielschichtigeren Akquisitionsstrukturen bei europäischen Leveraged Loans.

Bereits ca. 30 Prozent der Struktruren sind dreigliedrig (Senior Loans plus Second Lien plus Mezzanine), beinahe die Hälfte der Transaktionen weisen Second Lien Loans (bzw. Notes) auf. Demgegenüber waren in 2003 laut S&P Statistiken Second Liens Loans in Europa praktisch nicht existent, vielmehr dominierten reine Senior Loan Strukturen (knapp Zweidrittel) und Senior plus Mezzanine Loan Strukturen die Darlehensstrukturen bei europäischen Akquisitionsfinanzierungen.

7.11   Instrumente der Liquiditätsschöpfung im Zuge von Akquisitionsfinanzierungen

7.11.1 Asset Stripping

Unter Asset Stripping wird im allgemeinen der Verkauf von nicht betriebsnotwendigen Vermögensteilen bzw. nicht zum Kernbereich zählenden Teilbereichen eines Unternehmens nach einem Buy-out verstanden; dabei steht die Cash Generierung und die damit ermöglichte Entschuldung (über eine sog. Pflichtsondertilgung) im Mittelpunkt. Vielfach werden dabei stille Reserven im Unternehmen gehoben.

Das Asset Stripping ist ein klassisches Instrument von Private-Equity Investoren, das insbesondere in den 80er Jahren in den USA im Mittelpunkt der Wertsteigerungsstrategien der Finanzinvestoren bei der Übernahme von (zumeist) börsenotierten Mischkonzernen lag. Dabei nutzten die Finanzinvestoren häufig den sog. Conglomerate Discount, also den Abschlag in der Unternehmensbewertung von Konzernen wegen deren Diversifizierung (die Summe aller Teile war mehr wert als das Ganze), um Konglomerate günstig über die Börse zu kaufen und sie nach erfolgtem Delisting durch lukratives Asset Stripping auf die Kernbereiche zu reduzieren und sie später (nach erfolgter Wertsteigerung) wieder gewinnbringend zu veräußern.

Auch in der Gegenwart spielt Asset Stripping eine wichtige Rolle. So veräußerten beispielsweise die Finanzinvestoren Advent und Carlyle zwei (Trocellen und Dynos) der drei Geschäftsbereiche der Unternehmensgruppe HT Troplast und konnten so, neben operativen Verbesserungen im Kernbereich (profine) der Herstellung von Fensterprofilen (mit bekannten Marken wie Kömmerling) selbst, wesentlich zur Entschuldung der Gruppe und zur Rückkehr in den Bereich Investment Grade ca. eineinhalb Jahre nach dem LBO beitragen. Ein weiteres, zumindest mit der wirtschaftlichen Logik eines Asset Stripping vergleichbares Beispiel ist der Abverkauf in 2004 von drei (Stabilus; Landis+Gyr und Omnetica) von sieben Geschäftsbereichen bzw. Unternehmen, die KKR von Siemens (bei Rückbeteiligung von 19 Prozent durch Siemens) über die Demag Holding im Jahre 2002 erwarb. Bei einem Tochterunternehmen der Demag Holding, Demag Cranes & Components, erfolgt im Juni 2006 ein IPO, ein weiteres Tochterunternehmen, Mannesmann Plastics Maschinery (MPM), wird zurzeit an Madison Capital verkauft. Nach diesen Exits ist nur noch ein Unternehmen der ursprünglich sieben Geschäftsbereiche bzw. Unternehmen vollständig im Eigentum der Demag Holding.

Entgegen gelegentlicher, auch medialer Missverständnisse fließen die Erlöse aus dem Asset Stripping nicht dem Investor zu, sondern werden i.d.R. im Rahmen von Pflichtsondertilgungen zur Entschuldung der Unternehmensgruppe verwendet.

Aber nicht nur Finanzinvestoren, sondern auch strategische Investoren bzw. kaufende Unternehmen verwenden diese Technik zur Kaufpreisfinanzierung. Ein aktuelles Beispiel aus der deutschen Unternehmenspraxis ist etwa der Verkauf der Pfleiderer Infrastrukturtechnik (an Axa Private Equity) durch den Mutterkonzern Pfleiderer AG (M-Dax-Wert) als Teil der Finanzierung des Kauf des US-amerikanischen Wettbewerbers Kunz Gruppe. Aus zeitlichen und praktischen Gründen wurde der Kaufpreis bis zum Verkauf dieser Sparte (und einer geplanten Kapitalerhöhung) teilweise durch einen Brückenkredit zwischenfinanziert.

Ähnliches gilt – wie erwähnt – für die Finanzierung der geplanten Übernahme des britischen Konkurrenten BOC durch die Linde AG: Der Brückenkredit eines Bankenkonsortiums soll laut Medienberichten[152] durch ein Bündel an (insbesondere Kapitalmarkt-) Maßnahmen

---

[152] Vgl. statt vieler die Börsen-Zeitung vom 27.4.2006, S.9.

abgelöst werden: Kapitalerhöhung von 1,4 bis 1,8 Mrd. Euro, die Aufnahme von Hybridkapital von bis zu 1,6 Mrd. Euro, die Begebung von Anleihen, die Aufnahme von Bankdarlehen und Veräußerung von Aktiva wie die Gabelstaplersparte (über Verkauf oder IPO).

7.11.2 Sale- Leaseback

Im Gegensatz zum Verkauf von nicht mehr benötigten Vermögensteilen im Rahmen des Asset Stripping geht es beim Sale-Leaseback darum, weiterhin vom Unternehmen benötigte Vermögensanteile des Anlagevermögens an eine andere Gesellschaft zu verkaufen, um sie im Anschluss daran für das Unternehmen zurück zu mieten/leasen. Dabei steht häufig auch das Heben stiller Reserven im Sachanlage- (insbesondere Immobilien-)vermögen von Unternehmen – mit den damit meist verbundenen steuerlichen Vorteilen über eine erhöhte Abschreibungsbasis für die kaufende Leasinggesellschaft – im Mittelpunkt. Das mit dem Verkauf generierte Geld wird im Rahmen eines LBOs zur Entschuldung und/oder zur Wertsteigerung des Kernunternehmensbereichs verwendet.

Im Gegensatz zu den oben dargestellten OpCo/PropCo-Transaktionen wird der betreffende Teil des Anlagevermögens nicht an eine gruppeneigene Gesellschaft verkauft und gruppenintern zurückgeleast, vielmehr findet ein Verkauf mit anschließendem Zurück-leasen an eine gruppenfremde Gesellschaft (häufig eine Leasinggesellschaft) statt.

Durch ein derartiges Sale-Leaseback kann ein Unternehmen im Zusammenhang eines LBOs typischerweise insb. folgende Vorteile erzielen:

■ Das Sale-Leaseback ermöglicht die Wertrealisierung zu Marktpreisen eines kapitalbindenden Assets in Verbindung mit einer Finanzierung zu einem Loan to Value (LTV) Relation von 100 Prozent (also eine komplette Fremdfinanzierung); Immobilienfinanzierungen wie bei den OpCo/PropCo-Strukturen weisen dagegen wie auch bei den gruppeninternen Sale-Leasebacks, nur ein LTV von typischerweise 80-85 Prozent auf; LBOs sind gar nur durch LTVs von 60-75 Prozent gekennzeichnet. Allerdings berücksichtigt der Leasinggeber selbstverständlich neben der Qualität der übertragenen Vermögenswerte (Assets) die meist unterdurchschnittliche Bonität der LBO-Leasingnehmer, was sich unmittelbar auf die Finanzierungskosten auswirkt.

■ Durch die Langfristigkeit dieser Transaktionen (typischerweise zwischen 10 und 25 Jahren) kann eine Fristigkeit in der Finanzierung erzielt werden, die sonst nur schwer und im Rahmen von LBOs (bzw. LBO typischen Bonitäten) nicht erzielbar ist.

■ Die Finanzierungskosten sind zumeist unter denen der LBO-Finanzierung, die durch die – mit dem Asset Verkauf regelmäßig verbundene – Pflichtsondertilgung aus den Verkaufserlösen reduziert wird. Durch eine Sale-Leaseback Transaktion kann u.U. eine teure, langfristige subordinierte Finanzierungtranche in Form von Mezzanine/Second Lien bzw. eines High Yield Bond verhindert werden.

■ Von Interesse für Finanzinvestoren sind ferner mögliche Wertsteigerungspotenziale infolge von allfälligen Steuervorteilen von Sale-Leasebacks: Der vollen Abzugsfähigkeit der Leasingraten auf Basis der höheren, aktuellen Marktwerte der verkauften Assets stehen keine Abschreibungen auf Grund und Boden und geringe Abschreibungen von – bisher niedrig bewerteten – Gebäuden bzw. Hallen und Anlagen gegenüber; dazu kommt noch eine häufig eingeschränkte Abzugsfähigkeit der Zinsen (z.B. bei der Gewerbesteuer oder durch Thin Capitalisation Rules) auf die Akquisitionskredite.

■ Ein für einen (Finanz-)Investor besonders relevanter möglicher Vorteil kann dann entstehen, wenn das Sale-Leaseback Leasingraten-Multiple über dem EBITDA-Multiple für den Unternehmenskaufpreis liegt.

Zur Erläuterung diene folgendes Beispiel:[153]

Nach dem LBO (Unternehmenswert ist das Sechsfache des EBITDA) verkauft das Unternehmen Vermögenswerte (Assets) zum Wert von 20 Mio. Euro und least sie mit einer Leasingrate von 10 Prozent des Verkaufspreises zurück:

LBO-Unternehmen	EUR (in Mio.)	LBO Unternehmen nach Sale-Leaseback	EUR (in Mio.)
EBITDA	10	EBITDA	8
EBITDA-Multiple	6	EBITDA-Multiple	6
Unternehmenswert	60	Unternehmenswert	48
Verzins. Verschuldung	40	Verzins. Verschuldung	20
Equity	20	Equity	28

Quelle: LaPuma (2001)

Tabelle 33: *Effekt von Sale-Leaseback auf Unternehmens- und Equity-Werte von LBO-Unternehmen*

Wie das Beispiel zeigt, ist das wirtschaftliche Eigenkapital (Eigenkapital bewertet zu Marktpreisen) scheinbar deutlich von 20 Mio. auf 28 Mio. Euro gestiegen.

Das Problem mit dieser Darstellung ist allerdings, dass genaugenommen entweder (wegen der geänderten Ausgangslage) der EBITDA-Multiple angepasst werden müsste, oder aber die operativen Leasingverpflichtungen zwecks Vergleichbarkeit kapitalisert werden und dann ein grundsätzlich gleichhohes EBITDAR-Multiple[154] herangezogen werden müssten. Mit der Kapitalisierung der operativen Leasingverpflichtung kommt es zu einem EBITDAR-Wert, der dem Ausgangs-EBITDA-Wert von 10 Mio. Euro entspricht[155]. Bei Anwendung eines Multiples von 6 wird wiederum ein Unternehmenswert von 60 Mio. Euro erreicht. Die abzuziehenden Verbindlichkeiten belaufen sich dann mit der verzinslichen

---

153 In Anlehnung an die Darstellung bei LaPuma (2001).

154 Der EBITDAR Maßstab eignet sich immer dann, wenn in kapitalintensiven Branchen wie z. B. dem Einzelhandel oder bei Airlines den Miet- oder Leasingaufwendungen die gleiche Funktion wie Abschreibungen und Zinslasten auf die Investitionsgüter zukommt.- vgl. dazu z.B. Krolle in: Krolle/Schmitt/Schwetzler (2005), S.47.

155 Zu exakten Vorgangsweise der Berücksichtigung von Leasingverpflichtungen bei Multiple-Bewertungen vgl. z.B. die Ausführungen von Günter Schmitt, Bewertung von Leasingverpflichtungen, in Krolle/Schmitt/Schwetzler (2005), S. 103 ff.

Verschuldung von 20 Mio. Euro und den kapitalisierten Leasingverbindlichkeiten (ebenfalls verzinsliches Fremdkapital) von ebenfalls 20 Mio. Euro auf insgesamt 40 Mio. Euro. Folglich ist der wirtschaftliche Eigenkapitalwert wiederum 20 Mio. Euro.

Genau genommen gibt es folglich – von bestimmten Steuerkonstellationen abgesehen – keine „künstliche" Unternehmenswertschöpfung. In der Praxis sind dennoch solche Effekte (durch verzerrte Unternehmensbewertungen bzw. Kaufpreisermittlungsmethoden über simplifiziert angewandte Multiplikatorverfahren) immer wieder anzutreffen.

Da wirtschaftlich gesehen sowohl ein Capital (Financial) Lease als auch ein Operating Lease eine Art der Fremdfinanzierung von Investitionen darstellen, sollte nach weit verbreiteter Auffassung die unterschiedliche bilanzielle Abbildung des Vorgangs bzw. unterschiedliche Finanzierung grundsätzlich keine Auswirkungen auf die Unternehmensbewertung aufweisen.

Diesen tatsächlichen (und vermeintlichen) Vorteilen stehen zwei wesentliche Nachteile von Sale-Leaseback-Transaktionen für LBO-Unternehmen gegenüber:

- Durch die cashwirksamen Aufwendungen für die Leasingraten wird der operative (Cash) Leverage erhöht, da der Anteil der cashrelevanten Fixkosten an den gesamten zahlungswirksamen Kosten steigt – dadurch steigt das Risikoprofil des Unternehmens.

- Dazu kommt noch, dass das Unternehmen u.U. genau ohne jenes Sachanlagevermögen dasteht, das es für den Going Concern (Unternehmensfortführung) auch in einer Unternehmenskrise benötigt. Das LBO-Unternehmen wie auch die Akquisitionsfinanciers begeben sich dadurch in eine gewisse Abhängigkeit der Leasinggeber und derem Verhalten in einer Unternehmenskrise. Dies gilt vor allem für den Fall einer hohen Drittverwendungsmöglichkeit der verkauften und zurückgeleasten Assets, und hier insbesondere bei einer (wenn auch u.U. nur kurz- bis mittelfristigen) Alternativlosigkeit für das LBO-Unternehmen hinsichtlich Ersatz-Assets. Dies kann etwa bei sog. Einzelhandels (Retails)-LBOs eine große Rolle spielen, wenn etwa die Verkaufsläden (Outlets) – wie z.B. bei einer Modeeinzelhandelskette durchaus möglich – in Bestlagen im innerstädtischen Bereich liegen.

7.11.3 Factoring und Forderungsverbriefung (Asset-backed Securities)

Mit Factoring und Asset-backed Securities (ABS) Strukturen stehen zwei wichtige Instrumente für ein LBO-Unternehmen zur Verfügung, mit denen *Liquiditätsschöpfung durch Verkauf der Forderungen aus Lieferungen und Leistungen* (und damit von Teilen des Umlaufvermögens) erfolgt. Beide Instrumente erfreuen sich in den letzten, schwierigen Wirtschaftsjahren einer zunehmenden Beliebtheit als alternative bzw. komplementäre Instrumente der Unternehmensfinanzierung bzw. des Liquiditätsmanagements. Beide ermöglichen de facto einen Grad an Fremdfinanzierung (zumeist des Working Capital Bedarfs), der weit über das bei LBOs Übliche bzw. Mögliche hinausgeht, da das Risiko der Cash-Generierung aus den Assets i.d.R. deutlich unter dem unternehmerischen Risiko bei LBOs liegt.

Beim *Factoring* bieten die Factoringgesellschaften (der Factor) vier Leistungen an:

■ Forderungsankauf und damit Liquiditätsschöpfung

■ Off-Balance-Sheet-Finanzierung

■ Übernahme des vollen Ausfallrisikos (sog. Delkrederefunktion bei heute üblichem sog. echtem Factoring)

■ Übernahme des Debitorenmanagements

Welche dieser Leistungen in Anspruch genommen werden, ist vorrangig eine Frage der Kostengünstigkeit, der Notwendigkeit der Liquiditätsschöpfung und des Bedarfs an Eigenmittelquotenverbesserung bzw. Abbau der Nettoverschuldung (die aus dem Factoring gewonnene Liquidität wird i.d.R. zum Abbau von Schulden bei Banken und Lieferanten verwendet, wodurch sich die Bilanzsumme reduziert und die Eigenmittelquote verbessert).

So betragen die Kosten für die Übernahme des Ausfallsrisikos (und des Debitorenmanagements) zwischen 0,8 und 2,5 Prozent der Forderung[156], die Finanzierungskosten orientieren sich grundsätzlich an der Höhe der Kosten von Kontokorrentlinien oder allgemein von Betriebsmittelkrediten (insb. Geldmarktkrediten) des betreffenden Unternehmens, d.h. üblicherweise EURIBOR plus eine Marge von bis zu 2,5 Prozent p.a. (sie belaufen sich damit im Allgemeinen in der Höhe der Kosten der relevantesten Finanzierungsalternativen).[157] Die Gesamtkosten des sog. Full-Service Factoring, das den Ausfallschutz, Forderungsfinanzierung und Forderungsmanagement umfasst, betragen im Durchschnitt zwischen 3 und 5 Prozent des Forderungsvolumens.

Die Finanzierungsfunktion ergibt sich aus der mit dem Forderungsankauf durch den Factor verbundenen Abschlagszahlung von 85-90 Prozent des Rechnungsbetrags[158] i.V.m. der Bezahlung des Restbetrags nach vollständigem Eingang des Rechnungsbetrags beim Factor. Dadurch wird Working-Capital-Bedarf abgebaut, der üblicherweise überwiegend durch Bankverbindlichkeiten finanziert wird. Wirtschaftlich betrachtet ähnelt die Wirkung des Factoring einem revolvierend ausnutzbaren Darlehen auf Basis Borrowing Base. Dass ein solches zu günstigeren Konditionen als normalerweise bei RCFs im Rahmen von LBOs führt, zeigt zuletzt der LBO von Materis: Im Zuge der Akquisitionsfinanzierung des SBOs des französischen Baustoffunternehmens Materis wurde laut der Zeitschrift ifr eine Tranche auf Borrowing Base Basis (hinsichtlich erstrangig besicherter Forderungen aus Lieferungen und Leistungen) mit nur 175 Basispunkte (anstelle der sonst üblichen 225 Basispunkte) vom MLA BNP Paribas arrangiert.

---

[156] Laut Vernimmen.com Letter No. 8 July 2005 bewegen sich diese Kosten international üblicherweise zwischen 0,2 und 2 Prozent.

[157] Vgl. z.B. zuletzt Prümer (2005), S. 114.

[158] Der Sicherungsabschlag von 10 bis 15 Prozent erfolgt zwecks Rückbehalt für allfällige Skonti, Retouren oder die Geltendmachung von Mängeln (Sammelrügen).

Bei einem nachhaltigen und werthaltigen (möglichst homogenen) Forderungsbestand von mindestens 20 Mio. Euro kommt auch ein liquiditätsschöpfender Verkauf der Forderungen aus Lieferungen und Leistungen an eine Zweckgesellschaft, auch Special Purpose Vehikel (SPV) oder Conduit genannt, in Betracht: Das Conduit refinanziert den Forderungsankauf über die Emission von Kapitalmarktinstrumenten, in der Regel Commercial Paper. Zur Bedienung und Besicherung dieser Kapitalmarktinstrumente dienen die angekauften Forderungen (Assets), weshalb man von *Asset-backed Securities (ABS) bzw. von Asset-backed Commercial Paper (ABCP)* spricht.

Commercial Paper eigen sich dabei mit ihren relativ kurzen Laufzeiten zwischen 90 und 270 Tagen besonders gut zur Refinanzierung des Ankauf von (kurze Fristigkeiten aufweisenden) Forderungen aus Lieferungen und Leistungen. Das für die Investoren erforderliche Rating der Commercial Paper richtet sich nach der Qualität des angekauften Forderungspools – die eigentliche Bonität des Unternehmens selbst spielt für das Rating dagegen keine (relevante) Rolle.

Abbildung 57 veranschaulicht den Mechanismus von Asset-backed Securities-Transaktionen zur Veräußerung von Forderungen aus Lieferungen und Leistungen:

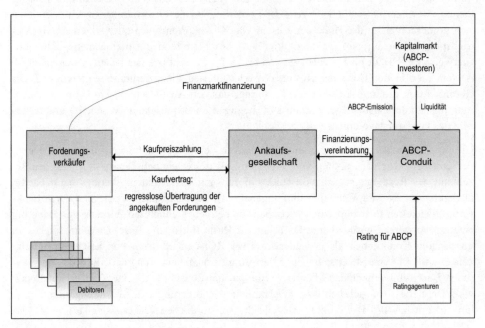

Quelle: Neumüller/Hochgatterer (2004), S. 266
Abbildung 57: *Typische ABS-Struktur zur Veräußerung von Forderungen aus Lieferungen und Leistungen*

Die Forderungseingänge werden vom Forderungsverkäufer an das Conduit zur Bedienung der Asset-backed Commercial Paper (ABCP) weitergeleitet. Aufgrund der revolvierenden

Programmstruktur erfolgt die Tilgung fälliger ABCP i.d.R. aus den Emissionserlösen neuer ABCP, und die Forderungseingänge werden zum Ankauf neuer Forderungen verwendet.

Neben Forderungen aus Lieferungen und Leistungen kommen auch zahlreiche andere Assets des Umlaufvermögens von Unternehmen in Betracht: So soll zur Ablösung von mehr als der Hälfte des Überbrückungskredits von 2,3 Mrd. Euro zum Erwerb des Autovermieters Europcar von VW durch den französischen Finanzinvestor Eurazeo (der selbst 900 Mio. Euro Eigenkapital investierte) eine ABS-Konstruktion für die Fahrzeugflotte von Europcar dienen.

Klassische Anwendungsfelder für ABS sind u.a. die Verbriefung von Kreditkartenforderungen und von hypothekarisch besicherten Wohnbaudarlehen an Privatpersonen.

Das erforderliche Mindestforderungsbestandvolumen bewirkt, dass Asset-backed Securities (ABS) zumeist nur für Unternehmen in Betracht kommen, die einen Umsatz von mindestens 80 bis 100 Mio. Euro aufweisen.

Im Allgemeinen wird kein Anbieter von ABS eine hundertprozentige Fremdfinanzierung der angekauften Assets ermöglichen, sondern zwecks Absicherung der eigenen Risikoposition und einer günstigen Refinanzierung des Assets-Ankaufs seinerseits Risikopuffer in Form von sog. Credit Enhancements verlangen. Diese Credit Enhencements können etwa Cash Reserven, eine Garantie einer AAA-Bank oder Versicherung bezüglich der Abdeckung des first loss, eine sog. Over-Collateralization (Verkauf v. mehr assets als refinanziert werden) oder subordinierte Refinanzierungsschichten im Rahmen des sog. Tranching sein.

Sowohl beim Factoring als auch bei ABS-Konstruktionen kann es bei Verschlechterungen der Bonität des forderungsverkaufenden Unternehmens bzw. dessen Forderungsbestands über vertragliche Trigger-Mechanismen zur Kündigung des Factoring bzw. ABS kommen; in beiden Fällen entsteht ein unmittelbarer Working Capital Finanzierungsbedarf, der gerade bei LBO-Unternehmen u.U. sehr negative Konsequenzen und eine Krisenbeschleunigung nach sich ziehen kann.

Aus diesen Überlegungen heraus sieht eine Vielzahl von Banken im Factoring eine Verschuldungskomponente, die bei der Ermittlung des Verschuldungsgrad eines (LBO-)Unternehmens herangezogen wird. Auch der überwiegende Teil der Corporate Finance Literatur sieht Factoring als (versteckte) Debt-Komponente. Diese Sichtweise ist am ehesten beim unechten Factoring zutreffend, bei dem das Ausfallrisiko bzw. Delkredererisiko beim Forderungsverkäufer bleibt, wodurch dieser der eigentliche Kreditnehmer ist.

Beim echten Factoring ist dagegen der Drittschuldner Kreditnehmer, so dass auch die Auffassung vertreten werden kann, dass nur bei Aufkündigung und Nichtersetzbarkeit durch ein alternatives Factoring ein Finanzbedarf mit entsprechendem höheren Verschuldungsbedarf gegeben ist. Echtes Factoring ist insoweit nur eine bedingte (für den Fall einer drastischen Bonitätsverschlechterung relevante) zinstragende Verbindlichkeit. Gleiches gilt ceteris paribus auch für die Sichtweise bezüglich des ABS. Sie spielt daher für Banken weniger für die Frage der Wahrscheinlichkeit eines Zahlungsproblems (Probability of Default, PD) als vielmehr für die Höhe des Ausfalls (Loss Given Default, LGD) im Zahlungsverzug selbst eine entscheidende Rolle.

Unabhängig von der Einschätzung des Factoring oder ABS als (eventuelles) Verschuldungs-surrogat besteht bei beiden Liquiditätsschöpfungsinstrumenten der – gerade für hoch ver-schuldete Unternehmen – relevante Nachteil, dass Bonitätsverschlechterungen zu plötzlichem zusätzlichem Finanzbedarf zur Unzeit führen können. Dieses Risiko muss eine LBO arran-gierende Bank bei Verwendung von Factoring/ABS oder ähnlichen Instrumenten beachten und allfällig rechtzeitig für probate (Finanzierungs-)Mittel (z.B. durch eine von vorneherein großzügiger bemessene Betriebsmittellinie) vorsorgen.

7.11.4 Whole Business Securitisation

Unter Securitisation versteht man eine Technik der Schulden-basierten Finanzierung oder – Refinanzierung von Leveraged Buy-outs, bei der ein Pool von einkommensgenerierenden Vermögenswerten in eine Zweckgesellschaft bzw. Special Purpose Vehikel (SPV) verpackt wird und bei der der Ankauf dieser Assets mittels Emission von Kapitalmarktinstrumenten (zumeist Commercial Paper bzw. CP, u.U. auch Anleihen) refinanziert wird. Typischerweise werden die Einnahmen aus der Wertpapieremission zur Rückführung einer Brückenfinanzie-rung bis zur Emission oder für die direkte Ablösung aushaftender traditioneller Senior und Mezzanine Loans aus dem LBO verwendet. Die Bedienung der Verpflichtungen aus der Emission (Zinszahlungen und Tilgungen) erfolgt aus den Cashflows, die die Assets des SPVs generieren. Ein wichtiger Anwendungsfall der Securitisation, die Forderungsverbriefung in ABS-Konstruktionen, wurde bereits im vorigen Kapitel kurz erläutert.

Wenn allerdings die in das SPV transferierten Vermögensgegenstände (Assets) alle (wesentli-chen) Vermögensgegenstände eines operativen Unternehmens sind, spricht man von sog. „Whole business securitisation". Beispiele für derartige Transaktionen sind etwa die LBOs von Madame Tussauds (Einnahmen aus Wachsfigurenmuseen und Freizeitparks) und die Securitisation des London City Airports (Flughafeneinnahmen) oder der Really Useful Theat-re Group (Theatereinnahmen).

Im Gegensatz zur Verbriefung von rein finanziellen Vermögenswerten bzw. Financial Assets, bei denen die Cash-Generierung quasi automatisch erfolgt, müssen bei der Verbriefung gan-zer Unternehmen wie Hotelketten, Pub-Ketten, Freizeitparks oder Ähnlichem die Assets in Stand gehalten werden, um die künftige Cash-Generierung zu gewährleisten. Schon deshalb unterscheidet sich eine Whole Business Securitisation von Verbriefungen von Einzelas-setklassen (wie Forderungen aus Lieferungen und Leistungen) von Unternehmen.[159] Zudem erfolgt die Refinanzierung des Conduit zumeist nicht durch Commercial Paper, sondern durch Anleihen (Bonds).

---

[159] Vgl. dazu näher zuletzt z.B. Cooper (2005), S. 158 ff.

Die typischen Vorteile[160] von Whole Business Securitisation sind:

- Die Securitisation Bonds werden so strukturiert, dass sie Investment Grade Instrumente sind; folglich reduzieren sie die Zinskosten für das Unternehmen.

- Die Reduzierung der Zinskosten kommt zudem aus dem Zugang zu einem liquiden und sehr kompetitiven Kapitalmarkt, der diesbezüglich dem Private Debt Markt für Senior Loans und Mezzanine Loans – trotz dessen Annäherung an den Kapitalmarkt im Bereich der Largecap-LBOs – überlegen ist.

- Die Securitisation kann so ausgestaltet werden, dass der Anleiheschuldner (das SPV bzw. das operative Unternehmen) jegliches Upside der Cash Generierung nach Abzug der Finanzierungskosten (Excess-Cashflow) behält.

- Durch die reine Endfälligkeit der Tilgungsstruktur der Finanzierung kann die Verschuldungsfähigkeit bzw. der Leverage des Unternehmens erhöht werden; selbstverständlich bietet sich diese komplett endfällige Tilgungsstruktur für eine LBO nur bei grundsätzlich sehr stabilen Unternehmen mit geringen operativen Risiken an.

Diesen sichtbaren Vorteilen stehen allerdings auch eine Reihe von Nachteilen gegenüber:

- Hohe Transaktionskosten (Ratingprozesskosten; Kosten der Anleihenemission; Securitisation impliziert hohe Rechtsanwaltskosten)

- Mangelnde Flexibilität für die Restrukturierung des Unternehmens, falls sich die Bonität verschlechtert (u.U. aufwendige Zustimmungs- und Abstimmungserfordernisse mit den Anleihegläubigern, Security Trustee bzw. den Ratingagenturen)

- Risiko, dass Vulture Funds (Geierfonds) sich in die Anleihe einkaufen; dies gilt natürlich in mindestens gleichem Ausmaß auch für HYBs.

In Deutschland ist es – im Gegensatz zu vielen anderen europäischen Staaten – aufgrund der Rechtslage äußerst schwierig und kompliziert, eine Whole Business Securitisation durchzuführen, weshalb bisher derartige LBO-Transaktionen für Unternehmen in Deutschland noch keine praktische Bedeutung erlangten.

---

[160] Vgl. zu den Vor- und Nachteilen z.B. Vickers/Ward in Ashurst/Private Equity International (2004), S. 55.

8.   Ablauf der Akquisitionsfinanzierung

Der Ablauf einer Akquisitionsfinanzierung hängt neben der Komplexität der geplanten Transaktion entscheidend von der Qualität der Vorbereitung und der Erfahrung der involvierten Parteien ab. In der Praxis zeigen fast alle Transaktionen Besonderheiten und weichen daher an manchen Stellen vom unten dargestellten idealtypischen Schema ab. Bei „idealem" Ablauf vergehen zwischen dem Erstkontakt und der Kaufpreiszahlung drei bis vier Monate, bei strategischen Käufern liegt der Zeitraum mit einem Durchschnitt von neun Monaten dagegen deutlich über dieser Zeitspanne.

Bei strategischen Käufern ist zudem der Grad der Professionalität im M&A-Prozess sehr unterschiedlich: Während sich bei Großunternehmen als regelmäßigen Käufern im Lauf der Zeit meist professionelle Ablaufstrukturen herausbilden, ist dies bei den typischerweise „Gelegenheitskäufern" mittelständische Unternehmen deutlich seltener festzustellen.

Dementsprechend dauern die Prozesse nicht nur meist deutlich länger, sondern häufig fehlen zentrale Elemente erfolgreicher Übernahmeprozesse wie Due Diligence Prozesse teilweise oder gar vollständig. Umso wichtiger ist daher für die seltenen Käufer, das im Folgenden dargestellte typisierte Ablaufsmuster in der Praxis möglichst genau zu beachten. Für derartige Käufer empfiehlt sich zumeist zudem der Einsatz von externen, erfahrenen M&A-Beratern. Zudem ist bei stragischen Käufern (im Gegensatz zum reinen Finanzinvestor) die Frage nach der Übereinstimmung der beiden Unternehmenskulturen und Vereinbarkeit der Unternehmensstrategien ebenso besonders zu beachten wie der Aspekt der Incentivierung des Managements des gekauften Unternehmens, das bei einem LBO durch einen Finanzinvestor regelmäßig ohnedies sogar Miteigentümer wird.

Vorbereitung des Verkaufs

In der Regel bereitet der Verkäufer (Alteigentümer) mit Unterstützung des Managements und der Berater ein Kurzprofil des Unternehmens vor (Teaser), das ausgewählten Interessenten (Finanzinvestoren und strategischen Investoren) nach der Unterzeichnung einer Vertraulichkeitserklärung zur Verfügung gestellt wird.

Erstkontakt/Vorprüfung

Nach Erhalt umfangreicher Informationen (Information Memorandum, Datenraum usw.) – möglicherweise ergänzt durch erste Kontakte mit dem Management – entscheiden sich die Finanzinvestoren im Zuge dieser „Pre Due Diligence", ob sie das Projekt weiterverfolgen, d.h. ein Angebot abgeben wollen.

Die von den Finanzinvestoren miteinbezogenen Banken bereiten im positiven Fall basierend
auf den erhaltenen Informationen mögliche Finanzierungsstrukturen vor.

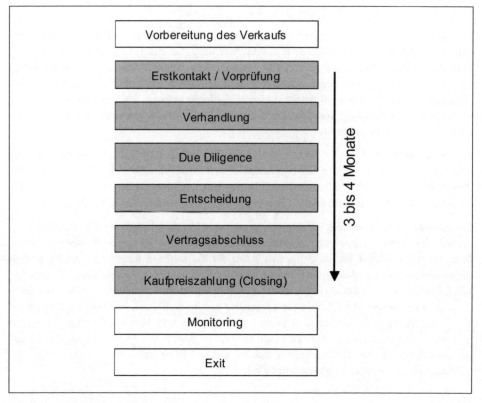

Quelle: Eigene Darstellung
Abbildung 58: *Typischer Ablauf eines LBO-Prozesses*

8.1   Verhandlung und Letter of Intent

Der Verkäufer vergleicht mit dem Management und den Beratern die verschiedenen Angebote
und wählt nach ein bis zwei Selektionsrunden einen Käufer aus, der den für den Verkäufer
attraktivsten Indicative Offer abgegeben hat. Mit diesem Kaufinteressenten wird ein Letter of
Intent (mitunter Memorandum of Understanding) abgeschlossen.

Ein Letter of Intent ist eine zweiseitige Absichtserklärung ein bestimmtes Unternehmen oder
den Teil eines Unternehmens im Wege eines Asset oder Share Deals erwerben bzw. veräußern
zu wollen. Im Gegensatz zu der weit verbreiteten Aufassung ist der LOI kein Vorvertrag, da

regelmäßig der Rechtsbindungswille fehlt, so dass keine Verpflichtung zum Abschluss eines Unternehmenskaufvertrages entsteht, vielmehr jederzeit aus legitimen betriebswirtschaftlichen Gründen (z.B. bei Nichteinigung über den Kaufpreis nach Abschluss der Due Diligence Prüfungsphase) ein Ausstieg aus den Vertragsverhalndlungen ohne nachteilige Folgen möglich ist; allerdings enthält der LOI fast immer einige rechtliche bindende Sekundär- oder Nebenabreden,[161] die ihn zu einem „harten" LOI machen.

Ein „harter" LOI führt i.d.R. zu einem mit Rechten und Pflichten ausgestatteten Schuldverhältnis iSd. §§ 241 und 311 Abs. 1 BGB, wonach insb. auf die Rechte, die Rechtsgüter und Interessen des anderen Teils (z.B. hinsichtlich Aufklärungspflichtenoder des allfälligen Abbruchs der Vertragsverhandlungen) angemessene Rücksicht zu nehmen ist. [162]Im LOI wird im Regelfall eine rechtlich verbindliche Exklusivitätsvereinbarung getroffen, nach der sich der Verkäufer verpflichtet, während eines bestimmten Zeitraums (i. d. R. vier bis sechs Wochen) keine weiteren Verkaufsgespräche mit anderen Interessenten zu führen, und die dem Interessenten auch ermöglicht, die Due Diligence durchzuführen und die Finanzierung zu organisieren.

8.2 Due Diligence und Entscheidung

In dieser Phase prüfen die von dem Finanzinvestor beauftragten Spezialisten (Wirtschaftsprüfer, Unternehmensberater, Rechtsanwälte …) das Unternehmen auf Herz und Nieren. Die Due Diligence (Sorgfältigkeitsprüfung) umfasst in der Regel die Bereiche Finanzen, Markt, Umwelt, Recht und Steuern, teilweis aber auch Versicherung, Technik und Management.

Das Ziel der Due Diligence ist es, die Angaben des Verkäufers bzw. des Managements zu überprüfen und mögliche Risiken aufzuzeigen, die bei der Kaufentscheidung und Kaufpreisfindung sowie der Finanzierungsstruktur zu berücksichtigen sind.

Basierend auf den nun vorliegenden Informationen und Analysen bereiten die Finanzinvestoren und die Banken einen internen Bericht vor, der als Grundlage der Investitions- bzw. Kreditentscheidung dient.

Im Fall einer Investitions- bzw. Kreditzusage gibt der Finanzinvestor ein verbindliches Kaufpreisangebot ab. Ohne diese Zusagen muss ein entsprechendes Kaufangebot unter einem sog. Organ- oder Gremienvorbehalt abgegeben werden (bezüglich der Bankfinanzierung spricht

---

161 Beispiele für derart bindende Elemente eines LOI sind: Vertraulichkeits- und Geheimhaltungsvereinbarungen, Kostenersatzregelungen hinsichtlich anfallender Aufwendungen (insb. Beraterkosten), Vereinbarungen über break-up fees für den Abbruch von Verhandlungen, Abwerbe- und Wettbewerbsverbote oder eine salvatorische Klausel (wonach auch bei Teilnichtigkeit die nach § 139 BGB im Zweifel geltende Gesamtnichtigkeit des LOI abbedungen wird).

162 Zur damit verbundenen Haftung aus der schuldhaften Verletzung vorvertraglicher Pflichten (culpa in contrahendo) bei („harten") LOIs nach dem neuen Schuldrecht vgl. z.B. Bergjan (2004).

man auch von financing out – Klauseln). Bei der Auswahl der arrangierenden Bank spielt neben dem kommittiterten Finanzierungsvolumen (Leverage) und der Finanzierungsstruktur sowie den Finanzierungskosten (Fees und Zinsmargen) insbesondere die Fähigkeit der Bank eine zentrale Rolle, in der erwünschten Zeit den vollen Betrag verbindlich zusagen (underwriting) zu können. Nur dadurch ist für den Investor die nötige Transaktionssicherheit gewährleistet. Bei Annahme durch den Verkäufer erfolgt mithilfe der Bank und von Steuerberatern und Rechtsanwälten eine Optimierung der Transaktions- und Übernahmestruktur.

8.3   Vertragsabschluss und Kaufpreiszahlung

Parallel mit der Unterzeichnung des endverhandelten Unternehmenskaufvertrags (Signing) werden mehrere Verträge (insbesondere ein oder mehrere Kreditverträge und die Sicherheitenverträge) von den Anwälten bzw. Banken ausgearbeitet und von der Bank, den Unternehmensvertretern und den Käufern unterzeichnet. Zum Closing (rechtswirksamen Eigentumsübergang) kommt es bei größeren Transaktionen meist zwei bis vier Wochen nach dem Signing, da zumeist die Kartellgenehmigung noch eingeholt werden muss und weitere zahlreiche Auszahlungsvoraussetzungen zu erfüllen sind.

8.4   Exit

Da der Finanzinvestor im Gegensatz zu einem strategischen Käufer die von ihm angestrebte Rendite des eingesetzten Kapitals in einem bestimmten Zeitraum (i. d. R. drei bis sechs Jahre) realisieren muss, ist eine erfolgreiche Beendigung des Engagements (Exit) von entscheidender Bedeutung. Dass dabei für die an der erzielten internen Rendite IRR orientierten Finanzinvestoren Zeit Geld ist, zeigte bereits die IRR-Tabelle in Kapitel 2.2.3.

Die am häufigsten anzutreffenden Varianten des Ausstiegs (Exits) sind neben Verkauf an einen strategischen Investor (Trade Sale) ein erneuter Verkauf an einen Finanzinvestor (Secondary Buy-out), seltener sind dagegen Exits über die Börse (IPOs, Going Public; allerdings entfielen ca. die Hälfte aller europäischen IPOs in 2005 auf PE gesponserte Unternehmen, sog. reverse LBOs) und Totalabschreibungen.

9.   (Externes) Rating und seine Bedeutung für die Akquisitionsfinanzierung

9.1   Bedeutung des externen Rating

Im Gegensatz zum internen Rating der finanzierenden Banken, das bei jeder Akquisitionsfinanzierung eine wichtige Rolle spielt, kommt dem externen Rating durch Rating-Agenturen grundsätzlich immer dann eine Bedeutung zu, wenn von akquirierten Unternehmen und/oder dem akquirierenden Unternehmen Kapital zur Finanzierung des Kaufs oder für sonstige allgemeine *Zwecke der Unternehmensfinanzierung vom Kapitalmarkt* aufgenommen wird oder werden soll. Es können dabei zwei typische Konstellationen unterschieden werden:

9.1.1   Der Käufer ist bereits extern geratet (oder wird sich raten lassen)

In diesem Fall stehen die Auswirkungen der Akquisition auf das Käufer-Rating im Mittelpunkt. Für viele börsennotierte Unternehmen mit externem Rating ist es für Unternehmensakquisitionen eine conditio sine qua non, dass das eigene externe Rating durch einen Kauf nicht bzw. nicht signifikant verschlechtert wird und jedenfalls nach der Akquisition ein Investment Grade Rating erhalten bleibt. Kostengesichtspunkte und die Absicherung eines jederzeitigen Zugangs zum Kapitalmarkt und damit die verbesserte Absicherung des Unternehmens stehen dabei im Mittelpunkt.

Dieser *Erhalt des Investment Grade Rating* ist demzufolge auch *bei vielen extern gerateten Unternehmen* (so z.B. bei der Continental AG) auch *oberste Prämisse für die Akquisitionspolitik*. Abweichungen von den Zielratings werden entweder von vornherein auszuschließen versucht oder werden nur kurzfristig akzeptiert – durch den Verkauf von Unternehmsteilen oder Kapitalerhöhungen, mitunter aber auch durch unmittelbare operative Verbesserungen (z.B. rasches Heben erster Synergien; rasche Erfolge bei Working Capital Management) wird versucht, über die dadurch ermöglichte Entschuldung (Ablösung von Brückenfinanzierungen) wieder rasch auf das angestrebte Rating zu gelangen.

Bei den typischen Unternehmensakquisitionen verbessert sich zwar meist das Geschäftsprofil (Business Profile), gleichzeitig verschlechtert sich durch die Akquisitionsfinanzierung i.d.R. das Finanzprofil der Gruppe. Die Abwägung, welcher dieser beiden Aspekte überwiegt, ist nicht immer einfach, was sich nicht zuletzt in gelegentlich divergierenden Einschätzungen der Rating-Agenturen manifestiert. Ein Beispiel dafür war die Einschätzung der unmittelbaren Auswirkung der Unternehmensübernahme von Aventis durch Sanofi: Während bei S&P

die positiven Aspekte für das Geschäftsprofil die negativen Aspekte auf das Finanzprofil überwogen und daher die angekündigte Übernahme zu einem Watch positive für das Aventis A+(Langfrist-)Rating führte, sah Moody's die negativen Aspekte für das Finanzprofil als überwiegend an und stellte das Aventis-Rating von A1 auf Watch negative.

Bei der Abwägung zwischen Geschäfts- und Finanzprofil kommt es ganz entscheidend darauf an, wie sich das Kreditprofil (Credit Profile) mit den entsprechenden Kennzahlen für die verschiedenen Bonitätsstufen (siehe dazu Abschnitt 7.2) auf (pro forma) konsolidierter Ebene unter Einrechnung von Synergien und Integrationskosten (und, wenn möglich, unter Heranziehung von gerateten Peer-Group-Unternehmen) darstellt.

9.1.2   Externes Rating bei Stand-alone-Akquisitionsfinanzierungen (LBOs)

Unternehmen im Bereich Subinvestment Grade sowie LBO-Unternehmen versuchen – oftmals ganz im Gegensatz zu Unternehmen im Bereich Investment Grade – zumeist, durch die optimale Nutzung der Verschuldungsfähigkeit des Unternehmens die Akquisitionsfinanzierung so auszugestalten, dass die Eigenkapitalrenditen maximiert werden. Die Emission von entsprechenden Kapitalmarktprodukten, und hier insbesondere von High Yield Bonds (HYBs), ist daher nur ein Teil eines übergeordneten Themas und in dieses fest eingebettet.

Ein externes Rating spielt hier immer dann eine Rolle, wenn (insbesondere über HYBs) auf den Kapitalmarkt als Finanzierungsquelle zurückgegriffen werden soll, d.h. nur für große LBOs mit einem Unternehmenswert typischerweise über rund 750 Mio. Euro. Für die Aufnahme von Finanzmitteln (wie High Yield Bonds etc.) über den Kapitalmarkt ist ein externes Rating zumeist zwingende Voraussetzung. Der in den letzten Jahren festzustellende Trend zur Zunahme von externen Ratings wird allerdings nicht nur durch die wieder zunehmende Attraktivität von HYBs begünstigt, sondern durch die allgemeine Annäherung des Syndicated Loan Market, seiner Spielregeln und Akteure an den Kapitalmarkt. Dies gilt insbesondere für die steigende Bedeutung von Institutionellen Investoren bei der Ausplatzierung der so genannten institutionellen Tranchen (Tranche B, C und D), die oftmals Institutionellen Investoren ganz oder zumindest zur Hälfte (über sog. Carve-out) vorbehalten sind. Diese Investoren (CLOs, Hedgefonds mit weltweit 1 Billion US-Dollar verwaltete Mittel, Investmentfonds bzw. Mutual Funds mit weltweit 8 Billionen US-Dollar verwaltete Assets usw.) präferieren eindeutig extern geratete Loans, häufig ist das Rating für derartige Investoren sogar Investitionsvoraussetzung.

Den arrangierenden Banken kommt daher – ähnlich wie auf dem Kapitalmarkt – bei großen LBOs zunehmend die Rolle von (arrangierenden und kapitalvermittelnden) Investmentbanken zu. Die Hauptinvestoren bei größeren Akquisitionsfinanzierungen sind bereits heute häufig Institutionelle Investoren. Dies gilt ganz besonders bei den im anglo-amerikanischen Raum üblichen „endlastigen" LBO-Finanzierungsstrukturen, bei denen die institutionellen Tranchen und die ebenfalls endfälligen subordinierten Darlehen (Junior Debt bzw. Mezzanine) oder Anleihen (HYB) die „Pro Rata Debt" (Term Loan A und Revolver) zumeist klar dominieren. Dies gilt ganz besonders für den US-LBO-Markt, der durch fast vollständig endlastige Strukturen in der Akquisitionsfinanzierung gekennzeichnet ist. Demzufolge ist es auch nicht überraschend, dass in den USA ca. 70 -75 Prozent der Akquisitionsfinanzierungen von LBOs auf Institutionellen Investoren und nur ca. 25 – 30 Prozent auf Banken entfallen.

9.2   Funktionsweise des Ratings

Im Folgenden werden wir uns auf das Rating im Non-Investment-Bereich konzentrieren, da die bei unseren Ausführungen im Mittelpunkt stehenden (Stand-alone) Akquisitionsfinanzierungen im Rahmen von LBOs/MBOs stets den Sub-Investment-Bereich (BB+ bzw. Ba1 oder schlechter) betreffen.

9.2.1   Rating von vorrangigen Krediten (Senior Loans)

Beim Rating von Kreditnehmern wie Krediten stehen zwei Konzepte im Mittelpunkt:

- ■ Das Risiko (bzw. Wahrscheinlichkeit) einer Leistungsstörung im Kreditverhältnis, das sog. Risk of Default bzw. die Probability of Default (PD)[163]

- ■ Die Ausfalls- bzw. Verlustrate im Falle einer Leistungsstörung, der Loss Given Default (LGD) rate

Aus beiden zusammen resultiert (durch Multiplikation) die erwartete Ausfallrate. Der erwartete Verlust („Expected Loss", EL), d.h. der erwartete Durchschnittwert für einen in einem repräsentativen Jahr anfallenden Verlust, ergibt sich nach folgender Berechnungsformel:

$$EL = EAD \times PD \times LGD$$

EAD steht für Exposure at Default und ist gleichbedeutend mit dem kreditäquivalenten Betrag (bzw. wahrscheinichen Kreditbetrag) zum Zeitpunkt der Leistungsstörung.

Ad 1) Risiko (Wahrscheinlichkeit) einer Leistungsstörung

Im ersten Fall geht es um die *allgemeine Kreditwürdigkeit (Bonität) des Kreditnehmers:* Auf fundamentalanalytischer Basis wird unter eingehender Beurteilung des Geschäftsrisikos

---

[163] Moody's – vgl. z.B. Moody's (2000b), S. 3 – definiert Default als „any missed or delayed disbursement of interest/or principal, bankruptcy, or receivership".

(Business Risk) und des finanziellen Risikos (Financial Risk) die Fähigkeit des Kreditnehmers eingeschätzt, seinen Zahlungsverpflichtungen aus den Kreditverhältnissen nachzukommen[164].

Dabei wird von den Rating-Agenturen ein hoher Wert auf die Credit Statistics gelegt, die ein wesentliches Indiz für die Einstufung der Bonität abgeben. Aus Abbildung 60 sind die allgemeinen Credit Statistics laut S&P (S&P 2003b, S. 58 f.) für das Langfrist-Rating ersichtlich, die je nach Branche angepasst werden:

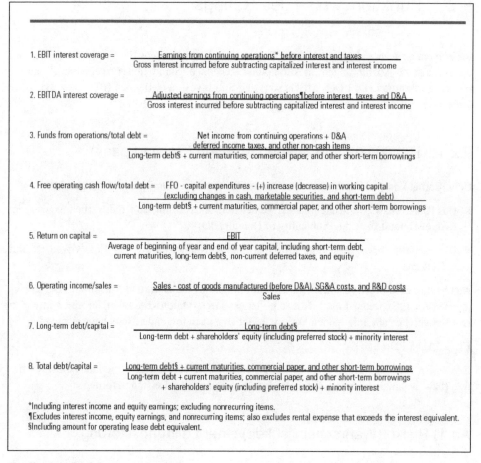

*Including interest income and equity earnings; excluding nonrecurring items.
¶Excludes interest income, equity earnings, and nonrecurring items; also excludes rental expense that exceeds the interest equivalent.
§Including amount for operating lease debt equivalent.

Quelle: Standard & Poor's CreditStats
Abbildung 59: *Definition der Rating-Kenngrößen*

---

[164] Vgl. dazu näher Standard & Poor's (2003b); Ganguin /Bilardello (2005).

U.S. Industrial long term debt Three-year (1998 to 2000) medians	AAA	AA	A	BBB	BB	B	CCC
EBIT int. cov. (x)	21.4	10.1	6.1	3.7	2.1	0.8	0.1
EBITDA int. cov. (x)	26.5	12.9	9.1	5.8	3.4	1.8	1.3
Free oper. cash flow/total debt (%)	84.2	25.2	15.0	8.5	2.6	(3.2)	(12.9)
FFO/total debt (%)	128.8	55.4	43.2	30.8	18.8	7.8	1.6
Return on capital (%)	34.9	21.7	19.4	13.6	11.6	6.6	1.0
Operating income/sales (%)	27.0	22.1	18.6	15.4	15.9	11.9	11.9
Long-term debt/capital (%)	13.3	28.2	33.9	42.5	57.2	69.7	68.8
Total debt/capital (incl. STD) (%)	22.9	37.7	42.5	48.2	62.6	74.8	87.7
Companies	8	29	136	218	273	281	22

Quelle: Standard & Poor's CreditStats
Abbildung 60: *Allgemeine Kenngrößen nach Ratingstufen*

Diese Durchschnitt-Finanzkennzahlen pro Rating-Kategorie sind von Branche zu Branche unterschiedlich: So weisen Baa geratete Unternehmen der Stahlindustrie laut Moody's einen Interest Coverage von 4-7, ein Verhältnis FCF/Debt von 5-10 Prozent und ein Verhältnis FFO minus Dividenden/Debt von 20-30 Prozent auf. Soll nach einer Unternehmensaquisition das (externe) Rating des kaufenden Unternehmens im Investment Grade Bereich erhalten bleiben, muss sich die Verschuldung in der Gesamtgruppe an diesen Werten orientieren. Gleiches gilt dann regelmäßig auch für die Covenants in den Kreditverträgen, die verhindern sollen, dass der Kreditnehmer mit seiner Bonität in den Subinvestment Grade Bereich abrutscht.

Viele extern geratete LBOs erhalten ein Anfangsrating im Bereich BB oder BB-. Folglich weisen sie auch z.B. einen Zinsdeckungsgrad definiert als EBITDA Interest Cover (EBIT-DA/Interest Expense) von > 3 und einen EBIT Interest Cover (EBIT/Interest Expense) von > 2 auf, wie sie für diese Rating-Kategorie – siehe obige Tabelle – typisch sind. Es ist daher auch nicht überraschend, dass eine der in der Praxis verwendeten groben Rules of Thumb (Daumenregeln) der Akquisitionsfinanzierung darin besteht, einen Zinsdeckungsgrad von > 3 (auf EBITDA-Basis) bzw. > 2 (auf EBIT-Basis) vorzusehen.

Gelegentlich wird von Praktikern auch ein EBITDA-Zinsdeckungsgrad von (zumindest) 2 als ausreichend angesehen. Diese Anforderung ist aus unserer Sicht unzureichend, da ein derartiger Zinsdeckungsgrad – wie aus der Tabelle ersichtlich – eher dem Durchschnittswert eines B-Rating entspricht. Ein derartiges Rating, das in Europa für LBO-Unternehmen in letzter Zeit in Form von „B+"-Ratings zum Marktstandard wurde, ist die letzte Haupt-Rating-Kategorie vor der für insolvenzgefährdete Unternehmen (C-Kategorie) und aus Ertrags-Risiko-Gesichtspunkten häufig nicht ausreichend: Zu gering sind die damit erzielbaren Erträge (aus – wenn überhaupt, dann nur geringfügig über dem BB-Bereich liegenden – Zinsmargen und Fees), um das im Single-B-Ratingbereich überproportional steigende Ausfallrisiko zu überkompensieren:

Im Durchschnitt liegt das Risiko einer Leistungsstörung im B-Bereich in den ersten fünf Jahren ca. zwei bis vier Mal so hoch wie im Single BB-Bereich (siehe Tabelle 34), nach aktuellen Langfrist-Statistiken von Moody´s[165] beträgt der Unterschied in den Ausfallswahrscheinlichkeiten für Corporate Bonds in den ersten fünf Jahren sogar das ca. Vier- bis Siebenfache. Nach zehn Jahren beträgt der Unterschied ca. das Zwei- bis Dreifache; auch zwischen den üblichen Kreditnehmerratings für LBO-Unternehmen Ba3 und B1 sind noch erhebliche, über die bisherige nur äußerst geringe Differenzierung in den Zinsmargen in Europa deutlich hinausgehende Unterschiede in den Wahrscheinlichkeiten einer Leistungsstörung gegeben (siehe Tabelle 34). Eine Zinsdeckung auf EBITDA-Basis von 2 ermöglicht bei den meisten Unternehmen gerade einmal, den Zinsendienst zu leisten, an eine Tilgung ist dabei in aller Regel nicht zu denken.

Mit dem Kreditnehmer-Rating geht eine bestimmte Ausfallwahrscheinlichkeit für die Kredite einher. Aus Tabelle 34 sind die *kumulativen Ausfallwahrscheinlichkeiten für Corporate Bonds Investoren* verschiedener Bonitätsklassen für einen *Zehnjahreszeitraum* ersichtlich:

Rating-Kategorie	Average Cumulative Default Rates 1983 bis 2002, in %
Aaa	0,40
Aa1	0,28
Aa2	0,81
Aa3	0,48
A1	0,93
A2	1,86
A3	1,75
Baa1	2,90
Baa2	5,50
Baa3	8,97
Ba1	13,96
Ba2	15,92
Ba3	39,29
B1	49,97
B2	47,37
B3	62,60
Caa-C	81,73

Quelle: Moody's (2003), S. 39
Tabelle 34: *Kumulative Ausfallswahrscheinlichkeiten bei Corporate Bonds*

---

[165] Vgl. Moody´s Investor Service (2006).

Für einen Zeitraum von ein bis fünf Jahren zeigen aktuelle S&P Daten folgende kumulative globale Ausfallraten, die aus einem Betrachtungszeitraum von 1981-2004 ermittelt wurden:

Rating	Jahr 1	Jahr 2	Jahr 3	Jahr 4	Jahr 5
AAA	0,0	0,0	0,0	0,1	0,1
AA	0,0	0,0	0,1	0,2	0,3
A	0,0	0,1	0,2	0,4	0,6
BBB	0,3	0,8	1,4	2,2	3,0
BB	1,2	3,6	6,4	9,0	11,3
B	5,7	12,5	18,1	22,4	25,4
CCC	28,8	38,0	43,5	47,4	50,9
Investment Grade	0,1	0,3	0,6	0,9	1,2
Speculative Grade	4,9	9,8	14,1	17,5	20,2
Alle gerateten U.	1,6	3,3	4,8	6,0	7,1

Quelle: S&P Global Fixed Income Research; S&P's CreditPro®7.0; zitiert nach
        Legge/Watters/Pedersen (2006)
Tabelle 35: *Globale kumulative Ausfallsraten, 1981 bis 2004 (in Prozent)*

Auch diese Statistik zeigt, dass die Ausfallswahrscheinlichkeit von B-Ratings in den ersten fünf Jahren das Zwei- bis Viereinhalbfache von BB-Ratings beträgt. Die Rating-Agenturen Moody's, S&P und Fitch setzen das Kreditnehmer-Rating – mit der Annahme, dass es sich bei der Verschuldung des Kreditnehmers um nur eine Art von unbesichertem Kredit für den auf konsolidierter Basis betrachteten Kreditnehmer handelt – mit dem Rating für diesen als unbesichert angenommenen „Gesamtkredit" gleich. Moody's spricht in diesem Fall von einem „Senior-implied"-Rating.

Ad 2) Verlustquote im Falle einer Leistungsstörung

Für die Beurteilung des Kredit-Rating (bzw. Emissionsrating), das vom Kreditnehmerrating (bzw. Emittentenrating) zu unterscheiden ist, ist der zweite Themenkomplex, d.h. die Verlustquote im Fall einer Leistungsstörung bzw. eines Event of Default, entscheidend. Die voraussichtliche Verlustquote ist der Prozentsatz, mit dem es bei einer Leistungsstörung zu einem tatsächlichen Verlust kommt.

Während die Ausfallwahrscheinlichkeit (Probability of Default) für alle Arten der konkret vorliegenden Kredite (besicherte, unbesicherte, subordinierte) oder Anleihen und über alle Bonitätsstufen hinweg mit der Ausfallwahrscheinlichkeit des Kreditnehmers gleichgesetzt wird, wird die Verlustquote (Severity of Loss rate bzw. Loss Given Default, LGD rate) im Fall eines Default für das konkrete vorliegende Finanzinstrument ermittelt. Die Verlustquote ist abhängig von der Rangfolge der Forderungen, der etwaigen Besicherung und dem (erwarteten) Erlös bei Verwertung.

Dabei ist für die Bestimmung der Ausfallsrate bei einer Leistungsstörung bzw. LGD (rate) zu unterscheiden, ob es sich um Kreditnehmer-Bonitäten im Bereich Investment Grade (Baa3 bzw. BBB- oder besser) oder Subinvestment Grade (Ba1 bzw. BB+ oder schlechter) handelt:

■ *Investment Grade Rating:* Bei Investment-Grade-Unternehmen wird die Verlustquote anhand historischer durchschnittlicher Ausfälle ermittelt. Diese betragen laut Moody's im Durchschnitt über die letzten zwei Jahrzehnte folgende Werte:

Priorität in der Kapitalstruktur	Average Severity of Loss (gerundet)
Secured Bank Loans	38 %
Senior Secured	47 %
Senior Unsecured	63 %
Sr. Subordinated	68 %
Subordinated	69 %
Jr. Subordinated	76 %
All Bond	63 %

Quelle, Moody's (2003), S. 20
Tabelle 36: *Durchschnittliche Ausfallraten von Finanzinstrumenten*

Der Expected Loss ergibt sich dann nach obiger Formel aus der Multiplikation der Werte für die Ausfallwahrscheinlichkeit, der Severity of Loss und dem EAD bzw. dem kreditäquivalentem Betrag. Der erwartete Verlust (Expected Loss) aus einem besicherten Bankkredit (Secured Bank Loan) für einen Zeitraum von zehn Jahren beträgt daher bei einem A3-gerateten Unternehmen 0,67 Prozent (1,75 % × 38 %) des kreditäquivalentem Betrags.

Beim Vergleich der historischen Werte für den Expected Loss zeigt sich (vgl. Moody's 2000b, Seite 7 f.), dass im Allgemeinen im Bereich Investment Grade die besicherten verzinslichen Verbindlichkeiten (Senior Secured Debt) eine Stufe über dem Kreditnehmer-Rating (bzw. dem Rating für unbesicherte verzinsliche Verbindlichkeiten bzw. Senior Unsecured Debt) liegen, während das Rating für die nachrangigen, verzinslichen Verbindlichkeiten (Subordinated Debt) i. d. R. eine Stufe unter dem Kreditnehmer-Rating anzusiedeln ist.

■ *Non-Investment Grade Rating:* Im Bereich Non-Investment Grade und damit Leveraged Finance, der für den Bereich LBO relevant ist, *verlässt man sich dagegen nicht auf die historischen Ausfallswerte:* Der Grund dafür liegt einerseits in der Tatsache, dass hier die wahrscheinliche Kapitalstruktur im Fall eines Events of Default – ganz im Gegensatz zum Investment Grade-Bereich, in dem die Unternehmen aufgrund der deutlich höheren Bonität eine weit höhere Flexibilität in der Kapitalstruktur aufweisen – relativ gut abzuschätzen ist. Andererseits ist der abweichende Ansatz im Leveraged-Bereich darin begründet, dass die konkreten Kapitalstrukturen sehr unterschiedlich sind, sodass die Ausfallsrate von Unternehmen zu Unternehmen sehr unterschiedlich ist.

Bei *LBOs,* bei denen in aller Regel alle wesentlichen Assets des Kreditnehmers als Sicherheiten zur Verfügung stehen, wird vor dem Hintergrund der regelmäßig guten Marktpositionierung und des stets vorliegenden engen Covenant-Konzepts als Frühwarnsystem vom Fortbestand des Unternehmens (Going Concern) ausgegangen und mit der so genannter Enterprise Value Analysis (im Gegensatz zur so genannten Liquidation Analysis) ein Unternehmenswert für den Fall des Distress (Payment Default) abgeleitet (so genannter *Distressed Enterprise Value*): Dabei wird z.B. bei S&P von einem Distressed EBITDA ausgegangen, das bei einem Wert liegt, mit dem (theoretisch) im äußersten Fall gerade noch der Zinsendienst erfolgen kann (Interest Cover von 1). Dieser Distressed EBITDA-Wert wird mit einem (auch der Distressed Situation) angemessenen Multiple auf Peer-Group-Basis (für die meisten Branchen liegt dieser Wert bei 5) multipliziert. Von diesem zu erzielenden Unternehmenswert aus wird dann die zu erwartende Verteilung dieses Ertrags aus dem Unternehmensverkauf bei Going Concern auf die vorangigen sowie die subordinierten Kredite und Anleihen vorgenommen.

Ergeben sich bei dieser – sehr verkürzt und vereinfacht dargestellten[166] – Analyse Erwartungswerte für Kreditausfälle, die von denen für die Kreditnehmerbonität (Senior Implied Unsecured Debt) abweichen, kann es zu einer Herauf- oder Herabstufung der Kreditbonität kommen. Dies sei anhand eines vereinfachten, stilisierten Beispiels kurz verdeutlicht:

Beispiel:
Für ein – im Hinblick auf die Ausfallwahrscheinlichkeit – mit Ba2 zu ratendes Unternehmen mit einer Gesamtverschuldung von 600 Mio. Euro entfallen 300 Mio. Euro auf Senior Secured Loans und 300 Mio. Euro auf Subordinated Bonds. Der Distressed Enterprise Value betrage 600 Mio. Euro (Distressed EBITDA von 120 Mio. Euro × Peer Group Multiple von 5). Die Ausfallrate (Loss Severity) sei aufgrund der Kapital- und Sicherheiten 20 Prozent für die Bank Debt und 80 Prozent für die Bonds. Der Expected Loss für einen Zeitraum von zehn Jahren beträgt für den Kreditnehmer (bzw. Senior Implied Unsecured Debt) 10,1 Prozent (16 % × 63 %) des EAD und liegt damit klar über dem Erwartungswert für den Senior Secured Loan von 3,2 Prozent (16 % × 20 %) des EAD und unter dem für den subordinierten Bond von 12,8 Prozent (16 % × 80 %) des EAD. Folglich wird der Senior Secured Loan eine Bonität über der Kreditnehmerbonität bekommen, der Unsecured Bond unter Umständen darunter. Ob und wie viele Notches diese Abweichung beträgt, hängt bei Moody's davon ab, wo sich die jeweiligen Expected-Loss-Werte in der allgemeinen Expected-Loss-Skala über alle Bonitätsstufen hinweg befinden.

---

[166] Vgl. dazu ausführlich Ganguin /Bilardello (2005), Chapter 9.

Vereinfacht und stark verkürzt können die dargelegten Zusammenhänge zwischen Kredit-nehmer- und (vorrangigem) Kreditrating zusammenfassend auch folgendermaßen dargestellt werden:

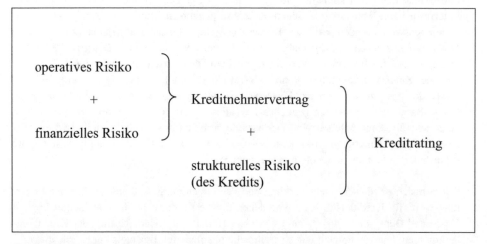

Quelle: Eigene Darstellung
Abbildung 61: *Zusammenhang Kreditnehmer- und Kreditrating*

Die Analyse des strukturellen Risikos wird wie gezeigt unterschiedlich vorgenommen, je nachdem, ob das Kreditnehmerrating im Investment Grade Bereich oder im Subinvestment Grade Bereich liegt.

Da bei Akquisitionsfinanzierungen bzw. LBOs die Senior Loans meist eindeutig dominieren und zudem alle wesentlichen Sicherheiten für die Senior Lender eingeräumt werden, deckt sich in der Praxis meist das Kreditnehmer-Rating mit dem Rating für die Senior Loans.

9.2.2 Rating von nachrangigem Kapital

Im Fall des subordinierten Kapitals (Junior Debt bzw. Mezzanine/HYBs), bei dem der Expec-ted Loss regelmäßig über dem Wert für die Senior Implied Unsecured Debts des Kreditneh-mers liegt, kommt es in der Praxis zu Herabstufungen der Bonität gegenüber der Kreditneh-merbonität von einer bis vier Stufen. Das konkrete Ausmaß der Herabstufung (Notching-down) hängt insbesondere vom Ausmaß der Senior Debt im Verhältnis zum Distressed Enter-prise Value und dem konkreten, regelmäßig (insbesondere) im Intercreditor Agreement näher geregelten Ausmaß des Nachrangs/der Subordination[167] ab. Weiter hat auch das jeweils an-zuwendende Recht auf die Kreditverträge und Bond Indentures und die Sicherheiten (die sich

---

[167] Vertraglicher versus struktureller Nachrang; partieller („inchoate") oder vollständiger („complete") Nach-rang; Vorhandensein von zweit- bzw. nachrangigen Sicherheiten usw.

regelmäßig nach dem nationalen Recht richten) einen wesentlichen Einfluss auf das Rating des jeweiligen Finanzprodukts.[168] Generell und vereinfachend kann bezüglich des Ratings von Junior Debt aber festgehalten werden, dass jedenfalls bei S&P im allgemeinen im Bereich Investment Grade das Rating von Junior Debt gegenüber dem Kreditnehmerrating (bzw. Senior Unsecured Debt) um eine, im Bereich Non-Investment Grade um zwei Stufen herabsetzt wird. Letztlich entscheidet aber bei beiden Ratingagenturen stets der konkrete Einzelfall; dies gilt ganz besonders für den Bereich Non-Investment Grade und damit für die LBOs.

9.3 Beispiel: Holding-Finanzierung mit High Yield Bond (HYB)

Generell ist die Verschuldung auf einer Holding-Ebene gegenüber der Verschuldung (und etwaigen Preferred Equity) auf der operativen Ebene strukturell subordiniert. Folglich ist auch das Rating der Verschuldungsinstrumente der Holding-Gesellschaft gleich oder schlechter als das schlechtest geratete Verschuldungsinstrument der operativen Gesellschaft. Das konkrete Ausmaß einer schlechteren Bonität wird durch das Ausmaß der Subordination bestimmt. Werden – wie im folgenden Beispiel unterstellt – die Mittel aus einer HYB-Emission auf die operative Ebene in Form eines Intra-Group Loans nach unten weitergereicht (so genannter On-Loan), entsteht seitens der Holding-Gesellschaft ein (unbesicherter) Anspruch gegenüber der OpCo. Dadurch wird bereits der strukturelle Nachrang überwunden (allerdings bleiben die mitunter recht engen rechtlichen Grenzen für Gesellschafterdarlehen und deren Nachteile gegenüber sonstigen vorrangigen, unbesicherten Gläubigern der OpCo insbesondere in einer Unternehmenskrise zu beachten).

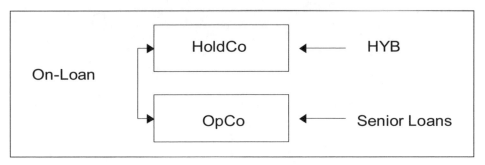

Quelle: Eigene Darstellung
Abbildung 62: *HYB mit On-Loan*

---

[168] Vgl. näher Moody's (2000c).

Ist dieses Darlehen auch noch (nachrangig) besichert, verbessert sich die Bonität des HYB weiter.

Ähnliches wie im obigen Beispiel gilt auch im Fall von (nachrangigen) Upstream Guarantees seitens der operativen Gesellschaft (OpCo) für den HYB. Auch hier entsteht ein Anspruch gegenüber der OpCo und damit eine Gläubigerstellung der HoldCo und folglich indirekt auch des HYB-Investors (allerdings sind dabei die engen rechtlichen Grenzen des Kapitalerhaltungsrechts zu beachten).

Schlechter gestaltet sich dagegen die Situation für HYB-Gläubiger im Fall einer Weiterreichung der durch die Emission aufgenommenen Mittel in Form von Eigenmitteln:

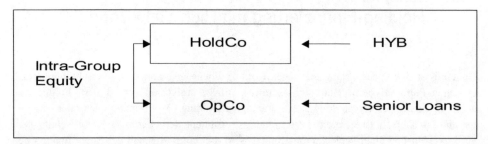

Quelle: Eigene Darstellung
Abbildung 63: *HYB mit strukturellem Nachrang*

In diesem Fall erhält der HYB-Investor nur indirekt und faktisch die Rechte eines (bevorrechteten bzw. preferred) Shareholders an der OpCo.

10. Kreditvertragsdokumentation und das „Leben mit dem Kredit"

10.1 Einleitung

Im Gegensatz zu den in Deutschland üblichen Kreditverträgen weisen die Verträge für Akquisitionskredite eine Reihe von Besonderheiten auf, die insbesondere für strategische Investoren (Unternehmen) und ihre Manager sowie für die Manager bei MBOs in der Praxis häufig zu einem erheblichen Erklärungs- und Rechtfertigungsbedarf seitens der finanzierenden Banken führen.

Gerade für die Manager von Unternehmen mit guter oder gar sehr guter Bonität (d.h. den typischen LBO- bzw. MBO-Kandidaten) sind insbesondere der Umfang und der Inhalt der einschränkenden Verhaltensregeln während der Laufzeit der Kredite weitestgehend Neuland, das nicht ohne weiteres und mitunter erst nach emotionalen und intensiven Diskussionen betreten wird.

Wie umfangreich und komplex die Kreditvertragsdokumentation bei einem LBO ist, kann man bereits anhand folgender Übersicht über die *wichtigsten Standarddokumente einer nach internationalen Standards durchgeführten Akquisitionsfinanzierung eines LBOs* erkennen:

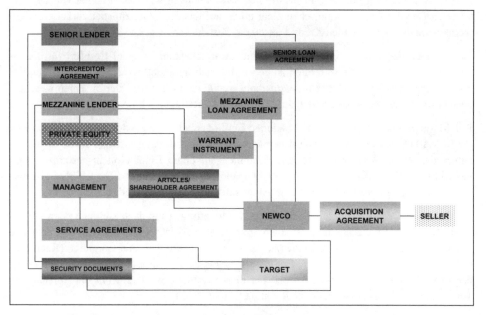

Quelle: Ashurst/Private-Equity International (2006a), S. 32
Abbildung 64: *Typische Dokumentation eines LBOs nach internationalen Standards*

Dazu kommt noch, dass viele dieser Dokumente über einen Umfang (bis zu mehereren hundert Seiten) verfügen, der weit über die Dokumentation eines klassischen Unternehmenskreditvertrags von wenigen Seiten Umfang hinausgeht.

Im Folgenden sollen von den i.d.R. umfangreichen Kredit- und Sicherheitendokumentationen nur die Aspekte ausgearbeitet werden, die für das Verständnis der Akquisitionsfinanzierung von besonderer Bedeutung sind.[169]

Ausgangspunkt für ein Grundverständnis ist die Tatsache, dass die finanzierenden Banken bei Akquisitionskrediten über eine sehr lange Laufzeit von zumeist 7-10 Jahren aufgrund der regelmäßig hohen Verschuldung besondere Risiken eingehen. Der für die Bedienung der Kredite entscheidende freie Cashflow liegt (bei normalem Verlauf der Geschäftsentwicklung) in den ersten Jahren der Kreditlaufzeit meist nur unwesentlich über dem Niveau, das für die planmäßige Bedienung der Kredite notwendig ist (d.h. die Schuldendienstdeckungsgrade liegen in den ersten Jahren üblicherweise zwischen 1,1 und 1,3 bis 1,5).

Dazu kommt noch, dass für die klare Mehrheit der Akquisitionskredite trotz umfassender Sicherheitenpakete nicht davon ausgegangen werden kann, dass die Akquisitionskredite im banktechnischen Sinne voll besichert sind. Vielmehr handelt es sich meist um Finanzierungsvolumina, die über das besicherungstechnisch darstellbare Ausmaß hinausgehen und daher insoweit nur vom freien Cashflow des Akquisitions-Targets (Zielunternehmens) gedeckt werden können. Bei diesem überwiegend Cashflow-based Lending ist es für die Banken von entscheidender Bedeutung, dass die Zielunternehmen im Wesentlichen den erwarteten Geschäftsverlauf aufweisen. Im Fall drastischer Abweichungen des tatsächlichen von dem erwarteten Geschäftsverlauf kann eben nicht allein auf das Sicherheitenpaket zurückgegriffen werden, um den aushaftenden Kredit vollständig abzudecken.

Um dennoch den finanzierenden Banken einen ausreichenden Level of Comfort für die Finanzierung von Akquisitionskrediten zu geben, hat sich im angelsächsischen Rechtskreis ein relativ engmaschiger Standard für Akquisitionskredite herausgebildet, der in seinen wesentlichen Grundzügen mittlerweile auch auf Deutschland übertragen wurde.

Der Markt orientiert sich an den Londoner Gepflogenheiten, die vom so genannten LMA (Loan Market Association-)Standard geprägt werden. Auf der Basis dieser LMA-Standards haben sich einige Musterverträge herausgebildet, auf deren Einhaltung insbesondere auch hinsichtlich der Syndizierung genau geachtet und nur in begründeten Einzelfällen abgewichen wird. Dies gilt auch für LBOs bzw. Akquisitionsfinanzierungskredite.

Die Folge sind oft über hundert Seiten lange Kreditverträge (und dazu kommen noch umfassende Sicherheitenverträge und oft auch Intercreditor Agreements), die für das deutsche Recht untypische Merkmale wie eine Vielzahl von Zusicherungen und Garantien (Representations and Warranties) aufweisen. Bei großen LBOs ist eine fast vollständige Übertragung des LMA-Mustervertrags üblich, zumal bei diesen normalerweise sowohl die Sprache der Verträge als auch das anzuwendende Recht das Englische ist.

---

[169] Vgl. dazu umfassend Heemann (2001), S. 659 ff. und vor allem und besonders aktuell Diem (2005).

Bei den Mid-Cap-LBOs sind die wesentlichen Grundmuster des LMA-Standards ebenfalls sehr häufig anzutreffen. Die Frage nach der Vertragssprache und dem anzuwendenden Recht hängt insbesondere von der Syndizierungsstrategie ab: Eine auf den deutschsprachigen Raum beschränkte Syndizierungsstrategie geht zumeist mit deutscher Vertragssprache und deutschem Recht einher, bei internationalen Syndizierungen dominiert eindeutig die englische Sprache, meist auch das englische Recht.

Grundsätzlich ist bezüglich des LMA-Standards festzuhalten, dass sich der Kreditnehmer und die Bank in Ermangelung eines hinreichend differenzierten gesetzlichen Kreditvertragsrechts ihr eigenes Regelwerk schaffen.[170] Im Rahmen dieses individuell geschaffenen Kreditvertragsrechts gibt es zahlreiche, kaum verhandelte Standardklauseln wie die Marktstörungs- und die Rechtswidrigkeitsklauseln und Klauseln, die lediglich die zu regelnde wirtschaftliche Realität abbilden (z.B. Klauseln über den Zinssatz) oder nur das Verhältnis zwischen den Konsortialbanken betreffen. Der häufig entscheidende Kern besteht aus all jenen Bestimmungen, die wie die Auszahlungsvoraussetzungen, das meist umfassende und in eigenen Sicherheitenverträgen im Detail geregelten Sicherheitenpaket, die Verhaltenspflichten (Covenants und Undertrakings) inklusive einzuhaltender Finanzkennzahlen und die Kündigungsgründe das „Leben mit dem Kredit" entscheidend prägen. Diese Bestimmungen werden in der Praxis zumeist eingehend verhandelt und oft kontrovers diskutiert.

10.2   Grundstruktur der Kreditdokumentation

Unabhängig von der Vertragssprache und dem anzuwendenden Recht sind bei allen professionell strukturierten Akquisitionskrediten ganz ähnliche Grundmuster anzutreffen, die im Folgenden nur sehr kursorisch skizziert werden sollen.

10.2.1 Festlegung des Verwendungszwecks der aufgenommen Kredite

Um eine Zweckentfremdung der bereitgestellten Akquisitionsdarlehen zu vermeiden, wird im Kreditvertrag der Verwendungszweck der Akquisitionsdarlehen definiert. In der Regel stehen die aufgenommenen Akquisitionsdarlehen ausschließlich zur teilweisen Finanzierung des Erwerbs sowie zur Abdeckung der Transaktionskosten zur Verfügung. Der Betriebsmittelkredit darf ausschließlich zur Finanzierung des laufenden Geschäftsbetriebs verwendet werden.

---

[170] Vgl. dazu und zum unmittelbar Folgenden Heemann (2002b), S. 99.

10.2.2 Tilgungen

In diesem Abschnitt werden die planmäßigen Tilgungen der verschiedenen Akquisitionsdarlehen festgelegt. Des Weiteren werden „Ereignisse" definiert, die (zusätzliche) vorzeitige Tilgungen auslösen.

Dabei wird im Allgemeinen zwischen freiwilligen Tilgungen (Voluntary Prepayment) und Pflichtsondertilgungen (Mandatory Prepayment) unterschieden. Vorzeitige Pflichtsondertilgungen werden z.B. durch folgende Ereignisse ausgelöst:

- wenn der Kreditnehmer einen höheren Cashflow erwirtschaftet als für den Schuldendienst erforderlich ist (Excess-Cashflow-Klausel bzw. Cash-Sweep-Klausel); dabei wird ein Prozentsatz (meist 50-75 Prozent) dieses Excess-Cashflow festgelegt, der zwingend sonder zu tilgen ist (darüber hinausgehend kann selbstverständlich eine freiwillige Tilgung aus dem dann noch verbleibenden Excess-Cashflow erfolgen)

- wenn der Kreditnehmer Netto-Erlöse (d.h. Erlöse nach Steuern und Kosten) aus der Veräußerung von Vermögensteilen des Anlagevermögens erhält (und diese nicht innerhalb eines gewissen Zeitraums nach Erhalt zur Ersatzbeschaffung verwendet werden oder diese Erlöse im normalen Geschäftsgang anfallen)

- wenn der Kreditnehmer Beträge aus der (auch nur teilweisen) Börseneinführung von Gruppengesellschaften und/oder aus dem (auch nur teilweisen) Verkauf von Beteiligungen an Gruppengesellschaften (mit Ausnahme des Seniorkreditnehmers) und/oder von in Beteiligungen an Gruppengesellschaften wandelbaren Wertpapieren erhält

- wenn dem Kreditnehmer Mittel aus dem Geld-, Kredit- oder Kapitalmarkt zufließen (i.d.R. ausgenommene Mittel aus Kapitalerhöhungen, Zahlungen in die Kapitalrücklage und Gesellschafterdarlehen)

- wenn die Erwerbergesellschaft vom Verkäufer aufgrund des Unternehmenskaufvertrages Schadensersatzzahlungen erhält,

- wenn der Kreditnehmer Versicherungssleistungen erhält, die nicht innerhalb eines definierten Zeitpunktes zur Ersatzbeschaffung bzw. Instandsetzung verwendet werden.

Bei mehrheitlicher Veräußerung der Anteile des Kreditnehmers selbst (Change of Control) ist in aller Regel eine komplette Ablösung des noch aushaftenden Gesamtengagements durch eine Pflichtsondertilgung vorgesehen (Change of Control-Klausel).

10.2.3 Verhaltensverpflichtungen, Auflagen (Covenants bzw. Undertakings)

Von entscheidender Bedeutung für das Leben mit einem Akquisitionskredit sind die meist sehr umfangreichen Verhaltensverpflichtungen bzw. Auflagen, die den Kreditnehmern während der gesamten Laufzeit der Kreditlinien auferlegt werden. Wie wichtig aber gerade die für viele Unternehmen in dieser Intensität neuen Auflagen sind, lässt sich anhand folgender Aussage von Standard & Poor's für Leveraged Loans (und damit auch LBO-Finanzierungen) besonders gut erkennen: *„The covenant package is probably the most important component of a credit agreement.* "[171]

Im Allgemeinen wird zwischen folgenden Arten von Auflagen unterschieden: allgemeine Convenants, (finanzielle) Informationsverpflichtungen und Finanzkennzahlen. Sie werden im Folgenden erläutert.

Allgemeine Covenants

Allgemeine Covenants sind Verpflichtungen zur Einhaltung vertraglich definierter Verhaltensweisen, die im Wesentlichen sicherstellen sollen, dass der zukünftig erwirtschaftete freie Cashflow ausreicht, um die planmäßige Rückführung der Darlehen zu gewährleisten und dass das Vermögen des Kreditnehmers möglichst unangetastet als Sicherungsmasse erhalten bleibt. In der Regel unterscheidet man zwischen der Verpflichtung eines bestimmten Tuns (positiver Covenant) bzw. der Verpflichtung eines Unterlassens (negativer Covenant).

Beispiele sind:

- Nichtbelastungserklärung bzw. Verpflichtung zur Nichtbelastung des Vermögens (Negative Pledge): Verpflichtung des Kreditnehmers bis zur vollständigen Rückführung der Akquisitionsdarlehen anderen Gläubigern keine Sicherheiten zu geben bzw. deren Fortbestand zu dulden.

- Verschuldungsverbot (Limitation on Indebtedness): Der Kreditnehmer darf grundsätzlich zusätzlich zu den Akquisitionsdarlehen keine weiteren bzw. nur in beschränkter und definierter Höhe (zinstragende) Verbindlichkeiten haben.

- Verbot der Dividendenausschüttung: Ausschüttungen bzw. Zahlungen an die Gesellschafter sind i.d.R. während der gesamten Laufzeit der Darlehen nicht gestattet.

- Zinshedging: Die Verpflichtung des Kreditnehmers das Zinsrisiko innerhalb einer zu bestimmenden Zeit nach Vertragsabschluss einen Mindestbetrag (meist 50 Prozent) des ausstehenden Akquisitionskredites für einen Mindestzeitraum (i.d.R. 3 bis 4 Jahre) durch den Abschluss einer Zinssicherungsvereinbarung abzusichern.

(Finanzielle) Informationsverpflichtungen

In der Kreditdokumentation verpflichtet sich der Kreditnehmer u.a. der finanzierenden Bank (dem Agenten / Konsortialführer) gegenüber, während der gesamten Vertragslaufzeit zahlreiche finanzielle Informationen zur Verfügung zu stellen.

---

[171] Vgl. Standard & Poor's (2002), S. 34.

In der Regel werden folgende Unterlagen (für den Konzern und die wesentlichen Gruppengesellschaften) verlangt:

■ Testierter *Jahresabschluss* für das jeweils abgeschlossene Geschäftsjahr. Der Jahresabschluss muss u.a. eine Kapitalflussrechnung, Ausführungen zur Entwicklung der Vermögens-, Finanz- und Ertragslage sowie einen ausführlichen Erläuterungsteil enthalten. Die Vorlage des Jahresabschlusses wird i.d.R. spätestens 120 Tage nach dem Ende eines Geschäftsjahres verlangt.

■ Mit der Übersendung des Gruppenabschlusses ist jeweils eine Stellungsnahme des Wirtschaftsprüfers zur Einhaltung der im Kreditvertrag definierten und fixierten Finanzkennzahlen vorzulegen.

■ *Quartalsbericht*, bestehend aus Gewinn- und Verlustrechnung, Bilanz, Kapitalflussrechnung und Erläuterungen zur Geschäftsentwicklung der relevanten Periode einschließlich eines Vergleichs mit dem Vorjahresquartal und der Planung. I.d.R. muss der Quartalsbericht spätestens 45 Tage nach Quartalsende vorgelegt werden.

■ *Monatsbericht,* bestehend aus Gewinn- und Verlustrechnung, Bilanz, Kapitalflussrechnung und Erläuterungen zur Geschäftsentwicklung des Monats einschließlich eines Vergleichs mit dem Vorjahresmonat und der Planung. I.d.R. muss der Monatesbericht spätestens 45 Tage nach Ende eines Monats vorgelegt werden.

■ *Finanzplanung (1-Jahres Planung).* Vor Ablauf des Geschäftsjahres wird für das jeweils nächste Geschäftsjahr eine detaillierte Finanzplanung verlangt. Die Planung muss im Allgemeinen auf monatlicher Basis erstellt werden und neben der Gewinn- und Verlustrechnung, Bilanz und Kapitalflussrechnung einen Investitionsplan (Capex) sowie die wesentlichen Planannahmen enthalten.

■ Teilweise wird die Vorlage einer *Mehrjahresplanung* für die nächsten 3 bis 5 Jahre vertraglich festgelegt, wobei der Umfang bzw. der Detaillierungsgrad reduziert wird.

Darüber hinaus verpflichtet sich der Kreditnehmer im Rahmen des Zumutbaren dem Agenten (Konsortialführer) auf dessen Wunsch sämtliche (nach vernünftigem Ermessen) für die Beurteilung der finanziellen Situation der Gesellschaften erforderlichen Informationen über die wirtschaftlichen Verhältnisse und Planungen zugänglich zu machen *(Auskunfts- und Einsichtsrechte).*

Die Vertragsdokumentation sieht im Allgemeinen auch vor, dass im Rahmen einer *Bankensitzung,* (mindestens einmal in jedem Geschäftsjahr) den finanzierenden Banken der Geschäftsverlauf und die finanziellen Ergebnisse durch die Geschäftsführung erläutert werden.

Im Übrigen verpflichtet sich der Kreditnehmer, die Konsortialführerin unverzüglich (d.h. ohne schuldhaftes Zögern) zu unterrichten, wenn Umstände eintreten, welche zu einer (wesentlichen) Abweichung von der Finanzplanung führen bzw. unter gewissen Umständen führen könnten.

Finanzkennzahlen

Über die Einhaltung von Finanzkennzahlen während der Kreditlaufzeit soll gewährleistet werden, dass die wirtschaftliche und finanzielle Entwicklung im Wesentlichen so verläuft, dass die Bedienung des Akquisitionskredits gesichert ist. Die Finanzkennzahlen, die als Höchst- oder Mindestwerte entweder numerisch oder als Verhältniswerte festgelegt werden, fungieren als Frühwarnsystem und ermöglichen darüber hinaus eine risikoadäquate Anpassung der Marge (im Rahmen des sog. Margin Ratchet).

Ihre erstmalige Verletzung führt in der Praxis trotz vertraglicher Kündigungsmöglichkeit praktisch nie zur Kündigung, sondern zu einem Verzicht auf dieses Kündigungsrecht (über so genannte Waiver). Allerdings stärkt die Kündigungsmöglichkeit die Verhandlungsposition der Banken, wenn es darum geht, auf erhebliche Planabweichungen mit etwaigen Gegenmaßnahmen (z.B. Zuführung neuer Eigenmittel) zu reagieren.

Die Anzahl und die exakte Definition der Finanzkennzahlen können je nach Transaktion variieren. Von zentraler Bedeutung sind jedoch die in Tabelle 37 dargestellten Finanzkennzahlen.

Finanzkennzahl	Englische Bezeichnung	Übliche Definition
Netto-Verschuldungsgrad	(Total) Net Debt Leverage	(Total)Net Debt/EBITDA
Zinsdeckungsgrad	Interest Cover Ratio	EBITDA/Zinsaufwand *
Schuldendienstdeckungsgrad	Debt Service Cover Ratio (DSCR)	Free Cashflow/Schuldendienst **
Maximale (jährliche) Investitionsausgaben	Capex Limitation	Höchstwerte für jährliche Investitionsausgaben

* *liquiditätswirksamer Zinsaufwand*
** *liquiditätswirksamer Zinsaufwand und Tilgungen*
Quelle: Eigene Darstellung
Tabelle 37: *LBO-typische Finanzkennzahlen und Definitionen*

Der Schuldendienstdeckungsgrad wird teilweise auch als Fixed Charge Cover Ratio bezeichnet. Falls der Miet-, Pacht- und/oder der operative Leasingaufwand eine (besonders) große Rolle spielen, wird der Nenner wie folgt dargestellt: Schuldendienst + Miet-/ Pachtaufwand und operativer Leasingaufwand.

Ergänzend zu den drei zentralen oben ausgeführten Finanzkennzahlen wird häufig auch eine maximale Investitionsgrenze vereinbart. Durch die Festlegung einer Investitionsgrenze (Capex Limitation) wird sowohl eine zu starke Belastung der Liquidität verhindert als auch eine Aushöhlung der Excess-Cashflow-Regelung vermieden.

Allgemein kann festgehalten werden, dass für die Auswahl der Finanzkennzahlen entscheidend ist, dass diese

■ funktional (d.h. es besteht ein Zusammenhang zwischen Kennzahl und Kreditrisiko),

■ praktikabel (d.h. es ist eine einfache, nachvollziehbare Berechnung mit möglichst wenigen Anpassungen/Korrekturen möglich),

■ eindeutig formuliert und

■ robust (d.h. nicht bzw. nur begrenzt beeinflussbar durch „kreative" Buchführung)

sind.[172]

Für die finanzierenden Banken ist es von besonderer Wichtigkeit, sowohl die zwei (primär) ergebnisbezogenen (EBITDA-)Kennzahlen (Netto-Verschuldungsgrad und Zinsdeckungsgrad) als auch die freie-Cashflow-bezogene Kennzahl, den Schuldendienstdeckungsgrad bzw. die DSCR, festzulegen.

Im Fall von bloß Ergebnis- oder nur Cashflow-bezogenen Kennzahlen wäre nämlich kurzfristig nicht auszuschließen, dass durch entsprechende unternehmerische Maßnahmen die Kennzahlen trotz deutlicher Underperformance eingehalten und dadurch die Frühwarnfunktion der Finanzkennzahlen ausgehebelt würde. So könnte ein Unternehmen kurzfristig durch Maßnahmen des „Earnings Management" (d.h. Ergebnis gestaltende Maßnahmen) – wie z.B. die Produktion auf Lager – eine günstige Ergebnisentwicklung auf Kosten des freien Cashflow darstellen oder umgekehrt über cashgenerierende, ergebnisbelastende Maßnahmen – wie z.B. das Nichtausnutzen von Skontovorteilen im Einkauf über den Aufbau von Verbindlichkeiten aus Lieferungen und Leistungen – den freien Cashflow erhöhen.

Dieser wichtige Zusammenhang zwischen (primär) ergebnis- und (freien) Cashflow-basierenden Finanzkennzahlen wird in der Praxis mitunter selbst von arrangierenden Banken nicht immer (ausreichend) beachtet, indem insbesondere auf die Kennzahl Schuldendienstdeckungsgrad verzichtet wird oder diese nur als Verhältnis von EBITDA zu Schuldendienst definiert wird. Bei einem derart definierten DSCR kann es vorkommen, dass trotz eines Wertes von größer gleich eins der freie Cashflow (der Periode) nicht ausreicht um die Tilgungen und Zinszahlungen (den Schuldendienst) zu leisten.

Nettoverschuldungsgrad (Total Net Debt / EBITDA)

Eine zentrale Bedeutung für LBOs nimmt der Nettoverschuldungsgrad ein. Die Kennzahl gibt laut manchen Autoren die theoretische Entschuldungsdauer, unter Annahme eines über die betrachtete Periode konstanten EBITDA und unter Außerachtlassung des Zinsendienstes sowie Investitionen, an. Da das EBITDA aber auch unter diesen Annahmen bei weitem nicht der freie Cashflow ist, kann der Nettoverschuldungsgrad diese ihm zugedachte Funktion

---

[172] Vgl. dazu z.B. Adams (1998), S. 98; Magold/Hodgson/Nelgen (2003), S. 62.

nicht einmal näherungsweise erfüllen. Dies wäre nur dann der Fall, wenn der Nettoverschuldungsgrad als Verhältnis von Total Net Debt zu Freiem Cashflow definiert würde, was im Allgemeinen nicht vorkommt.

In der Praxis wird diese Kennzahl häufig zur Bestimmung jener Grenze herangezogen, bis zu welcher Höhe die Banken bereit sind, Akquisitionskredite (z.B. Senior Term Loans, Mezzanine) bereitzustellen. Vergleichende Gegenüberstellungen der Nettoverschuldungsgrade für verschiedene Akquisitionsfinanzierungen in oftmals noch unterschiedlichen Industrien sind nicht bzw. nur sehr bedingt verwendbar.

Zinsdeckungsgrad (EBITDA / Zinsaufwand)

Dieselbe Kritik lässt sich mutatis mutandis auch gegenüber dem Zinsdeckungsgrad anbringen, der angeblich das Ausmaß der Überdeckung des Zinsaufwands durch den operativen Cashflow (definiert als EBITDA) bzw. das operative Ergebnis (beim Abstellen auf das EBIT) ausdrücken soll. Auch beim Zinsdeckungsgrad wird nicht auf den alles entscheidenden freien Cashflow, und folglich nicht auf die für den (Cash-)Zinsendienst eigentlich zur Verfügung stehende Größe abgestellt. Umso wichtiger ist daher die Verwendung des Schuldendienstdeckungsgrades.

Schuldendienstdeckungsgrad (Free Cashflow / Schuldendienst)

Der Schuldendienstdeckungsgrad ist unseres Erachtens deshalb wirtschaftlich gesehen die aussagekräftigste der drei wichtigsten Finanzkennzahlen, weil er den letztlich alles entscheidenden freien Cashflow in Verhältnis zum gesamten Schuldendienst stellt. Dies ist insbesondere bei Akquisitionsfinanzierungen entscheidend, da in den ersten Jahren der Zinsendienst meist eindeutig über dem Kapitaldienst liegt und daher die dynamische Verschuldung und die Bedienbarkeit der Kredite am ehesten aus dieser Kennzahl abgelesen werden können.

Allerdings ist auch diese Kennzahl in mancher Hinsicht nur von beschränkter Aussagekraft. Dies trifft insbesondere für den Fall sehr endlastiger Finanzierungsstrukturen zu, wie sie im anglo-amerikanischen Raum (hier vor allem in den USA) oder bei den großen Akquisitionsfinanzierungen in Europa bzw. Deutschland immer wieder anzufinden sind: durch die geringen Tilgungen in den Anfangsjahren gelingt es dabei immer wieder relativ leicht, gute DSCR-Werte aufzuweisen, ohne dass von konservativen Finanzierungsstrukturen gesprochen werden könnte. Ganz im Gegenteil weisen stark endfällige Tilgungsstrukturen eindeutig auf eine aggressive Finanzierungsstruktur hin, die nur im Fall von besonders gut geeigneten LBO-Kandidaten zu rechtfertigen ist.

Folglich hilft bei der Beurteilung einer Finanzierungsstruktur nur eine Gesamtschau auf die Tilgungsstruktur und die Financial Covenants.

Capex Limitation

Die Begrenzung der Höhe der zulässigen maximalen jährlichen Investitionsausgaben hat eine doppelte Funktion: Zum einen soll damit erreicht werden, dass das Unternehmen auch investitionsmäßig auf dem geplanten Entwicklungspfad bleibt; zum anderen kann dadurch verhindert werden, das die Excess-Cashflow-Klausel durch zu hohe Investitionsausgaben in besonders guten Jahren ausgehöhlt und die Liquidität des Unternehmens u.U. übermäßig belastet wird.

Bestimmung der Finanzkennzahlen und Mitteilungen

Als Grenze für „unbedenkliche" Planabweichungen wird in der Praxis zumeist ein Niveau für die Finanzkennzahlen festgelegt, das gegenüber den Werten laut Investoren- bzw. Managementplanung (Investor Case bzw. Management Case) um 20 bis 25 Prozent darüber bzw. darunter liegt. Auf diesem Niveau ist die Bedienung der Kredite, die auf der Basis eines so genannten Bank Case ermittelt wird, i.d.R. noch darstellbar, aber bei noch stärkeren Abweichungen zunehmend gefährdet.

Die Einhaltung der Finanzkennzahlen wird im Allgemeinen quartalsweise (auf Basis der konsolidierten Kennzahlen für die gesamte Kreditnehmergruppe) überprüft und mitgeteilt. Zusätzlich ist von einem Wirtschaftsprüfer im Rahmen der Erstellung des Jahresabschlusses die Berechnung / Einhaltung der Finanzkennzahlen zum Geschäftsjahresende zu bestätigen (*Compliance Certificate*).

Bei der Überprüfung werden die Werte rollierend auf LTM-Basis bestimmt, um die Frühwarnfunktion optimal ausüben und insbesondere um saisonale Schwankungen angemessen berücksichtigen zu können.

Im Fall der Nichteinhaltung von Finanzkennzahlen (Breach of Financial Covenant) kommt es in der Praxis nur in den seltensten Fällen zur Anwendung der Sanktionsmöglichkeit der Kündigung. Dies ist aufgrund der Frühwarnfunktion der Covenants meist auch nicht erforderlich. Vielmehr kommt es (abgesehen von einer i.d.R. vorgesehenen zeitlich limitierten Zinsmargenerhöhung) häufig zu Nachverhandlungen, die im Ergebnis auf eine Verringerung der Verschuldung bzw. eine Besserung der Eigenmittelausstattung, eine Erhöhung der allgemeinen Zinsmargen oder eine Bestellung weiterer Sicherheiten (soweit überhaupt möglich) hinauslaufen. Handelt es sich bloß um inhaltlich unbedenkliche Covenant-Verletzungen (insbesondere so genannte Technical Defaults), kommt es meist nur zu einem Waiver (d.h. einem Verzicht auf Kündigung ohne weitere Maßnahmen, ggf. unter Vereinbarung einer Waiver Fee), mitunter aber auch zu einer Vorabanpassung der Grenzwerte, so dass eine Verletzung von Covenants künftig überhaupt verhindert werden kann.

Während die Einhaltungspflicht der Finanzkennzahlen und der entsprechenden Informationspflichten trotz ihrer allgemeinen Sinnhaftigkeit im konkreten Einzelfall von den Kreditnehmern und ihrem Management eher als Belastung und als eine Einschränkung der unternehmerischen Freiheiten empfunden wird, ist das von den arrangierenden Banken regelmäßig angebotene Konzept von Margenanpassungsklauseln (Margin Grids oder Margin Ratchets) bei den Kreditnehmern geschätzt. Durch diese Margenanpassungsklauseln werden die Ausgangszinsmargen einzelner Senior-Tranchen (meist nur die amortisierenden Tranchen und der Betriebsmittelkredit) in Abhängigkeit von der Bonitätsverbesserung in mehreren Stufen abgesenkt. Die Bonität wird dabei im Allgemeinen durch den Nettoverschuldungsgrad ausgedrückt.

Nettoverschuldungsgrad	Marge
> 2,75	2,25 %
2,75 ≥ × >2,25	2,00 %
2,25 ≥ × > 1,75	1,75 %
1,75 ≥ × > 1,25	1,50 %

Quelle: Eigene Darstellung
Tabelle 38: *Margin-Ratchet-Tabelle*

Die Margenverbesserungen entsprechend dem Margin-Ratchet werden üblicherweise nur für die Tranche A (Amortisationskredit) und den RCF angewandt. Aufgrund der aktuellen Marktsituation (Übernachfrage nach LBO-Darlehen) ist insbesondere im Largecap-LBO-Markt und bei größeren Transaktionen im Midcap-LBO-Markt seit ca. zwei Jahren eine deutliche Tendenz zur Zunahme von Margin-Ratchet-Klauseln auch für die endfälligen Tranchen (Tranche B, C) festzustellen. Letztere sind zurzeit bei Term Loan B Tranchen bereits die Regel (Bereits ca. Zweidrittel der Term Loan Bs wiesen laut S&P LCD in 2004 bzw. 2005 ein Margin Ratchet auf, während dieser Anteil in 2003 bei einem Drittel und in 2002 nur bei einem Viertel lag; im ersten Quartal 2006 stieg dieser Anteil mit 76,7 Prozent gar auf über drei Viertel).

10.2.4 Zusicherungen und Garantien (Representations und Warranties)

Die Zusicherungen und Garantien enthalten die Versicherung, dass bestimmte wirtschaftliche, rechtliche oder faktische Umstände (des Kreditnehmers) zu bestimmten, definierten Zeitpunkten vorliegen bzw. nicht vorliegen. Während sich die umfangreichen Zusicherungen und Garantien auf einen (zugesicherten) Zustand in der Vergangenheit beziehen, sind die Auflagen (Covenants) auf die Zukunft gerichtet und zielen auf Verhaltensmaßnahmen des Kreditnehmers ab, deren Verletzung regelmäßig (gegebenenfalls nach Ablauf einer vertraglich vereinbarten Nachbesserungsfrist) einen Kündigungsgrund (Event of Default) darstellt.

Grundsätzlich betreffen Zusicherungen nur Umstände bis zum Zeitpunkt der Unterzeichnung des Kreditvertrages. Da einige Zusicherungen jedoch regelmäßig im Rahmen einer Auszahlungsanfrage (d.h. Festlegung einer neuen Zinsperiode) wiederholt abgegeben werden müssen (Repeating Representations), entsteht indirekt ein Zwang sich so zu verhalten, dass es zu keinem Verstoß gegen die entsprechende Zusicherung kommt.

Beispiele für Zusicherungen sind:

■ die Zusicherung, dass der Kreditnehmer keine (wesentliche) Vereinbarung oder Verpflichtung eingegangen ist, die einem Drittvergleich nicht stand halten (oder über den normalen Geschäftsgang hinausgehen),

■ die Zusicherung, dass der Geschäftsbetrieb rechtmäßig betrieben wird und keine Gerichts-, Schiedsgerichts- oder Verwaltungsverfahren und keine behördliche Untersuchungen vorliegen (oder drohen), die einen Streitwert oder ein Risiko von einem definierten Maximalbetrag begründen,

■ die Zusicherung, dass der Kreditnehmer alle fälligen Steuern bezahlt hat.

10.2.5 Übliche Sicherheiten

Als wesentliche Sicherheiten sind bei Akquisitionsfinanzierungen typischerweise folgende zu nennen:

■ Verpfändung der Geschäftsanteile der Gruppengesellschaften

■ Verpfändung der Konten der Kreditnehmer

■ Abtretung aller Forderungen der Kreditnehmer (bei Forderungen aus Lieferungen und Leistungen meist in Form von Globalzessionen)

■ Abtretung aller gewerblichen Schutzrechte

■ Übereignung aller beweglichen Vermögensgegenstände

■ Grundschuld über das Grundeigentum

■ (Wechselseitige) Garantien durch die Kreditnehmer und deren Tochtergesellschaften

Die Freigabe einzelner eingeräumter Sicherheiten erfordert i.d.R. Einstimmigkeit unter den Konsorten, bei einigen Largecap-LBOs der jüngeren Vergangenhet ist im Zuge der Zunahme Investoren-freundlicher Kreditvertragsdokumentationen auch eine bloße qualifizierte Mehrheit in Gestalt einer Supermajority für die Sicherheitenfreigabe ausreichend.

10.2.6 Kündigungsgründe

Die Kreditverträge der finanzierenden Banken enthalten gegenüber den im Gesetz nur sehr allgemein geregelten und spät eingreifenden Kündigungsgründen eine detaillierte und auf den Einzelfall abgestimmte Auflistung von Kündigungsgründen (Events of Default), die der Bank das Recht einräumen, die Kredite vorzeitig zu kündigen. Die vertragliche Fixierung der Kündigungsgründe ist i.d.R. Bestandteil von diversen Verhandlungsrunden und wird teilweise durch die nicht ganz unproblematische Einbeziehung einer „Wesentlichkeitsgrenze" bzw. von Heilungsfristen „entschärft".

Ein außerordentlicher Kündigungsgrund liegt z.B. vor bei:

- Nichterfüllung einer Auflage (z.B. den finanziellen Informationspflichten, Nichteinhaltung einer oder mehrerer Finanzkennzahlen).

- Unrichtigkeit einer gegebenen (wesentlichen) Zusicherung.

- Change-of-Control-Klausel: Inhaberwechsel und grundlegende Strukturänderungen.

- Cross Default: d.h. wenn der Kreditnehmer eine ihm in anderen Verträgen auferlegte Zahlungsverpflichtung gegenüber Dritten von zu bestimmender Mindesthöhe verletzt oder ein Gläubiger einen solchen Zahlungsanspruch vor der vereinbarten Fälligkeit fällig stellt bzw. zur Fälligstellung berechtigt wäre.

- Änderung der Geschäftstätigkeit: d.h. wenn ein Kreditnehmer die Geschäftstätigkeit (wesentlich) ändert bzw. einstellt.

10.3 Strukturierung, Syndizierung und Sicherheiten in der Kreditvertragsdokumentation

10.3.1 Ausstrahlungswirkung der Syndizierung auf die Strukturierung

Wenngleich der Syndizierungsprozess und die Regelungen zwischen den Konsortial- bzw. Syndikatsbanken primär das Innenverhältnis zwischen den finanzierenden Instituten betrifft (Konsortialvertrag; Sicherheitenpoolvertrag), hat die Syndizierungsthematik doch wesentliche Auswirkungen auf die konkrete Ausgestaltung bzw. Strukturierung der Akquisitionsfinanzierung.

So wird bereits die Höhe und die Struktur der Akquisitionskredite neben der Bedienbarkeit maßgeblich von der Syndizierbarkeit der Kredite bestimmt. Für die arrangierenden Banken ist für die Abgabe eines verbindlichen Term Sheet meist ein positives Syndizierungsvotum der Syndizierungsabteilung eine conditio sine qua non, da sie nicht den gesamten Kredit auf den Büchern behalten wollen, vielmehr die gänzliche oder teilweise Ausplatzierung des Risikos Teil des Geschäftsmodells ist (dies gilt ganz besonders für die von den Investmentbanken arrangierten großen LBOs bzw. Akquisitionsfinanzierungen). Bei der standardgemäßen Übertragung von Konsortialanteilen durch Vertragsübernahme (Assignment)[173] tritt zudem die jeweilige Konsortialbank im Rahmen einer Sonderrechtsnachfolge aliquot in das Kreditver-

---

[173] Zu weiteren, in Deutschland wenig gebräuchlichen Alternative zur Vertragsübernahme, nämlich zur so genannten Novation (Schuldersetzung) und deren Unterscheidungsmerkmalen vgl. z.B. Diem (2005), S. 162 ff.

hältnis zwischen Kreditgeber (Arrangeur und Underwriter) und dem Kreditnehmer ein und wird insoweit (anteilsmäßig) gleichberechtigter und -verpflichteter Kreditgeber. Zudem bestimmt der anzusprechende Kreis potenzieller Syndizierungspartner maßgeblich die konkrete Vertragsausgestaltung mit.

Diese *Ausstrahlungswirkung der Syndizierung auf die Strukturierung* beginnt bei der Vertragssprache und reicht über das anzuwendende Recht bis hin zu der Frage, aus welchem Mustertext (LMA-Vertrag oder typischer „deutscher" Akquisitionskreditvertrag) die Vertragsentwürfe verfasst werden. Die Vertragsverhandlungen werden zudem im Fall von mehr als einem Arrangeur (weitere MLAs bzw. Underwriter und/oder Co-Arranger bzw. Sub-Underwriter) durch die jeweiligen weiteren finanzierenden Institute wesentlich mitgeprägt.

Nicht zuletzt kommt auch in der branchenüblichen Bezeichnung der B-,C-, oder D-Senior-Loan-Tranchen als Institutional (Term) Loans die Bedeutung des Syndizierungsprozesses für die Struktur der Akquisitionskredite besonders deutlich zum Ausdruck: Diese Kredittranchen sind – im Gegensatz zur so genannten Pro Rata Debt, d.h. des Term Loan A und der Revolving Credit Facility – bei größeren Midcap-LBO und Largecap-LBOs in puncto Strukturierung und Pricing primär auf Institutionelle Investoren (CDOs, Credit Funds, Hedgefonds, High Yield Funds, Pension Funds und Versicherungsgesellschaften usw.) und nicht auf Banken ausgerichtet. Im Syndizierungsprozess werden sie daher entweder vollständig oder zu einem sehr hohen Prozentsatz aus dem Bankenkonsortialmarkt ausgeklammert (Carve-out) und separat syndiziert.

Darüber hinaus wird die Abhängigkeit der konkreten Ausgestaltung der Bedingungen des Kreditvertrags durch die so genannte *Market-Flex-Klausel* besonders deutlich ausgedrückt: Im Gegensatz zu den „fully underwritten" Syndizierungen, bei denen von dem oder den arrangierenden Banken im verbindlichen Term Sheet eine Kreditzusage über den vollen zu finanzierenden Betrag vorliegt, sind bei den so genannten Best-Effort-Syndizierungen bestenfalls nur Zusagen über Teilbeträge vorhanden. Über die Market-Flex-Klausel können Anpassungen (in der Regel Verbesserungen für die Kreditgeber) der Kreditkonditionen vorgenommen werden, wenn nur durch diese ein vollständiges Underwriting (eine vollständige Kommittierung des Kreditbetrags) zustande kommt. Diese jedenfalls bei großen LBOs bzw. Akquisitionsfinanzierungen standardgemäß im Commitment Letter enthaltene Market-Flex-Klausel spezifiziert in der Praxis zumeist die Anpassungsspielräume (insbesondere bezüglich der Zinsmargen um üblicherweise 25 oder 50 Basispunkte – also 0,25-0,5 Prozent p.a.). Der Vorteil für den Kreditnehmer aus der Market-Flex-Klausel vor dem Hintergrund des Wettbewerbs unter den Banken um Arrangement-Mandate ist, dass infolge eines verringerten Underwriting-Risikos für den potenziellen Arrangeur die Ausgangskonditionen tendenziell bereits an der Syndizierbarkeitsgrenze liegen und daher grundsätzlich kreditnehmerfreundlich sind. Darüber hinaus kommt es bei den großen LBOs in der jüngeren Vergangenheit immer häufiger auch zum sog. reverse flexing (z.B. bei der Weetabix Transaktion für den Senior und das Mezzanine), d.h. bei sehr erfolgreichem Verlauf der Syndizierung (Oversubscription) wird eine Reduktion der ursprünglichen Zinsmargen vorgenommen. Zudem ist in jüngster Vergangenheit im Largecap-LBO-Markt immer häufiger auch ein bookbuilding-artiges Pricing wie bei Unternehmensanleihen für die instituionellen Tranchen zu beobachten. Immer häufiger werden bei erfolgreichen Syndizierungen auch die Strukturen der Finanzierungen angepasst – so wird beispielsweise mitunter die Second Lien Tranche durch eine günstigere, endfällige Senior Loan Tranche ersetzt oder eine bestehende, endfällige Senior Tranche um den (ganzen oder teilweisen) Betrag der Second Lien Tranche erhöht.

Ein weiteres wichtiges Beispiel für die Bedeutung der Syndizierung und des Bankensyndikats findet sich in Regelungen über Zustimmungserfordernisse für Vertragsänderungen. Zumeist finden sich dafür drei verschiedene Zustimmungsschwellen:

- Einfache Mehrheit (Required-Lender-Level)

- Qualifizierte Mehrheit (Supermajority, Majority Lenders, Instructing Group)

- Einstimmigkeit (Full Vote; z.B. für Sicherheitenfreigaben und Änderungen in der Finanzierungstruktur)

In der Praxis haben die Zustimmungserfordernisse nicht nur eine hohe Bedeutung für etwaige Vertragsänderungen, sondern auch für die Zustimmung zu Waivern, d.h. zum Verzicht auf bestimmte Rechte aus dem Kreditvertrag, insbesondere dem Kündigungsrecht im Fall einer Leistungsstörung (eines Event of Default).

10.3.2 Rechtliche Umsetzung der Syndizierung

Für die rechtstechnische Umsetzung der bereits im Kreditvertrag stets (falls dies überhaupt erwünscht ist) zwingend vorzusehenden Beteiligung von anderen Banken an einer Akquisitionsfinanzierung im Rahmen einer Syndizierung kommen zwei grundverschiedene Möglichkeiten in Betracht:

- Direkter Eintritt in das Kreditverhältnis selbst (im deutschsprachigen Raum üblicherweise durch Vertragsübernahme, selten durch Novation bzw. Schuldersetzung)

- Kreditunterbeteiligung (reines Innenverhältnis zwischen Kreditgeber und dem Unterbeteiligten bzw. Participant)

Während im ersten Falle eine direkte, rechtliche Beteiligung der Konsortialbanken am Kreditverhältnis erfolgt, ist im zweiten Fall nur eine indirekte und rein wirtschaftliche Beteiligung (eine Risikounterbeteiligung mit oder ohne Refinanzierungsfunktion für den Hauptbeteiligten, den Kreditgeber) verbunden.[174] Im ersten Fall wird regelmäßig ein Agent bestellt, über den die wesentlichsten Teile der Kommunikation, des Zahlungsflusses und der Abrechnung zwischen Kreditnehmer und Bankenkonsortium gesteuert werden. Meist ist dieser Agent identisch mit dem Arrangeur, mitunter ist der Agent aber auch die bisherige Hauptbank (Hausbank) des Kreditnehmers.

---

[174] Vgl. zu den rechtlichen Unterschieden und Problemstellungen der verschiedenen Syndizierungstechniken Diem (2005), S. 162 ff.

10.3.3 Sicherheitendokumentation und Syndizierung

Während die wichtigsten Sicherheiten und -regelungen meist nur kurz in den Kreditverträgen angedeutet bzw. abgehandelt werden, erfolgt i.d.R ein Verweis auf die umfassenden Regelungen in einer eigenen (meist recht umfangreichen) Sicherheitendokumentation.

Die Syndizierung hat dabei wesentliche Auswirkungen für die Gestaltung der Sicherheitendokumentation, da die Konsortialbanken (Konsorten) auch an den Sicherheiten zu beteiligen sind.

Für die Sicherheitenbeteiligung und -verwaltung im Rahmen eines Konsortialvertrags kommen im Wesentlichen drei Modelle in Betracht:[175]

Die Sicherheiten können entweder

- ■ unmittelbar jeder einzelnen Konsortialbank bestellt und von einem gemeinsamen Beauftragten verwaltet werden oder

- ■ sie werden Gesellschaftsvermögen des (von den Konsortialbanken gegründeten) Sicherheitenpools oder

- ■ sie werden einem Treuhänder der Konsorten bestellt, der sie im eigenen Namen hält und verwaltet.

In der Praxis dominiert folgende Mischform: Die Konsorten schließen sich zu einem Sicherheitenpool zusammen, um ihre gleichrangige und gleichmäßige Befriedigung aus den Sicherheiten sicherzustellen. Die akzessorischen Sicherheiten werden den einzelnen Kreditgebern (ggf. auch dem Sicherheiten-Treuhänder) bestellt, die nicht-akzessorischen dagegen nur dem Sicherheiten-Treuhänder. Der Sicherheiten-Treuhänder wird von den Konsorten regelmäßig mit der Verwaltung und ggf. Verwertung der gemeinsamen Sicherheiten beauftragt. Dies geschieht im Rahmen eines Sicherheiten-Treuhandvertrags, der die Vertragsbeziehungen unter den Konsorten und dieser mit dem Sicherheiten-Treuhänder regelt.

---

[175] Vgl. dazu Diem (2005), S. 309 f und im Detail 309 ff.

11.   Ausblick

Mit der allgemeinen wirtschaftlichen Erholung und der hohen Liquidität im (Fremdkapital-
und Private-Equity-)Markt nahm und nimmt auch das Volumen an LBOs weiter tendenziell
zu, wenngleich derzeit im Zuge des aktuellen Konjunkturaufschwungs die Konkurrenz durch
die – in den letzten Jahren konsolidierten und oft mit hohen liquiden Mitteln („Kriegskasse")
ausgestatteten – strategischen Käufern (d.h. Unternehmen oder Industrieholdings) deutlich
zunimmt. Dieses Wachstum am LBO- bzw. Akquisitionsfinanzierungsmarkt zeigte sich bereits in 2004, in dem ein Rekordvolumen von 43,8 Mrd. Euro an europäischen LBO-Loans
verzeichnet wurde. Dieses Volumen wurde in 2005 mit 103,5 Mrd. Euro nochmals um mehr
als 100 Prozent übertroffen. Im ersten Quartal 2006 stieg das LBO-Loan-Volumen (vor allem
begünstigt durch die zwei Großtransaktionen TDC und Ineos) laut S&P auf den Rekordwert
von 31,2 Mrd. Euro. Ein ähnlich explosionsartiges Wachstum konnte in 2005 wie erwähnt
auch für Mezzanine (8,9 Mrd. Euro) und Second Lien Loans (5,4 Mrd Euro) konstatiert werden. Auch hier setzt sich diese Tendenz noch ungebremst fort: So wurde im ersten Quartal
2006 bei 39 Transaktionen ein Mezzanine-Volumen von insgesamt 4,64 Mrd. Euro verzeichnet. Auf LTM-Basis wurden zum 31. März 2006 LBO-Transaktionsvolumina von 136 Mrd.
Euro registriert, alleine in Q1/06 belief sich das LBO-Volumen auf 34,3 Mrd. Euro (historisch
zweithöchster Wert).

Diese Rekordvolumina wurden durch die Überliquidität mit verursacht, die sowohl die Private-Equity Märkte als auch die Märkte für Akquisitionsfinanzierungen durch Banken und
Institutionelle Investoren kennzeichnet. Die Überliquidität ist ihrerseits entscheidend durch
historisch niedrige Ausfallsraten bei LBOs, das historisch niedrige Zinsniveau in Verbindung
mit wenigen Alternativen für hochrentierliche Anlagen und dem guten Track Record von
Private-Equity Fonds in den letzten Jahren sowie die Attraktivität des Segments LBO-
Arrangement für (Investment-)Banken beeinflusst worden.

Die Überliquidität auf den LBO-Märkten begünstigte auch die seit dem letzten Quartal des
Jahres 2003 zunehmende Tendenz zu aggressiveren Finanzierungsstrukturen insbesondere bei
Largecap-LBOs (und hier wiederum vor allem bei Secondary Buy-outs und Recaps). So
belief sich der Total Debt/EBITDA-Leverage 2005 für europäische Buy-outs auf 5,2 und im
vierten Quartal 2005 bereits auf 5,4 und lag damit über dem bisherigen Rekordniveau von 5,2
in 1997. Bei weiterer Verschärfung dieser Tendenz besteht die Gefahr, die Fehler der Jahre
1998 und 1999 zu wiederholen. Schieflagen bei hoch geleveragten LBOs wären dann spätestens im Falle eines durchaus nicht ausgeschlossenen neuerlichen Konjunkturabschwungs in
den nächsten Jahren und/oder bei einem deutlichen Zinsanstieg unvermeidlich. Gleichwohl
ist auch Anfang 2006 kein Ende dieser Tendenzen abzusehen. Die von vielen wohl zu Recht
erwartete Marktkorrektur dürfte daher frühestens in den Jahren 2007 oder 2008 erfolgen.

Wie groß die Gefahr eine Überhitzung am LBO- und Akquisitionsfinanzierungsmarkt mit – je
nach Konjunktur- und Zinsverlauf – anschließender stärkerer oder schwächerer Marktkorrektur ist, zeigen nicht zuletzt die Ende 2004 sprunghaft angestiegenen Kaufpreise für europäische LBOs, die 2005 auf Rekordniveau stiegen (vgl. Abbildung 65).

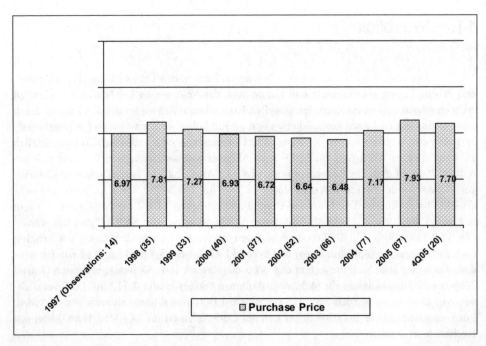

Quelle: S&P LCD
Abbildung 65: *Trailing-Pro-Forma-EBITDA-Kaufpreis-Multiples (ohne Transaktionskosten) bei europäischen LBOs (1997-2005)*

Im ersten Quartal 2006 stiegen diese Kaufpreis-Multiples nochmals auf das Rekordniveau von 8,4 x EBITDA (ohne Transaktionskosten). Parallel dazu zogen – bei gleichzeitig sinkenden Durchschittsmargen – die Verschuldungsmultiples deutlich an: In Q1/06 stieg der Total Debt/EBITDA Leverage nochmals von 5,2 in 2005 auf 5,7 bzw. es verschlechterte sich die durchschnittliche Bonität von LBO-Unternehmen weiter in den Single-B-(B+)-Bereich: Von den extern gerateten Leveraged Loans waren laut S&P[176] nur 4 Prozent im BB-Bereich, aber immerhin 50 Prozent im Single-B-Bereich.

Die sich allmählich ausdünnende Deal-Pipeline im Large Cap-Markt stellt angesichts dieser Entwicklungen eine zusätzliche, u.U. gefährliche und die letztlich unvermeidliche Marktkorrektur beschleunigende Herausforderung für unter Abschlussdruck stehende PE-Häuser, Investmentbanken und Institutionelle Investoren dar.

Die Investmentbanken begegnen all diesen Herausforderungen mit einigen Techniken, um die Verschuldungs- und damit indirekt auch die Kaufpreis-Multiples in immer neue Höhen zu treiben, wobei folgende besonders hervorzuheben sind:

■ Normalisierungen von EBITDA mit stark EBITDA erhöhender Tendenz (überproportionale Eleminierung von Kosten im Vergleich zu den Erträgen)

---

[176] Vgl. S&P LCD.

- Abstellen auf das historisch beste EBITDA durch LTM-Zahlen

- Endfälligere Strukturen

- Nicht cashwirksame (insb. rein zinskapitalisierende) Finanzierungsinstrumente

- „Weichere" Dokumentation (inklusive weiterer Covenant-Spielräume bis hin zum – in den USA bereits praktizierten – Extremfall des weitgehenden Verzichts auf Covenants[177] und der Abnahme von Zustimmungserfordernissen)

Doch ohne die aufnahmebereiten partizipierenden Syndikatsbanken und insb. die Institutionellen Investoren wären diese Techniken fruchtlos gewesen. Letztlich arrangieren und strukturieren die Investmentbanken nicht „richtige", sondern verkaufbare Dealstrukturen. Die Verkauf- bzw. Syndizierbarkeit ist sozusagen ihre „Richtigkeitsschnur", die aggressivste, noch verkaufbare Finanzierungsstruktur ist die für die Investmentbank und (vermeintlich auch) für den Kunden optimale.

Generell ist derzeit eindeutig ein Machtgefälle zugunsten der PE-Häuser und zuungunsten der finanzierenden Banken und Institutionellen Investoren festzustellen: Die PE-Häuser formulieren bei den Largecap-LBOs häufig die Draft Term Sheets vor und verankern darin immer Finanzinvestoren freundlichere Klauseln: Diese beziehen sich nicht nur – durch die Eröffnung eines *Wriggle Room* – auf die (künftigen) Kredite an sich, sondern auch auf die Übertragbarkeit von Finanzierungstranchen auf weitere Syndikats- bzw. Finanzpartner und das Syndicate Management.[178]

Zu nennen sind hier u.a.

- *Einschränkungen der Transferability* der Finanzierungstranchen auf bestimmte Arten von Institutionelle Investoren (z.B. Hedgefonds, Distressed Debt Investoren oder Debt-Trading-Abteilungen der existierenden Kreditgeber)

- *Clean-up Provisions* (die einen bestimmten Zeitraum nach Closing zur Beseitigung von bestimmten Verletzungen von Representations, Undertakings und Event of Defaults vorsehen)

- *Equity Cures* (danach kann der Investor zusätzliche Eigenmittel zur Heilung von Cashflow und/oder EBITDA bezogenen Covenants-Verfehlungen zur Verfügung stellen)

- *Mulligan's Clause* (nach dieser tritt ein Event of Default mit Kündigungsrecht nicht erst bei der ersten, sondern erst bei einer erneuten Financial Covenant-Verletzung ein)

- *Yank-the-bank Clauses* (nach diesen kann der Kreditnehmer einen minority nonconsenting lender ersetzen)

- *Snooze-and-lose Clauses* (nach diesen soll es Banken nicht mehr möglich sein, durch Verschweigen einen Vorschlag zu Fall zu bringen)

---

[177] Der Economist (22. April, 2006, S. 72 f.) spricht in diesem Zusammenhang von einem „Going naked" der Leveraged Debt Anbieter.

[178] Vgl. dazu und zu aktuellen Trends im europäischen LBO-Markt insb. den aktuellen Überblick-Artikel „Too hot to handle – developments in the leveraged debt finance market", Lovells Newsletter Spring 2006.

Dazu kommen noch weitergehende Senkungen von Zustimmungserfordernissen, insb. die Aufweichung der Einstimmigkeitserfordernisse über die verstärkte Heranziehung von qualifizierten Mehrheits-Zustimmungserfordernissen (wie z.B. bei Sicherheitenfreigaben).

Im Marktsegment der kleinen LBOs und im Smaller-Mid-Cap-Markt spiegeln sich die Konjunkturzyklen bei weitem nicht so stark in Kaufpreis- und Debt-Multiple-Schwankungen wider wie im Larger-Mid-Cap-Markt und im Large-Cap-Markt. In diesen Segmenten hat der Konjunkturabschwung der letzten Jahre, der auch einige LBOs in diesem Bereich in Schieflage brachte, dazu geführt, dass sich einige etablierte Anbieter aus diesem Segment in Deutschland zurückgezogen haben.

Dadurch ist es für viele Private-Equity-Häuser in den Folgejahren eindeutig schwieriger geworden, spezialisierte und diesem Segment mit vollem Engagement zugewandte Anbieter von Akquisitionskrediten zu finden.

Das konsequente Ausnutzen der dadurch eröffneten Chancen für neue Anbieter, die wirtschaftliche Erholung und die Neupositionierung einiger etablierter Häuser im Bereich Corporate Finance sollte aber dazu beitragen, dass auch dieses Segment in den nächsten Jahren auf ein lebhaftes Interesse der Private-Equity-Häuser sowie einiger spezialisierter Banken stößt. Das aufgezeigte deutliche Marktwachstum im deutschen Midcap-Markt sollte dazu sein Übriges beitragen.

Zuletzt konnte bereits ein deutlich zunehmendes Interesse der Banken am Larger Midcap-Markt festgestellt werden, was in Verbindung mit den aktuellen Entwicklungen im Largecap-Markt zu einer deutlichen Zunahme aggressiverer Finanzierungs- und Kaufpreisstrukturen führte. Zu letzterem zählt auch die zunehmende Tendenz zu sog. Stapled Finance Angeboten, bei denen der Verkaufsberater (häufig eine Investmentbank) oder eine mit dem Unternehmen vertraute Bank (z.B. bei einem intendierten Secondary Buy-out oft der MLA des ersten LBOs) im Verkaufsprozess bereits die Fremdfinanzierung des Kaufs „mitbringt" bzw. anbietet.

Den gerade in den deutschsprachigen Ländern so dringend anstehenden Nachfolgeregelungen kann (dessen ungeachtet) das zunehmende Interesse der Banken und Private-Equity Häuser am Midcap-Markt jedenfalls nur sehr gut tun. Gleiches gilt auch für den andauernden und eher noch intensiver werdenden Prozess der Konsolidierung von vielen vom Mittelstand geprägten Branchen bzw. dem Restrukturierungsbedarf vieler mittelständischer Unternehmen.

Vor diesem Hintergrund sollte die Akquisitionsfinanzierung in den nächsten Jahren auch einen kleinen Beitrag zum Erhalt gesunder mittelständischer Strukturen leisten können.

Dies gilt u.U. auch für den Fall, dass möglichst zahlreiche Dividend Recaps bei mittelständischen, LBO-fähigen Familienunternehmen Teilrealisierungen der unternehmerischen Lebenswerke (bzw. Unternehmenswerte) ermöglichen, ohne dass die Unternehmer zu Unternehmensveräußerung bzw. Lösung der Unternehmensnachfolgethematik, möglicherweise zur Unzeit, gezwungen werden. Technisch geschieht dies normalerweise über die Herstellung von Ausschüttungsfähigkeit im Zuge eines „HoldCo-/Einbringungsmodells", das eine (möglichst steuerneutrale) Aufwertung der Geschäftsanteile auf die Verkehrswerte über deren Einbringung in eine neue Holding-Gesellschaft ermöglicht.

Anhang 1: Exemplarisches Term Sheet

Kreditlinien

Senior Term Loan A

Senior Term Loan B

Revolving Credit Facility ("RCF")

Kreditnehmer

Senior Term Loan A: NewCo

Senior Term Loan B: NewCo

RCF: Operative Gesellschaften

Verwendungszweck

Senior Term Loan A, B: Teilfinanzierung des Kaufpreises

RCF: Finanzierung des Betriebsmittelbedarfs

Laufzeit

Senior Term Loan A: 7 Jahre

Senior Term Loan B: 8 Jahre

RCF: 7 Jahre

Betrag

Senior Term Loan A:	100,0 Mio. Euro
Senior Term Loan B:	29,0 Mio. Euro
RCF:	10,0 Mio. Euro

Rückzahlung

Senior Term Loan A:	Halbjährlich
Senior Term Loan B:	Endfällig
RCF:	Endfällig

Der Betriebsmittelkredit ist in jedem Jahr der Vertragslaufzeit gleichzeitig für fünf aufeinanderfolgende Bankarbeitstage auf null zurückzuführen, clean-down Periode.

Zinssatz

Senior Term Loan A:	EURIBOR + 2,25 Prozent p.a. (Margin Ratchet)
Senior Term Loan B:	EURIBOR + 2,75 Prozent p.a.
RCF:	EURIBOR + 2,25 Prozent p.a. (Margin Ratchet)

Die Zinsperioden für die Kredite betragen 1 / 2 / 3 oder 6 Monat(e).

Die Anpassung der Zinsmargen erfolgt erstmals auf Basis des Abschlusses der Gruppe zum 31.12.2004, in Abhängigkeit von der Entwicklung des Nettoverschuldungsgrads (= Nettoverschuldung / EBITDA) gemäß der nachfolgenden Tabelle:

Net Debt / EBITDA	Zinsmarge
> 2,75	2,25%
2,75 ≥ x > 2,25	2,00%
2,25 ≥ x > 1,75	1,75%
1,75 ≥ x	1,50%

Quelle: Eigene Darstellung
Tabelle 39: *Margin Ratchet*

Finanzielle Informationspflicht

■ Testierter Jahresabschluss, spätestens 120 Tage nach dem Ende eines Geschäftsjahres

■ Quartalsberichte bestehend aus Gewinn- und Verlustrechnung, Bilanz und Kapitalflussrechung, spätestens 45 Tage nach dem Ende eines Quartals

■ Monatsberichte, bestehend aus Gewinn- und Verlustrechnung, Bilanz und

■ detaillierter Finanzplanung, spätestens 30 Tage vor Beginn des nächst beginnenden Geschäftsjahres

■ usw.

Arrangement und Underwriting Fee

2,0 Prozent (einmalig)

Commitment Fee (RCF)

0,75 Prozent p.a. für den jeweils nicht in Anspruch genommenen Kreditbetrag

Agency & Security Fee

30.000 Euro p.a.

Financial Covenants

Bezeichung	Definition
Netto Verschuldungsgrad	Net Debt / EBITDA
Zinsdeckungsgrad	EBITDA / Zinsaufwand
Schuldendienstfähigkeit	Free Cashflow / Debt Service

Quelle: Eigene Darstellung
Tabelle 40: *Financial Covenants*

Die Einhaltung der Finanzkennzahlen ist durch Vorlage der Quartalsberichte nachzuweisen.

Anhang 2:
Beispiel einer Akquisitionsfinanzierung (inklusive Add-On)

Plattform-Transaktion

Ein Unternehmen mit einem EBITDA von 17,0 Mio. Euro wird im Rahmen eines MBO erworben. Der Kaufpreis für 100 Prozent der Geschäftsanteile beträgt (debt/cash free) 82,0 Mio. Euro und die Transaktionskosten[179] belaufen sich auf insgesamt 3,0 Mio. Euro. Üblicherweise beläuft sich der Anteil der Transaktionskosten an dem gesamten Transaktionsvolumen, der aufgrund seines teilweisen Fixkostencharakters auch von der Höhe des Gesamtvolumens abhängt, zwischen 3,0 und 7,0 Prozent.

Die Mittelherkunft bzw. die Mittelverwendung sind in Tabelle 41 zusammengefasst.

Mittelherkunft	TEUR	in %
Eigenkapital	9.000	11%
Gesellschafterdarlehen	15.000	18%
Verkäuferdarlehen	3.000	4%
Summe "erweitertes" Eigenkapital	**27.000**	**32%**
Mezzanine	5.000	6%
Senior Term Loan B	8.000	9%
Senior Term Loan A	45.000	53%
Summe Fremdkapital	**58.000**	**68%**
Summe Transaktionsvolumen	**85.000**	**100%**

Mittelverwendung	TEUR	in %
Geschäftsanteile	82.000	96%
Transaktionskosten	3.000	4%
Summe Transaktionsvolumen	**85.000**	**100%**

Quelle: Eigene Darstellung
Tabelle 41: *Mittelherkunft und -verwendung*

Ergänzend zu den durch den Finanzinvestor und das Management bereitgestellten Eigenmitteln (Eigenkapital und Gesellschafterdarlehen) stundet der Verkäufer 3,0 Mio. Euro des Kaufpreises für fünf Jahre. Durch den Rangrücktritt des Verkäufers im Insolvenzfall hinter

---

[179] In den Transaktionskosten sind insb. die Due Diligence Kosten, die Arrangement Fee der arrangierenden Bank (im Durchschnitt 2 Prozent), die Rechtsanwaltkosten der Bank und ggf. die Transaction Fee für die Strukturierungsleistung des Investors von üblicherweise 2 bis 3 Prozent sowie diverse öffentliche Gebühren und Notariatskosten enthalten.

allen anderen verzinsten Fremdkapitalforderungen wird das Verkäuferdarlehen i.d.R. als (wirtschaftliches) Eigenkapital betrachtet.

In unserem Fallbeispiel wird der Nachrang auf die Zinszahlung und Rückführung des Darlehens erweitert, d.h. die Zinsen werden vollständig kapitalisiert und die Rückführung kann erst nach der vollständigen Tilgung der Senior Term Loans erfolgen (vollständiger Nachrang), so dass 32 Prozent des Transaktionsvolumens durch „wirtschaftliches" Eigenkapital abgedeckt sind.

Ergänzend zu der Betriebsmittelkreditlinie auf dem Niveau der operativen Gesellschaften stattet die arrangierende Bank die Erwerbergesellschaft 2 mit folgenden Kreditlinien aus:

- Eine Senior Term Loan A Tranche mit einer Laufzeit von sieben Jahren und einer Verzinsung von EURIBOR +2,25 Prozent p.a. Die Tilgungen betragen 6 Mio. Euro p.a.

- Eine endfällige Senior Term Loan B Tranche mit einer Laufzeit von acht Jahren und einer Verzinsung von EURIBOR +2,75 Prozent p.a.

- Eine nachrangige Mezzanine Tranche mit einer Laufzeit von neun Jahren. Der cashwirksame Zinsaufwand beträgt EURIBOR + 5 Prozent p.a. Cash-Zins und 5 Prozent PIK. Die cashwirksamen Zinszahlungen des Mezzaninedarlehens sind partiell nachrangig, d.h. so lange und so weit zulässig, also kein Kündigungsgrund bzw. Event of Default bei den Senior Loans eintritt. In letzterem Fall würden sie (vorübergehend) kapitalisiert.

Eine vereinfachte vierstufige Akquisitionsstruktur ist unten dargestellt. Um nur einen vertraglichen Nachrang herzustellen, wird die Mezzanine Kreditlinie für die Erwerbergesellschaft 2 (und nicht auf Ebene der NewCo 1) ausgereicht. Der Betriebsmittelkredit wird direkt auf dem Niveau der operativen Gesellschaften zur Verfügung gestellt.

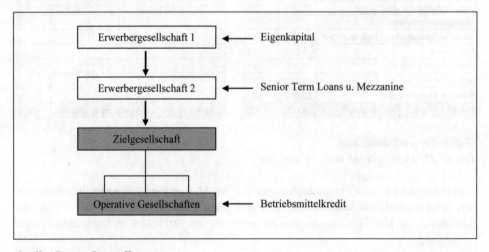

Quelle: Eigene Darstellung

Abbildung 66: *Akquisitionsstruktur des Fallbeispiels*

Zum Abschluss der Transaktion (Closing) beträgt der Senior-Verschuldungsgrad 3,5. Unter Einbeziehung der Mezzaninetranche von 5,0 Mio. Euro erhöht sich der Gesamt-Verschuldungsgrad auf 3,9. Basierend auf der Managementplanung ist die Entwicklung des Senior-Verschuldungsgrades in der unten dargestellten Tabelle aufgeführt. Unter der Annahme einer jährlichen vertraglich festgelegten Tilgung von 6 Mio. Euro reduziert sich der Senior-Verschuldungsgrad 2009 (Planjahr 4) auf 1,4. Freiwillige Tilgungen und Pflichtsondertilgungen (z.B. aus dem Excess-Cashflow) sind aus Vereinfachungsgründen nicht berücksichtigt.

Die Zinsmarge für den Senior Term Loan A von 2,25 Prozent p.a. ist i.d.R. abhängig von der Bonität des Kreditnehmers. Dabei wird die Bonität meistens anhand des Verschuldungsgrades festgelegt und die Margenanpassung (Margin Grid bzw. Margin Ratchet) auch auf den Betriebsmittelkredit erweitert. Die Entwicklung des (geplanten) Senior-Nettoverschuldungsgrads ist in Tabelle 42 dargestellt.

in EUR Mio.	Closing	Planjahr 1	Planjahr 2	Planjahr 3	Planjahr 4
EBITDA	15	17	18	20	21
Senior Term Loan A vor Tilgung	45	45	39	33	27
Tilgung	0	-6	-6	-6	-6
Senior Term Loan A nach Tilgung	45	39	33	27	21
Senior Term Loan B vor Tilgung	8	8	8	8	8
Tilgung	0	0	0	0	0
Senior Term Loan B nach Tilgung	8	8	8	8	8
Summe Senior Loans	53	47	41	35	29
Kassenbestand	0	0,3	0,4	0,2	0,3
Summe Senior-Nettoverschuldung	53	46,7	40,6	34,8	28,7
Total Senior Debt Net / EBITDA	3,5	2,7	2,3	1,7	1,4

Quelle: Eigene Darstellung
Tabelle 42: *Entwicklung der Senior-Nettoverschuldung und der EBITDA in den ersten Planjahren*

Add-on Transaktion

Im Laufe des Planjahres 2 der ursprünglichen Plattform-Transaktion ergibt sich für die Gruppe die Möglichkeit einen – von der Kundenstruktur stark unterschiedlichen – kleineren Wettbewerber (Target 2) zu übernehmen und dadurch die Marktposition zu erhöhen. Das Unternehmen erzielte ein EBITDA von 6,0 Mio. Euro.

Im Rahmen der Due Diligence wird u.a. eine konsolidierte Finanzplanung erstellt, die die Grundlage des neuen Tilgungsplanes sowie der Finanzkennzahlen ist.

Die für die Transaktion notwendigen Finanzierungsmittel werden der ursprünglichen Erwerbergesellschaften 1 und 2 zur Verfügung gestellt. In der Regel werden die bestehenden Kredit- und Sicherheitenverträge erweitert. Um Interessenskonflikte des Managements der beiden Unternehmen zu vermeiden, sollten die Beteiligungen letztlich in einer gemeinsamen Holding (z.B. NewCo 2) gebündelt werden.

Der Kaufpreis für die Geschäftsanteile beträgt 28,2 Mio. Euro (4,7 x EBITDA). 38 Prozent des Transaktionsvolumens werden durch „wirtschaftliches" Eigenkapital abgebildet. In der Regel werden die Folgetransaktionen im Zuge eine Buy- and Build-Strategie aufgrund der Erhöhung der operativen Risiken (z.B. Integration) von den Banken konservativer strukturiert.

Die Mittelherkunft-Verwendungstabelle in unserem Fallbeispiel stellt sich wie folgt dar:

Mittelherkunft	TEUR	in %
Eigenkapital / Gesellschafterdarlehen	11.400	38%
Summe "erweitertes" Eigenkapital	11.400	38%
Senior Term Loan B	3.600	12%
Senior Term Loan A	15.000	50%
Summe Fremdkapital	18.600	62%
Summe Transaktionsvolumen	30.000	100%

Mittelverwendung	TEUR	in %
Geschäftsanteile	28.200	94%
Transaktionskosten	1.800	6%
Summe Transaktionsvolumen	30.000	100%

Quelle: Eigene Darstellung
Tabelle 43: *Mittelherkunft und -verwendung*

Die konsolidierte EBITDA Zwei-Jahres-Planung sowie die Entwicklung der Senior-Nettoverschuldung sind in Tabelle 44 zusammengefasst. Der Senior-Nettoverschuldungsgrad der Gruppe reduziert sich bei Closing der Transaktion aufgrund einer konservativeren Finanzierungsstruktur auf 2,7.

	Closing	Planjahr 1	Planjahr 2
EBITDA	24	27	28
Senior Term Loan A vor Tilgung	60	52	44
Tilgung	-8	-8	-8
Senior Term Loan A nach Tilgung	52	44	36
Senior Term Loan B vor Tilgung	11,6	11,6	11,6
Tilgung	0	0	0
Senior Term Loan B nach Tilgung	11,6	11,6	11,6
Summe Senior Loans	63,6	55,6	47,6
Kassenbestand	0	0,6	0,9
Summe Senior-Nettoverschuldung	63,6	55,0	46,7
Total Senior Net Debt / EBITDA	2,7	2,0	1,7

Quelle: Eigene Darstellung
Tabelle 44: *Entwicklung der Senior-Nettoverschuldung und der EBITDA in den ersten Planjahren*

Häufig versucht der Finanzinvestor durch eine Refinanzierung einen Teil-Exit zu erzielen. In diesem Falle werden – je nach Risikoprofil der Transaktion – das Eigenkapital und die Gesellschafterdarlehen ganz oder teilweise durch neue Akquisitionsdarlehen refinanziert (Dividend Recap). Durch diese vorzeitige Rückführung kann der Investor u.a. eine deutliche Steigerung der Rendite erzielen. Vor allem in größeren Transaktionen kann es auch zu einer über hundertprozentigen Refinanzierung kommen, d.h. dem Finanzinvestor fließt mehr als sein eingebrachtes Kapital zu.

Aus der Sicht der finanzierenden Banken ist in diesen Situationen insbesondere sicherzustellen, dass der Finanzinvestor trotz der ganz oder teilweisen Rückführung seines eingebrachten Kapitals weiterhin genügend Commitment zeigt, dies gilt vor allem wenn der Investor seine Renditeerwartung durch den Teil-Exit bereits erzielen konnte.

In dem oben diskutierten Fallbeispiel ist bei einer plangemäßen Entwicklung aufgrund des geringen Ausgangsleverage schon bald nach der Add-on-Akquisition ein solcher Dividend Recap denkbar.

Abkürzungsverzeichnis

A

Abs.	Absatz
ABS	Asset-backed Securities
ACCR	Average Cash Conversion Ratio
AG	Aktiengesellschaft
AktG	Aktiengesetz

B

BGB	Bürgerliches Gesetzbuch
BIMBO	Buy-in-Management-Buy-out
BIP	Bruttoinlandsprodukt
BML	Betriebsmittellinie
BVK	Bundesverband Deutscher Kapitalbeteiligungsgesellschaften e.V.
bzgl.	bezüglich
bzw.	beziehungsweise

C

ca.	zirka
CAGR	Compound Annual Growth Rate
Capex	Capital Expenditure
CBO	Corporate Buy-out
CCR	Cash Conversion Ratio
CDO	Collateralized Debt Obligation
CEFS	Center for Entrepreneurial and Financial Studies
CEO	Chief Executive Officer
CFO	Chief Financial Officer
CLO	Collateralized Loan Obligation
CMBOR	Center for Management-Buy-out Research

CoC	Change of Control
CP	Commercial Paper

D

DACH	Deutschland, Österreich, Schweiz
DAX	Deutscher Aktienindex
DCF	Discounted Cashflow
DCM	Debt Capital Market
d.h.	das heißt
DIY	Do it yourself
DSCR	Debt Service Cover Ratio

E

EAD	Exposure at Default
EBIT	Earnings Before Interest and Taxes
EBITA	Earnings Before Interest, Taxes and Amortization
EBITDA	Earnings Before Interest, Taxes, Depreciation and Amortization
EBITDAR	Earnings Before Interest, Taxes, Depreciation, Amortization and Rents
EK	Eigenkapital
EL	Expected Loss
EURIBOR	European Interbank Offered Rate
EVA	Economic Value Added
EVCA	European Venture Capital Association

F

F&E	Forschung und Entwicklung
FCF	Free Cashflow (freier Cashflow)
ff	fort folgende
FFO	Funds from operations
FN	Fußnote
FRN	Floating Rate Note

G

GBP	Britisches Pfund
ggf.	gegebenenfalls
GmbH	Gesellschaft mit beschränkter Haftung
GmbHG	Gesetz betreffend die Gesellschaften mit beschränkter Haftung

GrEStG	Grunderwerbsteuergesetz

H
HGB	Handelsgesetzbuch
HoldCo	Holding Company
Hrsg.	Herausgeber
HYB	High Yield Bonds

I
IAS	International Accounting Standard
i.d.R.	in der Regel
IFRS	Interantional Financial Reporting Standards
insb.	insbesondere
IPO	Initial Public Offering
IRR	Internal Rate of Return
i.S.d.	im Sinne des/der/dem/den
i.V.m.	in Verbindung mit

K
KfW	Kreditanstalt für Wiederaufbau
KG	Kommanditgesellschaft
KgaA	Kommanditgesellschaft auf Aktien
KGV	Kurs-Gewinn-Verhältnis
KKR	Kohlberg Kravis Roberts
KStG	Körperschaftssteuergesetz

L
LBO	Leveraged Buy-out
LCD	Leveraged Commentary & Data (S&P)
LGD	Loss Given Default
LMA	Loan Market Association
LOI	Letter of Intent
LTM	Last Twelve Months
LTV	Loan to Value
LuxCo	Luxembourg Company

M

M&A	Mergers & Acquisitions
MAC	Material Adverse Change
MBI	Management-Buy-in
MBO	Mangement-Buy-out
MIS	Managementinformationssystem
MLA	Mandated Lead Arrangeur
MVA	Market Value Added

N

NCE	Normalized Cash EBIT
NewCo	New Company
n.F.	neue Fassung
NPL	Nonperforming Loan

O

OBO	Owner´s Buy-out
OpCo	Operating Company

P

p.a.	pro annum
PD	Probability of Default
PE	Private-Equity
PER	Price Earnings Ratio
PIK	Payment in Kind
PREPS	Preferred Pooled Shares
PropCo	Property Company

Q

QIPO	Qualified IPO

R

ROE	Return on Equity
ROA	Return on Assets

S

S.	Seite
S&P	Standard & Poor´s
SBO	Secondary-Buy-out
sog.	so genannte(r, s)
SPV	Special Purpose Vehicel

T

T-Euro	Tausend Euro
TMT	Technology-Media-Telecom
TSR	Total Shareholder Return

U

u.a.	unter anderem (n)
u.E.	unseres Erachtens
USP	Unique Selling Proposition
usw.	und so weiter
u.U.	unter Umständen

V

VC	Venture Capital
vgl.	vergleiche

W

WPÜG	Wertpapiererwerbs- und -übernahmegesetz

Literaturverzeichnis

ACHLEITNER, A.-K.: Handbuch Investment Banking, 2. Auflage, Wiesbaden 2001.

ACHLEITNER, A.-K./EINEM, CH.V./SCHRÖDER, B.V. (HRSG.): Private Debt – Alternative Finanzierung für den Mittelstand, Stuttgart 2004.

ACHLEITNER, A.-K./GEIDNER, A./KLÖCKNER, O.: Der Beitrag von Private-Equity und Venture Capital zur Beschäftigung in Europa, FINANZ BETRIEB 2006, S. 140 ff.

ADAMS, D.: Corporate Finance, Banking and Capital Markets, The College of Law, Bristol, 1998.

ALTMAN, E.I./HOTCHKISS, E.: Corporate Financial Distress and Bankruptcy. Predict and Avoid BAnkrupty, Analyze and Invest in Distresses Debt, Third Edition, Hoboken, NJ 2006.

AMESS, K.: The Effect of Management Buyouts in Firm-Level Technical Inefficiency: Evidence from a Panel of UK Machinery and Equipment Manufacturers, The Journal of Industrial Economics 2003, S. 35 ff.

AMSTERDAM INSTITUTE OF FINANCE/ABN AMRO (2000): Acquisition Finance. Structuring Leveraged Transactions,
www.leveragedsolutions.net/learningcurve/documents/aiftotal.pdf

ARZAC, E.R.: Valuation for Mergers, Buyouts, and Restructuring, New York 2005.

ASHURST: Distressed Debt: Kontrollerwerb an Krisengesellschaften, Dezember 2005, www.ashurst.com/doc.aspx?id_Content=1887.

ASHURST/PRIVATE-EQUITY INTERNATIONAL (HRSG.): The UK LBO Manual. A practical guide to structuring private equity-backed buy-outs in the United Kingdom, London 2004.

ASHURST/PRIVATE-EQUITY INTERNATIONAL (HRSG.): The German LBO Manual. A practical guide to structuring private equity-backed buy-outs in Germany, London 2006a.

ASHURST/PRIVATE-EQUITY INTERNATIONAL (HRSG.): The French LBO Manual. A practical guide to structuring private equity-backed buy-outs in France, London 2006b.

BERGJAN, R.: Die Haftung aus culpa in contrahendo beim Letter of Internt nach neuem Schuldrecht, ZIP 2004, S. 395 ff.

BETSCH, O./GROH, A./LOHMANN, L.: Corporate Finance, 2. Auflage, München 2000.

BLATZ, M./KRAUS, K.-J./HAGHANI, S. (HRSG.): Gestärkt aus der Krise. Unternehmensfinanzierung in und nach der Restrukturierung, Berlin Heidelberg 2006.

BÖSL, K./SOMMER, M. (HRSG.): Mezzanine Finanzierung. Betriebswirtschaft – Zivilrecht – Steuerrecht – Bilanzrecht, München 2006.

BOGENSCHÜTZ, E.: Steuerliche Aspekte des Kaufs und Verkaufs inländischer Unternehmen durch Steuerausländer, in: Schaumburg H. (Hrsg.), Unternehmenskauf im Steuerrecht, 3. Auflage, Stuttgart 2004, S. 319 ff.

BRAUNSCHWEIG, PHILIPP VON: Aktuelles zu LBO-Bankfinanzierungen. Veränderungen der steuerlichen und haftungsrechtlichen Rahmenbedingungen, M & A Review 2004, S. 253 ff.

BRÜHL, V.: Kapitalstrukturplanung und Krisenprävention, in: Brühl, V./Göpfert, B., Unternehmensrestrukturierung. Strategien und Konzepte, Stuttgart 2004, S. 151 ff.

BRUNER R.F.: Applied Mergers and Acquisitions, Hoboken, NJ 2004.

BUNKER, A.: Ausverkauf oder Fitnessprogramm für die deutsche Wirtschaft? Der Buyout Markt in Deutschland 2004 – Private-Equity im Meinungsstreit, M&A Review 2005, S. 202 ff.

BUTTIGNON, F./VEDOVATO, M./BORTOLUZZI, P.: Family Business Investor Buyouts: The Italian Case, "Marco Fanno" Working Paper N.4, Università degli Studi di Padova, Dipartimento di Scienze Economiche "Marco Fanno", September 2005.

CASELLI, ST./GATTI, S. (HRSG.): Structured Finance. Techniques, Products and Market, Berlin, Heidelberg New York 2005.

CHECKLEY, K./DICKINSON, K.: Problem Loans: A Bankers Guide, London 2000.

CITRON, D./WRIGHT, M./BALL, R./RIPPINGTON, F.: Secured Creditor Recovery Rates for Management Buy-outs in Distress, European Financial Management 2003, S. 141 ff.

CONENBERG, A.G./SCHULTZE, W.: Methoden der Unternehmensbewertung, in: Wurtz, B.W. (Hrsg.), Handbuch Merger & Aquisitions Management, Wiesbaden 2006, S.471 ff.

COOLS, K./KING, K./NEENAN, CH./TSUSAKA, M.: Growing Through Acquisitions. The Successful Value Creation Record of Acquisitive Growth Strategies, The Boston Consulting Group, May 2004.

COOPER, R.: Corporate Treasury and Cash Management, Houndmills, Basingstoke, Hampshire and New York 2005.

COPELAND, T./KOLLER, T./MURRIN, J.: Valuation. Measuring and Managing the Value of Companies, Fifth Edition, Hoboken, NJ 2005.

DAMODARAN, A.: The Dark Side of Valuation. Valuing Old Tech, New Tech, and New Economy Companies, Prentice Hall, NJ 2001a.

DAMODARAN, A.: Corporate Finance. Theory and Practice, Second Edition, New York 2001b.

DESBRIÈRES, P./SCHATT, A.: The Impacts of LBOs on the performance of Ac-quired Firms: The French Case, Journal of Business Finance & Accounting 2002, S. 695 ff.

DIEM, A.: Akquisitionsfinanzierungen. Kredite für Unternehmenskäufe. Mit internationalem Standardvertragsmuster, München 2005.

DIWOK, G./WILLEKE, CH.: Ausgewählte Aspekte zur Strukturierung und Dokumentation internatinaler Akquisitionsfinanzierungen, Vortrag auf dem Baker & McKenzie Seminar Internationale Akquisitionfinanzierung am 4.3.2005 in Frankfurt a.M.

ECKER, M./FREIHERR, SCHENCK ZU SCHWEINSBERG, M./FRESL, K.: Market Outlook for Leveraged Finance and Private-Equity in Germany, KPMG's Leveraged Finance Study 2005, Frankfurt a.M. 2006.

EDWARDS, B.: Innovation fuels Europe´s high-yield market, International Financial Law Review (IFLR), March 2005.

EISINGER, G./BÜHLER, T.: Management-Incentives bei Private-Equity-Transaktionen, M&A Review 2005, S. 536 ff.

FINANCIAL GATES/BRUNSWICK/MORGAN LEWIS & BOCKIUS/SAL. OPPENHEIM/FINANCE (HRSG.): Public Takeovers in Deutschland. Einstellungen von Managern börsennotierter Unternehmen als Subjekt und Objekt öffentlicher Übernahmen in Deutschland, Frankfurt a.M. 2006.

FITCHRATINGS: Re-inventing European High Yield, Leveraged Finance Special Report, 2 July 2003a.

FITCHRATINGS: Re-inventing European High Yield, Focus Wickes, Leveraged Finance Comment, 11 August 2003b.

FITCHRATINGS: European Mezzanine Reconsidered, European Leveraged Finance Special Report, 16 October 2003c.

FITCHRATINGS: Mezzanine Debt. Another Level to Consider, Corporates/U.S. and Canada Criteria Report, 16 June 2003d.

FITCHRATINGS: Fitch´s Approach to Rating European Retailers, Criteria Report 29 April 2004.

FITCHRATINGS: Rating European High Yield HoldCo PIK Notes, European Leveraged Finance Special Report 10 March 2005a.

FITCHRATINGS: European Second Lien Continues to Evolve, European Leveraged Finance Special Report 10 October 2005b.

FITCHRATINGS: Second Lien Debt in European Leveraged Financings, Special Report 9 May 2005c.

FITCHRATINGS: European Second Lien in 2005 – the Foundations are Laid, but How Deep do They Go?, Leveraged Finance Special Report, 26 January 2006a.

FITCHRATINGS: European Mezzanine Knows No Limits, Leveraged Finance special Report, 13 February 2006b.

FRESHFIELDS/BRUCKHAUS/DERINGER: Unlocking property value to finance bids, April 2005, www.freshfields.com/practice/finance/publications/pdfs/11434.pdf

FROITZHEIM, R./LOTZ, U./BREITENEICHER, J./NACHTWEY, T./LECLAIRE, A.: Non Performing Loans (NPL) in Deutschland. Praxisrelevante Aspekte, Instrumente zur Abgabe von notleidenden Krediten und Bedeutung für die Banksteuerung, Köln 2006.

GANGUIN, B./BILARDELLO, J.: Fundamentals of Corporate Credit Analysis., New York et.al. 2005.

GEORGIEFF, A./BIAGOSCH, M.: Finanzierungsinstrumente von Finanzinvestoren, in: Berens W./Brauner H.U./Frodermann J. (Hrsg.), Unternehmensentwicklung mit Finanzinvestoren. Eigenkapitalstärkung, Wertsteigerung, Unternehmensverkauf, Stuttgart 2005, S. 171 ff.

GLAUM, M./LINDEMANN, J./FRIEDRICH, N.: Erfolg von Merger & Aquisitions. Ergebnisse empirischer Forschung, in: Wurtz B.W. (Hrsg.), Handbuch Merger & Aquisitions Management, Wiesbaden 2006, S.287 ff.

GRINBLATT, M./TITMAN, S.: Financial Markets and Corporate Strategy, 2nd Edition, New York, 2002.

GROH, A./GOTTSCHALG, O.: Venture Capital und Private Equity aus Sicht der Wissenschaft, Zeitschrift für das gesamte Kreditwesen. 2005, S. 26 ff.

GROH, A./GOTTSCHALG, O.: The Risk-Adjusted Performance of US-Buyouts, 2006, www.hec.fr/hec/fr/professeurs_recherche/upload/cahiers/CR834Gottschalg.pdf

GROH, A./RÖMER, M.: Private Equity und Leveraged Buyouts, in: Richard, J./Weinheimer, S. (Hrsg.), Handbuch Going Private, Heidelberg. 2002, S. 143 ff.

HÄGER, M./ELKEMANN-REUSCH, M.: Mezzanine Finanzierungsinstrumente. Stille Gesellschaft – Nachrangdarlehen – Genussrechte, Berlin 2004.

HAMPL, CH. /NIETHAMMER, H./SARGES, O.: Corporate Hybrid Debt., Ein neues Finanzierungsinstrument etabliert sich, die bank 4/2006, S. 16 ff.

HARRIS, R./SIEGEL, D. S./WRIGHT, M.: Assessing the Impact of Management Buyouts on Economic Efficiency: Plant Level Evidence from United Kingdom, The Review of Economics and Statistics 2005, S. 148 ff.

HEEMANN, M.: § 15 Fremdfinanzierung und Besicherung, in: Semler, J./Volhard, R. (Hrsg.), Arbeitshandbuch für Unternehmensübernahmen. Band 1, München, 2001, S. 659 ff.

HEEMANN, M.: Vertragliche Tatsachenbehauptungen und Auflagen im internationalen Kreditgeschäft, Der Syndicus März/April 2002a, S. 7 ff.

HEEMANN, M.: Alles unter Dach und Fach?, FINANCE, Mai 2002b, S. 98 ff.

HOLZAPFEL, H.-J./PÖLLATH, R.: Unternehmenskauf in Recht und Praxis. Rechtliche und steuerliche Aspekte, 12. Auflage, Köln 2005.

HUNT P. A.: Structuring Mergers & Acquisitions. A Guide to Creating Shareholder Value, New York 2003.

INITIATIVE EUROPE (gemeinsam mit Mezzanine Management): The Europe Mezzanine Review 2003, Third Edition, London, 2003.

JACOBY, S.: Erfolgsfaktoren von Manangement Buyouts in Deutschland – Eine empirische Untersuchung, Köln 2000.

JENSEN, M./MECKLING, W.R.: Theory of the firm, managerial behaviour, agency costs and ownership structure, Journal of Financial Economics 1976, S. 305 ff.

KAPLAN, S.: The effects of managemenet buyouts on operating performance and value, Journal of Financial Economics 1989, S.217 ff.

KAPLAN, S./STEIN, J.C.: The evolution of buyout and financial structure (Or, what went wrong) in the 1980s, The Quaterly Journal of Economics 1993, S. 313 ff.

KAPLAN, S./SCHOAR, A.: Private-Equity Performance: Returns, Persistence and Capital Flows, MIT Sloan Working Paper No 4446-03, November 2003.

KASERER, CH./DILLER, CH.: European Private-Equity Funds – A Cashflow Based Performance Analysis, CEFS Working Paper No. 2004-01.

KING, D.R./DALTON, D.R./DAILY, C.M:/COVIN, J.G.: Meta-Analysis of Post-Acquisition Performance: Indications of Unidentified Moderators, Strategic Management Journal 2003, S. 187 ff.

KREUTER, B./GOTTSCHALG, O./SCHÖDEL, ST.: Mythen und Wahrheiten über die Erfolgs-faktoren von Buy-out-Performance, M&A Review 2005, S. 353 ff.

KÖNIG, J.: Leveraged-Buy-out-Finanzierungen – aktuelle Trends in Deutschland, in: Lucks, K./Convent (Hrsg.), Mergers & Acquisitions Jahrbuch 2006, Frankfurt a.M. 2006, S. 102 ff.

KÖNIG, ST./OPPENHOFF, ST.: Öffentliche Übernahmen, in: Wurtz, B.W. (Hrsg.), Hand-buch Merger & Aquisitions Management, Wiesbaden 2006, S.645 ff.

KOEPLIN, J./SARIN, A./SHAPIRO, A.C.: The Private Company Discount, Journal of Ap-plied Corporate Finance, Winter 2000, S. 94 ff.

KROLLE, S./SCHMITT, G./SCHWETZLER, B. (HRSG.): Multiplikatorverfahren in der Unter-nehmensbewertung. Anwendungsbereiche, Problemfälle, Lösungsalternativen, Stutt-gart 2005.

KUHLWEIN, N.V./RICHTHAMMER, M.: Distressed Debt in Deutschland aus Sicht der Ban-ken, in: Blatz, M./Kraus, K.-J./Haghani, S. (Hrsg.), Gestärkt aus der Krise. Unerneh-mensfinanzierung in und nach der Restrukturierung, Berlin Heidelberg 2006, S. 83 ff.

LATHAM & WATKINS: Everything You Always Wanted To Know About Second Lien Financings, Presentation May 19, 2004 (Verfügbarkeit über Internet: www.lw.com/resource/Publications/_pdf/pub1027_1.pdf);

LAMON, H.: Financial buy-outs. Value drivers, deal structuring, financial instruments and funds, Cahiers Financiers, Bruxelles 2005.

LAPUMA, E.V.: Sale-Leaseback as a Component of Deal Financing for Venture Capitalists, Private-Equity and LBO Investors, The Real Estate Finance Journal, Fall 2001.

LEGGE, CH./WATTERS, P./PEDERSEN, A.-CH.: Standard & Poor's Perspectives on the European Leveraged Finance Market, February 2006, www.bondcongress.com/presentations/Outlook%20for20the%20European%20High%20Yields%20Markets%20-%20standard%20%20Poors.pdf

LOOS, N.: Value Creation in Leveraged Buyouts, Dissertation an der Universität St. Gallen, St. Gallen 2005.

LOVELLS: OpCo/PropCo-Financing leveraged property leasing structures, European Private-Equity Newsletter March 2004, S. 4ff.

MAGOLD, R./HODGSON, ST. J./NELGEN, M.: Dokumentation von Konsortialkrediten – im deutschen und englischen Recht –, Handelsblatt Financial Training, Frankfurt am Main, 13./14.03.2003.

MASCARENAS PÉREZ-ÍNIGO J.: Fusiones y Adquisiciones de Empresas, 4ª edición, Madrid 2005.

MAYER, A.: Akquisitionsfinanzierung aus der Sicht der finanzierenden Bank, in: Lange, G. F., herausgegeben von Ernst & Young, Mergers & Acquisitions in der Praxis. Er-folgreiches Projektmanagement bei Unternehmenstransaktionen, Frankfurt am Main 2001, S. 131 ff.

MITTENDORFER, R.: Finanzierung von Leveraged Buyouts in: Stadler, W. (Hrsg.), Ven-ture Capital und Private-Equity. Erfolgreich wachsen mit Beteiligungskapital, Köln 2000, S. 141 ff.

MITTENDORFER, R.: Erfolgsfaktoren der Akquisitionsfinanzierung, in: Financial Gates/ Convent (Hrsg.), Unternehmensfinanzierung. Jahrbuch 2005, Wiesbaden 2005a, S. 119 ff.

MITTENDORFER, R.: Normalized Cash-Ebit (NCE) – Ein neuer Maßstab für die Akquisitionsfinanzierung?, M&A Review 2005b, S. 318 ff.

MITTENDORFER, R./FOTTELER, TH.: Die Kunst der Akquisitionsfinanzierung, in: Stadler, W. (Hrsg.), Die neue Unternehmensfinanzierung. Strategisch Finanzieren mit bank- und kapitalmarktorientierten Instrumenten, Frankfurt a.M. 2004, S. 236 ff.

MITTENDORFER, R./FOTTELER, TH.: Akquisitionsfinanzierung, Lektion 9, 5. Schriftlicher M&A-Lehrgang des EUROFORUM Verlags, Düsseldorf 2006.

MOODY'S INVESTOR SERVICE: Putting EBITDA in Perspective. Ten Critical Failings of EBITDA As The Principal Determination of Cashflow, Special Comment, June 2000a.

MOODY'S INVESTOR SERVICE: Notching for Differences in Priority of Claims and Integration of the Preferred Stock Rating Scale, November 2000b.

MOODY'S INVESTOR SERVICE: Bankruptcy & Ratings: A Leveraged Finance Approach for Europe. UK versus France and Germany, March 2000c.

MOODY'S INVESTOR SERVICE: Default & Recovery Rates of Corporate Bond Issuers. A Statistical Review of Moody's Rating Performance, 1920 – 2002, Special Comment, February 2003.

MOODY'S INVESTOR SERVICE: Default & Recovery Rates of European Corporate Bond Issuers: 1985-2005, Special Comment, March 2006.

MÜLLER, J.: Working Capital-Management bei GARDENA, in: TreasuryLog 2/2005, Schwabe, Ley & Greiner (Hrsg.), S. 4 f.

MÜLLER-KÄNEL, O.: Mezzanine Finance. Neue Perspektiven in der Unternehmensfinanzierung, 2. Auflage, Stuttgart, Wien 2004.

MULLEN, P., Second lien financing structures cross the Atlantic, Lovells publication, erhältlich unter:
www.lovells.com/Lovells/Publications/Newsletter/669/Issues/2911.htm-

NEUMÜLLER, M./HOCHGATTERER, R., Verbriefung von Unternehmensforderungen – Asset-backed Securities, in: Stadler, W. (Hrsg.), Die neue Unternehmensfinanzierung. Strategisch Finanzieren mit bank- und kapitalmarktorientierten Instrumenten, Frankfurt a.M. 2004, S. 263 ff.

OBERBRACHT, D./ENGELSTÄDTER, R.: Management-Beteiligungen: Gestaltung im Rahmen von LBO-Transaktionen, M&A Review 2006, S. 71 ff.

O'BRIEN, V.: Buy-outs, London 1995.

OERTEL, G.: MidCap Buy-outs in Deutschland., VentureCapital Magazin 8/2005, S. 18 f.

OERTEL, G.: Mittelstands-MBOs auch 2005 auf Rekordniveau, FINANCE, April 2006, S. 22 f.

OGLESBY, W. S./POPOWITZ, D.A./BOWEN, M.: M&A Environment Overview, Februrary 8, 2006, www.deallawyers.com/webcast/2006_02_08/materials.pdf

PRINZ, U.: Steuerorientierte Kaufpreisfinanzierung, in: Schaumburg, H. (Hrsg.), Unternehmenskauf im Steuerrecht, 3. Auflage, Stuttgart 2004, S. 151 ff.

PRÜMER M.: Cash Flow Management. Wie Unternehmen langfristig Liquidität und Rentabilität sichern, Wiesbaden 2005.

RAFFEL, F.-CH.: Familienunternehmen akquirieren Unternehmen anders, M&A Review 2006, S. 117 ff.

RENSINGHOFF, S./BÖHMERT, S.: Die Finanzierung von LBO-Transaktionen aus der Sicht der Banken, M&A Review 2001, S. 510 ff.

RENZ, M.: Gereiftes Segment mit nachhaltigen Renditen. Markt für Mid-Market-Buy-outs wächst quantitativ und qualitativ, VentureCapital Magazin 5/2006, S. 34 ff.

RICHTER F.: Mergers & Acquisitions. Investmentanalyse, Finanzierung und Prozessmanagement, München 2005.

RICKERTSEN, R. (MIT GUNTHER, R.E.): Buyout: The Insiders 's Guide to Buying Your Own Company, New York 2001.

ROCK, H.: Die Geschäftsgrundlagen von Management-Beteiligungen, M & A Review 2006, S. 279 ff.

RODDE, CH.: Akquisitionsfinanzierung, in: Hockmann, H.J./Thießen, F. (Hrsg.), Investment Banking, Stuttgart 2002, S. 213 ff.

SCHALAST, CH./DAYNES, CH.: Distressed Debt-Investing in Deutschland – Geschäftsmodelle und Perspektiven –, HfB Working Paper Series No. 66, September 2005.

SCHAUMBURG, H. (HRSG.): Unternehmenskauf im Steuerrecht, 3. Auflage, Stuttgart 2004.

SCHMITT, G.: Spezialprobleme bei der Anwendung von Multiplikatoren, in: Krolle, S./Schmitt, G./Schwetzler, B. (Hrsg.), Multiplikatorverfahren in der Unternehmensbewertung. Anwendungsbereiche, Problemfälle, Lösungsalternativen, Stuttgart 2005, S. 103 ff.

SCHÖNWEIß, R.: Grunderwerbsteuer beim Unternehmenskauf, in: Schaumburg, H. (Hrsg.), Unternehmenskauf im Steuerrecht, 3. Auflage, Stuttgart 2004, S. 289 ff.

SHARP, G.: Buyouts, Second Edition, London 2002.

SIROWER, M: The Synergy Trap: How Companies lose the Acquisition Game, New York 1997.

SÜß, S.: Structuring an LBO – German tax aspects, in: Ashurst/Private-Equity International (Hrsg.), The German LBO Manual. A practical guide to structuring privat equity-backed buy-outs in Germany, London 2006, S. 77 ff.

STADLER, W. (HRSG.): Die neue Unternehmensfinanzierung. Strategisch Finanzieren mit bank- und kapitalmarktorientierten Instrumenten, Frankfurt a.M. 2004.

STANDARD & POOR'S: A Guide to the Loan Market, New York, 2002.

STANDARD & POOR'S: CDOs of Leveraged Loans Review. European Structured Finance Report Q3 2003, Issue 6, October 2003a.

STANDARD & POOR'S: 2002 Corporate Rating Criteria, New York, 2003b.

TAWADEY, V./ENGINEER, M./LORENZEN, H.P./SHAH, R./HARDY, L.: The Best Line of Attack is Defence! Credit Outlook for Summer 2006, BNP Paribas Fixed Income, Credit Portfolio Strategy, April 2006.

THOMAS, G.: Grundzüge des Steuerrechts im M&A–Geschäft und der Tax Due Diligence, Lektion 7, 4. Schriftlicher M&A-Lehrgang des EUROFORUM Verlags, Düsseldorf 2005.

THOMAS, G.: Grundzüge des Steuerrechts im M&A-Geschäft und der Tax Due Diligence, Lektion 7, 5. Schriftlicher M&A-Lehrgang des EUROFORUM Verlags, Düsseldorf 2006.

THOUMIEUX; X.: Le LBO. Acquérir une entreprise par effet de levier, Paris 1996.

TIROLE, J.: The Theory of Corporate Finance, Princeton, Woodstock 2006.

VERNIMMEN, P. ET AL: Finance D´Entreprise, 5. Auflage, Paris 2002.

VERNIMMEN, P. ET AL: Corporate Finance. Theory and Practice, Chichester 2005

WEIHE R.: Stapled Financing in M&A Auktionen, FINANZ BETRIEB 2005, S. 693 ff.

WEITNAUER, W. (HRSG.): Management Buy-Out, Handbuch für Recht und Praxis, München, 2003.

WEITNAUER, W.: Die Akquisitionsfinanzierung auf dem Prüfstand der Kapitalerhaltungsregeln, ZIP 2005, S. 790 ff.

WEBER, T./NEVRIES, P.: Der Einfluss von Private-Equity Gesellschaften auf die Portfoliounternehmen und die deutsche Wirtschaft, FINANZ BETRIEB 2006, S. 75 ff.

WESSELS, P./KÖNIG, C.-D.: Bestellung aufsteigender Sicherheiten beim Leveraged Buyout, M&A-Review 2005, S. 312 ff.

WESTON, J.F./SIU, J.A./JOHNSON, B.A.: Takeovers, Restructuring, & Corporate Govenance, Third Edition, Prentice Hall, NJ 2001.

WUJTOWICZ, R. P.: Structuring Acquisition Financing, in: Ernst & Young (Hrsg.), Mergers & Acquisitions, Second Edition, New York u.a., 1994, S. 81 ff.

ZOLLO, M./PHALIPPOU, L.: The Performance of Private-Equity Funds, Wharton Financial Working Paper No. 05-42, http://ssrn.com/abstract=871082.

Stichwortverzeichnis

Banking im 21. Jahrhundert

Erfolgsfaktoren für ein Börsenlisting und nachhaltige Börsenstrategie

Nachdem in den Jahren nach dem großen Aktienboom kaum Börsengänge zu verzeichnen waren, haben sich in letzter Zeit doch wieder einige Unternehmen auf das „Parkett" getraut. Insgesamt bietet das veränderte Umfeld zahlreiche neue Chancen. Das vorliegende Buch stellt die Erfolgsfaktoren, die im Rahmen eines Börsenlistings zu beachten sind, dar und schafft Transparenz – mit Beispielen aus der Praxis.

Christoph Schlienkamp / Michael Müller / Roland Gumbart (Hrsg.)
Kapitalmarktstrategie
Erfolgsfaktoren für börsennotierte Gesellschaften
2006. 568 S. Mit 40 Abb. u. 4 Tab.
Geb. EUR 69,90
ISBN 3-409-12288-5

Rating zur Finanzierung über den Kapitalmarkt

In dem Sammelband „Kapitalmarktrating" geben renommierte Fachleute einen praxisnahen Einblick in den Prozess des Kapitalmarktratings, Voraussetzungen für eine gute Bewertung, Instrumente und Methoden der Risikoerkennung und -steuerung.

Oliver Everling, / Jens Schmidt-Bürgel (Hrsg.)
Kapitalmarktrating
Perspektiven für die Unternehmensfinanzierung
2005. 322 S. Mit 66 Abb. u. 5 Tab.
Geb. EUR 59,90
ISBN 3-409-14242-8

Für Kreditpraktiker: Handwerkszeug für den Umgang mit Unternehmensrisiken

Das Buch verknüpft Auflage alle juristisch und wirtschaftlich relevanten Aspekte zur Krisenprophylaxe, Krisenbewältigung und Abwicklung – praxisgerecht aufbereitet für die Anwendung im Tagesgeschäft. Es enthält leicht einsetzbare Instrumente zur Früherkennung von Krisen, Konzepte für erfolgreiche Gegenmaßnahmen und Handlungsempfehlungen für den Insolvenzfall. Die zweite Auflage ist aktualisiert und erweitert um das Thema Verkauf von Distressed und Non-Performing Loans.

Christian Lützenrath / Kai Peppmeier / Jörg Schuppener
Bankstrategien für Unternehmenssanierungen
Erfolgskonzepte zur Früherkennung und Krisenbewältigung
2. Aufl. 2006. 286 S., 56 Abb., 23 Tab.
Geb. EUR 54,90
ISBN 3-8349-0028-1

Änderungen vorbehalten. Stand: Juli 2006.
Erhältlich im Buchhandel oder beim Verlag.

Gabler Verlag · Abraham-Lincoln-Str. 46 · 65189 Wiesbaden · www.gabler.de

 GABLER